信用评级的
中国实践
——历史、现在与未来

**CREDIT RATING AND
ITS PRACTICE IN CHINA**
PAST, PRESENT, AND FUTURE

王　浩　刘士达◎著

清华大学出版社
北京

本书封面贴有清华大学出版社防伪标签，无标签者不得销售。
版权所有，侵权必究。举报：010-62782989，beiqinquan@tup.tsinghua.edu.cn。

图书在版编目（CIP）数据

信用评级的中国实践：历史、现在与未来 / 王浩，刘士达著. —北京：清华大学出版社，2022.8

ISBN 978-7-302-61671-9

Ⅰ. ①信… Ⅱ. ①王… ②刘… Ⅲ. ①信用评级—研究—中国 Ⅳ. ① F832.4

中国版本图书馆 CIP 数据核字 (2022) 第 145063 号

责任编辑：	梁云慈
封面设计：	汉风唐韵
版式设计：	方加青
责任校对：	宋玉莲
责任印制：	杨　艳

出版发行：清华大学出版社
　　　　网　　址：http://www.tup.com.cn，http://www.wqbook.com
　　　　地　　址：北京清华大学学研大厦 A 座　　邮　　编：100084
　　　　社 总 机：010-83470000　　邮　　购：010-62786544
　　　　投稿与读者服务：010-62776969，c-service@tup.tsinghua.edu.cn
　　　　质 量 反 馈：010-62772015，zhiliang@tup.tsinghua.edu.cn
印 装 者：三河市东方印刷有限公司
经　　销：全国新华书店
开　　本：170mm×240mm　　印　张：17.5　　字　数：338 千字
版　　次：2022 年 10 月第 1 版　　印　次：2022 年 10 月第 1 次印刷
定　　价：98.00 元

产品编号：097004-01

推 荐 语

　　培育具有国际竞争力的信用评级机构，推动专业化的信用服务建设，建立有效的信用监管体系，是我国社会信用体系高质量发展的重要内容。在数字经济高速发展的背景下，积极利用大数据和数据分析技术，可以加速我国信用评级行业的发展与创新。

　　作者生动地阐述了国际信用评级行业从诞生到发展成熟的历程，以及进入21世纪以来出现的新的变化，通过对比我国的信用评级发展历史和现状，分析了目前我国信用评级存在的问题和原因。本书通过案例讲解的形式分析了信用评级中的概念和逻辑，也提供了信用评级的改进模型，兼具阅读的趣味性和学术的严肃性。

　　当前我国信用市场正处于高速发展的阶段，无论是普通的投资者还是专业的从业人员都需要了解信用评级，这本书是不可多得的参考书，值得仔细阅读！

廖　理
清华大学五道口金融学院
讲席教授、博士生导师

　　债券市场是多层次资本市场体系中重要的一环，其发展与壮大加快了储蓄到投资的转化，实现了生产要素的再分配。债券市场有众多参与者，除监管机构、发行人与投资人外，中介机构中的评级公司也是不可或缺的角色。信用评级使信息的收集和处理过程更有效率，债券市场运行也更高效。

　　我国评级机构发展时间较短，评级理论也存在不完善之处，与业界熟知的国际三大评级公司相比，我们在话语权与专业度上仍有不小差距。当前以卖方付费为主的模式导致评级公司与发行方利益绑定，市场高评级现象普遍。对于投资者而言，这无疑增加了识别难度。买方付费模式虽早已存在，如交易商协会下属的中债资信，但实施与推进效果也难言理想，很多金融机构还是依赖于自身内部研究。

对评级公司而言，定性与定量分析都是债项评级中重要的辅助手段，但在具体实践中定性分析使用较多，定量分析稍显不足。定量体系也多使用企业滞后披露的财务指标，或照搬国际学术期刊中的信用风险模型，这些因素导致评级调整没有起到应有的预警作用。王浩教授与其合作者从中国评级业现状出发，系统评估了学术期刊中的信用风险理论在我国的适用情况，并探讨了最新的违约预警模型，这些工作对推进我国评级理论发展具有极大的促进作用。

当前债券市场国际化进程在加快，外资持有中国债券的比例在逐渐上升，国际评级机构也获准进入中国市场参与竞争，此时就更加凸显本土评级理论研究的重要性。它不仅要具备中国特色，更要与国际评级标准接轨，被国际投资者认可与接受。从这个角度看，王浩教授的新著也更加具有现实价值。

在此，我诚挚推荐王浩教授与刘士达的新书《信用评级的中国实践——历史、现在与未来》，它对中国信用评级的观察和研究，引人思考，给人启示，值得潜心一读。

周　皓

清华大学五道口金融学院

讲席教授、博士生导师

信用评级是公认的全球金融基础设施之一，不仅影响企业融资和经营决策，还被广泛地应用于监管和投资合约之中，对资本市场有牵一发而动全身的影响力。

2005年以来，我国信用债市场发展速度很快。按规模已经成为仅次于美国的全球第二大市场。然而，近年来国内高评级企业违约事件不断发生，特别是AAA级国企违约对市场产生了重大冲击。这些现象凸显了研究我国信用评级的现实意义。

该书从国际信用评级的发展历史出发，结合史实与案例，对评级行业的诞生、功能的演变及其模式的革新进行了由浅入深的描述；通过丰富详实的数据，对比分析了国内与国际评级的特征，并深入探讨了我国评级存在的问题与症结。

该书最具价值的部分在于从实践角度提出了改进我国信用评级的思路与方法，提出的方案不仅有助于我国监管机构和市场参与者正确评估我国评级代表的信用违约水平，还将促进中国信用评级与全球标准接轨。

在当前我国构建高水平金融开放格局、推进债券市场对外开放和促进信用评级行业健康发展的大背景下，该书具有非常高的技术水准和重要实践意义，值得国内监管和债券市场从业人士认真阅读。

张少青
全国社会保障基金理事会
境外投资部副主任

前　言

信用评级具有独特的信息发现和金融监管功能，其通过债券和其他金融产品定价影响企业投融资决策，进而影响实体经济；另一方面，信用评级影响金融机构优化资本配置，进而影响社会融资分配。尽管信用评级通常度量的是公司或地方政府等个体的信用风险，但是当这些风险汇总成系统性风险时会对国家的经济运行及人民财富产生实质影响。因此，信用评级作为金融市场的基础产品，其重要性是毋庸置疑的。

自20世纪80年代以来，尤其是2005年之后，我国债券市场迅猛发展，如今已经成为全球第二大市场，举世瞩目。伴随着债券市场的发展，我国的信用评级行业在规模、制度建设和开放性等诸多方面取得了巨大的进步。与此同时，由于我国评级业的独特发展历史、监管环境和市场习惯，其相比于国际信用评级有很多不同之处，例如多头监管，评级整体偏高，评级分布向高评级倾斜，评级上调率高于评级下调率。这些现象引发了一系列关于我国信用评级的问题：如何解读我国评级代表的信用风险？随着债券市场的国际化进程，如何接轨我国与国际信用评级标准？

2014年以来，我国债券违约事件逐年增加。传统信用评级对违约事件的预警表现差强人意，多次出现违约前维持高评级、违约当天断崖式下调的现象，未能起到有效的信息发现和协助审慎监管作用，给投资者造成了经济损失。这也引发了市场对我国信用评级有效性的质疑。监管机构对一些主要评级机构的处罚也让市场得以窥见评级行业乱象和结构性缺陷，例如发行人付费商业模式带来的利益矛盾及代理问题。这些问题触发了监管和业界对我国评级业改革的思索：造成我国信用评问题的原因是什么？如何改革我国的评级行业？随着大数据和人工智能的发展，有哪些新的评估范式和技术能够对传统信用评级起到积极的补充和监督作用？

信用评级具有复杂的多面性，因此对于以上问题并没有简单的回答。首先，影响评级的因素是多样的，例如政策法规、监管依赖、行业竞争、隐性担保、道德风险。评级机构的自身特点，例如收费模式，以及被评级产品的复杂程度也可能影响评级有效性。评级功能本身也会有影响，例如作为审慎监管的依据，评级本身承担多重角色（例如契约功能、协调机制），不宜频繁变化。这些复杂甚至矛盾的情况对改进我国信用评级提出了进一步的挑战。如何解决信用评级信息有效性与监管需求的矛盾？如何利用创新的违约预警理念和范式来改进信用评级？对这些问题的回答是一个系统性工程。其前提要求就是对我国信用评级有一个科学、系统的理解。这也是本书的初衷之一。

综上所述，本书有几个主要目标：（1）对我国的信用评级做一个全面、系统的梳理；（2）通过对比国际信用评级来理解我国信用评级的特点和存在的问题；（3）评估现有信用风险模型和方法在我国的适用情况；（4）探讨最新的违约预警方法与模型对传统信用评级进行补充和完善。

本书包括三部分内容。

第一部分：我们回顾信用评级行业的百年发展历程，介绍评级机构为什么会诞生，又是如何发展壮大至今的。我们也通过 21 世纪以来，评级业所经历的安然破产事件和金融危机来分析评级行业存在的问题，并介绍当前国际评级业改革的情况。在熟悉这些内容后，我们对评级的功能进行了梳理，辅以一些有趣的案例，来加深读者对信用评级作用的理解，并让读者了解信用评级在经济运行中的重要性，以及为什么社会各界如此关注信用评级，关心评级能否发挥好其信息发现功能。我们希望通过这些描述使得读者对评级行业的发展历程和作用机制有所了解，帮助读者理解中国信用评级，并为后续分析中国信用评级的发展做铺垫。

第二部分：我们从我国债券市场和信用评级业的发展与现状出发，帮助读者熟悉我国评级市场的参与者、经营模式以及监管格局。随后，我们基于中美评级数据，对国内评级和国际评级的特征进行了对比分析，帮助读者了解中外评级体系的差异，并为后续探讨我国评级存在的问题做铺垫。基于国内评级的特征，我们探讨了国内评级标准放松的情况，并量化了其导致的评级虚高程度。我们进一步分析了评级虚高的原因，以及虚高的评级给公司决策和实体经济运行带来的不利后果。

第三部分：我们探讨了如何改进中国信用评级。我们分别介绍了两种重要的信用风险模型：结构化模型（structural model）和简化模型（reduced-form model）。之后，我们对比两种模型在中国市场预测违约的表现，并提出对传统信用评级的改进思路。我们讨论了如何从预测违约概率入手来改进中国信用评级，同时构建一套与国际接轨的评级标准来重新解读中国信用评级。这些问题备受监管机构、市场投资主体以及逐年增加的境外投资者所关注。回答这些问题对于提升我国信用评级的核心信息发现功能有着重要的理论和实践意义。

本书立足于服务中国信用债券市场，适用的读者包括：金融监管机构人员，金融从业人员，信用风险和固定收益证券领域学术研究人员，金融专业博士、硕士研究生，有一定金融学基础的本科学生。但是，即使您没有相关背景，或只是希望了解一些我国信用评级的情况、相关法规和未来发展趋势，您也可以在本书中找到相关内容。

我们尽可能将本书写得通俗易懂，但是有些内容看上去还是比较学术或可能让人感到过于注重技术细节。诚然，这与作者水平有限有关。同时，我们诚恳地指出，信用评级和信用风险管理本身就是技术性非常强的工作，涉及经济、金融、公司管理和量化计算等多个领域知识，泛泛而谈无法触及其核心机理。细心的读者会发现，书中的许多结果和发现与我们的直觉和经验并不一致。为了得到详实可靠的证据和结论，我们做了大量的统计分析和模型计算，这些内容支撑着本书的结论，同时也构成了本书不可或缺的部分。此外，为了让读者系统地了解中外信用评级情况，我们引用了大量的相关文献，希望能够帮助读者从多个角度，在更深层面理解我国信用评级并思索管理实践。我们更希望本书能够抛砖引玉，吸引并鼓励更多的有识之士从事信用风险和信用评级相关领域的研究和实践。

我们在书的每个部分和章节都提供了相应的内容总结和回顾，帮助读者快速了解中国信用评级的核心内容和主要结论。书中的实证分析部分可以被视为对这些内容及结论的证明和技术支持，也为需要了解详细情况的人士提供参考。

再次感谢您阅读本书，希望我们的工作能对您有所帮助和启发。作者水平有限，难免有疏漏之处，还请不吝批评指正。

作　者

目　录

第一部分　信用评级的百年历程回顾

第1章　信用评级的历史：从美国说起　/　2

1.1　评级兴起的历史背景：从18世纪末说起　/　2
1.2　从民间走向官方：20世纪初至70年代　/　5
1.3　商业模式与行业格局演变：20世纪70年代至20世纪末　/　11
1.4　安然破产与金融危机：21世纪的评级　/　14
1.5　本章小结　/　24
附录　评级机构的收费标准　/　24
参考文献　/　26

第2章　关于评级业发展的梳理与评述　/　29

2.1　信用评级的功能　/　29
2.2　评级对实体经济的影响　/　42
2.3　影响评级信息发现功能的因素　/　44
2.4　如何保障评级的信息发现功能　/　52
2.5　本章小结　/　55
参考文献　/　55

第二部分　中国信用评级的发展与现状

第3章　中国信用评级的发展概述　/　62

  3.1　中国公司信用债市场发展简介　/　62
  3.2　中国信用评级行业的发展　/　69
  3.3　国内主要评级机构及业务情况简介　/　78
  3.4　本章小结　/　86
  参考文献　/　87

第4章　中国信用评级：特征事实与国际对比　/　88

  4.1　评级数据说明　/　88
  4.2　主体评级的分布特征　/　92
  4.3　主体评级的变动特征　/　96
  4.4　评级与违约的关系　/　104
  4.5　本章小结　/　110
  参考文献　/　111
  附录　/　112

第5章　评级偏高：与企业基本面相符还是评级标准放松？　/　113

  5.1　数据与研究方法　/　113
  5.2　评级标准分析　/　124
  5.3　进一步的讨论　/　133
  5.4　本章小结　/　142
  参考文献　/　142

第6章　评级标准放松的原因及经济后果分析 / 144

- 6.1　导致中国评级偏高的可能因素 / 144
- 6.2　各因素与评级放松程度的关系 / 153
- 6.3　评级放松的经济后果（Ⅰ） / 162
- 6.4　评级放松的经济后果（Ⅱ） / 171
- 6.5　本章小结 / 178

参考文献 / 180

附录 / 181

第三部分　改进中国信用评级

第7章　违约概率度量：结构化模型 / 184

- 7.1　Merton 结构化模型 / 184
- 7.2　Merton 违约概率数据描述 / 190
- 7.3　Merton 违约概率的表现 / 197
- 7.4　关于结构化模型的讨论 / 210
- 7.5　本章小结 / 211

参考文献 / 211

附录 / 213

第8章　违约概率度量：简化模型 / 221

- 8.1　简化模型 / 221
- 8.2　基于简化模型的违约概率 / 226
- 8.3　简化模型违约概率的表现 / 231
- 8.4　结论 / 238

参考文献 / 239

第 9 章 改进信用评级：基于违约概率的隐含评级 / 241

9.1 从违约概率到评级 / 241

9.2 国内机构评级与违约概率隐含评级 / 245

9.3 隐含评级的应用 / 252

9.4 本章小结 / 261

参考文献 / 262

后记 / 263

第一部分　信用评级的百年历程回顾

本书的第一部分回顾信用评级的发展历程，并梳理信用评级的功能。这个部分包括两个章节。

第1章对信用评级行业的主要发展脉络进行梳理。信用评级诞生于美国，因此我们从18世纪美国债券市场的发展开始讲述为什么评级机构会诞生，评级机构又发挥了怎样的作用。我们记叙了20世纪70年代至21世纪初评级行业的商业模式变更，市场竞争格局的变化。最后，我们从美国安然公司破产与全球金融危机爆发出发，概述了21世纪以来评级行业所存在的问题以及当前评级业改革的情况。我们希望通过记叙这些内容使读者了解评级行业的发展历程，帮助读者理解中国信用评级的发展、现状和存在的问题，并为后续分析如何改进中国信用评级做铺垫。

第2章对评级的功能进行了梳理。我们希望通过本章的梳理，结合一些有趣的案例，加深读者对信用评级作用的理解。在梳理清晰信用评级的功能之后，我们进而阐述信用评级对于实体经济的影响。这样我们可以更深刻地理解信用评级在经济运行中的重要性，也可以更好地理解为什么社会各界如此关注信用评级，关心评级是否发挥好其主要功能。考虑到评级所具有的功能和其在经济运行中的重要性，我们探讨影响评级发挥其信息发现功能的几类因素。

第 1 章　信用评级的历史：从美国说起

　　本章分为 5 节：第 1.1 节从 18 世纪末美国债券市场的发展讲起，分析评级行业兴起的历史背景；第 1.2 节记叙了 20 世纪初至 20 世纪 70 年代，信用评级机构如何发展壮大，并逐渐成为美国金融监管体系中重要的组成部分；第 1.3 节讲述了 20 世纪 70 年代至 21 世纪初评级行业的商业模式变革和竞争格局变革；第 1.4 节通过安然破产事件和 2007—2009 年的全球金融危机，讲述了信用评级业存在的问题和评级行业当前的改革方向；第 1.5 节对本章进行小结。

1.1　评级兴起的历史背景：从 18 世纪末说起

　　要了解信用评级，就需要从美国的债券市场开始讲起。美国的债券市场的起源几乎与美国建国的时间相同。根据美国史密森学会的记载，在 1789 年，美国首任总统乔治·华盛顿安排财长亚历山大·汉密尔顿来处理由于独立战争军费支出而欠下的近 8 000 万美元的债务，汉密尔顿提出通过发行美国政府债券的方式来置换相关债务，并正式开启了美国债券市场。[①]

　　随着美国各州的基础设施建设开支开始逐步增长，通过市政债为基建开支进行融资的方式也逐步得到发展。其中较为著名的案例是 1817 年的伊利运河债（Erie Canal bonds）：由于当时美国联邦政府的收入无法支持伊利运河的开凿费用，纽约州政府发行了伊利运河债。随着 1825 年伊利运河建成并且大获成功，市政债开始腾飞。

　　随后，公司债（corporate bonds）也逐步兴起，根据纽约大学 Richard Sylla 教授及其团队的记录，早在 19 世纪 20 年代就已经有运河公司发

---

　　① https://www.smithsonianmag.com/sponsored/alexander-hamilton-debt-national-bank-two-parties-1789-american-history-great-courses-plus-180962954/.

行了相关的公司债，在 19 世纪 30 年代还有一些铁道公司发行了公司债（Sylla，2002；Sylla，Wilson 和 Wright，2005）。不过公司债市场直到 19 世纪 50 年代初才开始逐渐壮大。根据圣塔克拉拉大学 Edward McQuarrie 教授的记载，1850 年的公司债规模仅为千万美元级，而截至 1857 年，公司债的规模已经达到了 1.5 亿美元，彼时未到期的公司债规模已经超过了未到期的市政债规模，并达到了当时联邦政府债（也即美国国债）规模的 3 倍左右（McQuarrie，2018）。

随着时间的推移，除去美国内战时期，公司债已经成为美国债券市场上最大的组成部分。基于经济学家 Raymond Goldsmith 对 20 个国家 1688—1978 年的国家资产负债的整理①，Sylla 教授测算认为在 1850 年美国的公司债券市场就已经和英国、法国等国家的公司债市场规模相当甚至更大，而在第一次世界大战末（1912 年、1913 年），美国的公司债券市场规模已经达到了英、法两国的三倍以上。

公司债的信用风险水平与联邦政府债或是各州的市政债有明显的差异，但直到 1933—1934 年美国证券交易委员会（Securities and Exchange Commission，SEC）才出台交易法案要求达到一定标准的公司进行强制的财务信息披露，因此判断哪些公司值得投资，对于投资者而言并非易事。另外，已有的信息中介诸如商业信用分析机构（credit reporting agencies）、专业化的财经媒体和投资银行已经无法满足投资者对于证券投资的信息需求。② 在这样的时代背景下，约翰·穆迪（John Moody）于 1900 年成立了约翰·穆迪公司（John Moody & Company），开始向订阅

---

① 《Comparative National Balance Sheets: A Study of Twenty Countries, 1688-1978》，由于该书涉及的数据时间跨度较长，许多数据只是粗略估计，此外该书数据为离散的时点数据，例如在"一战"结束前对英国的资产负债统计时点只涉及 1688 年、1760 年、1800 年、1830 年、1850 年、1875 年、1895 年和 1913 年八个年份，对法国的资产负债统计时点只涉及 1815 年、1850 年、1880 年和 1913 年四个年份，而对美国的资产负债统计时点只涉及 1774 年、1805 年、1850 年、1880 年、1900 年和 1912 年六个年份。

② 商业信用分析机构并非信用评级机构，这些商业信用分析中介主要的经营模式是向用户提供市场上的经营主体的经营诚信水平，对于感兴趣的读者，可以参考印第安纳大学 James H. Madison 教授关于这些公司发展历史的介绍（Madison，1974）；专业的财经媒体在当时较为有名的有普尔（Poor）家族发布的"Manual of the Railroads of the United States"，随后普尔也转行开始信用评级业务。

公司服务的投资者收费并提供证券投资的相关资讯。

穆迪利用其早年在银行工作的经验，为市场提供了经过详细分析的金融数据和统计信息，并将之整理成为“公司证券手册”（Manual of Corporation Securities）。由于该手册提供了包括金融机构、政府机构、制造业、采矿业、铁道业、水电业、燃气业和餐饮业等诸多公司的经营信息和财务数据，其在市场上迅速取得了成功。但 1907 年的美国金融危机，使得穆迪不得不出售自己的公司。不过，穆迪在 1909 年重新回到了证券市场之中，这一次，他不仅向市场提供公司的相关经营信息和财务数据，还进一步开始为证券进行价值评估和信用风险分析。也正是从这时起，以 Aaa、Aa、A、Baa、Ba、B、Caa、Ca、C 和 D 等字母符号为特征的信用等级被正式用于美国的债券和股票市场。① 例如，图 1.1 中给出了穆迪公司在 1910 年针对 Alabama & Vicksburg 铁道公司发行的三只债券及股票的评级。

TABLE D.—Bond Record and Ratings (Based on 10-Year Results, Per Mile of Road).

NAME OF ISSUE.	Interest Payable.	Maturity.	Lien on Miles.	Outstanding Per Mile.	Average Income Available.	Interest R'q'r'd per Mile of System.	Factor of Safety.	BASIS FOR RATING.		Net Rating.
								Security.	Sal'bility.	
1. Vicksburg & Meridian R. R. first 6s..................	A&O	Ap 1921	(1st) 143	$7,000	$2,469	420	83%	Very high.	High.	Aaa.
2. Ala. & Vicks. Ry first con. 5s.	A&O	Ap 1921	(2d) 143	4,118	2,049	206	90	" "	"	Aaa.
3. Ala. & Vicks. Ry second 5s...	A&O	Ap 1921	(3d) 143	2,744	1,843	158	92	" "	"	Aa.

For Key to Bond Ratings, see page 19.

REFERENCE NOTES ON BOND ISSUES.

1. Assumed; legal for Savings Banks in Florida, Michigan, Minn.
2. Follows No. 1; legal for S. B. in N. J., N. H., Mich., Minn., Wis.
3. Follows No. 2; also first lien on lands, and being retired by land sales.

TABLE E.—Stock Record and Ratings (Based on 10-Year Results, Per Mile of Road).

NAME AND DETAILS OF ISSUE.	Rate and Date Dividends	Amount Outstanding Per Mile.	Average Income Available Per Mile.	Dividend Required Per Mile of System.	Factor of Safety.	BASIS FOR RATING.		Net Rating.
						Equity.	Salability.	
Alabama & Vicksburg Ry. stock............ Full voting power. Par $100. Outstanding, $1,050,000.	7% Aug	$7,345	$1,645	$514	69%	Very high	High	Aaa.

For Key to Stock Ratings, see page 20.

图 1.1 穆迪公司早期的债券和股票评级

图片来源：Moody’s Analyses of Railroad Investments，1910，page150

① 采用字母等级来划分公司的做法起源于 19 世纪美国的商业信用分析公司，例如兼并过穆迪的 Dun & Bradstreet。穆迪最初的评级一共包含 13 级：Aaa、Aa、A、Baa、Ba、B、Caa、Ca、C、Daa、Da、D 和 E。随着其余几家评级机构出现，评级符号逐渐变为从 Aaa 至 D 共 10 级。S&P（标准普尔）在 1973—1974 年间逐步将评级进一步细化为如今的 21 级，除 AAA 和 CCC 以下等级外，其余等级均可用“±”进行细分，例如 AA 被细分为 AA+，AA 和 AA-；穆迪则于 1982 年 4 月 26 日对外发布了细化的评级，除 Aaa 和 Caa 以下等级，其余等级分别用 1、2、3 来表示信用质量的高低，例如 Aa 被细分为 Aa1、Aa2 和 Aa3。

1.2 从民间走向官方：20世纪初至70年代

随着穆迪公司在评级业务上取得成功，几家新的评级公司也相继成立。普尔（Poor）于1916年开始评级业务，标准统计（Standard Statistics）和惠誉（Fitch）分别于1922年和1924年开始了评级业务。[①] 那么评级到底有什么价值呢？从债券投资的角度而言，评级机构的出现，实际缓解了债券市场的信息不对称程度——投资者希望了解哪些发行人偿债能力更好、违约风险更低，评级机构通过信用评级的方式简单明了地告诉投资者这些信息。那么评级和违约呈现什么样的关系呢？

1.2.1 评级与违约：20世纪初的证据

四大评级机构的评级为美国市场的广大债券投资者提供了一种度量债券风险的方法，让投资者能够更加准确地挑选合适的投资标的。由于几家评级机构的评级符号不完全一样，我们用罗马数字 I～IX 对各家评级符号所代表的风险程度进行了统一，其关系如表1.1所示。

表1.1 各家评级机构早期评级符号及对应数字评级

数字评级	穆迪	普尔	标准统计	惠誉
I	Aaa	A**	A1+	AAA
II	Aa	A*	A1	AA
III	A	A	A	A
IV	Baa	B**	B1+	BBB
V	Ba	B*	B1	BB
VI	B	B	B	B
VII	Caa	C**	C1+	CCC
VIII	Ca	C*	C1	CC
IX	C 及以下	C 及以下	C 及以下	C 及以下

注：资料来源于克利夫兰联邦储备银行主席 Braddock Hickman 著录的《Corporate Bond Quality and Investor Experience》第142页。

如图1.2所示，截至1912年美国债券市场上尚未偿清的公司债券（仅包含铁道公司、公用事业公司和工业企业的公司债券，不包含银行及房地

[①] 1941年3月，普尔（Poor）评级与标准统计（Standard Statistics）评级合并，形成标准普尔（Standard & Poor's，S&P），三大评级公司的格局逐步形成。

产公司债券）数量就已经超过 6 000 只。随着时间的推移，大部分债券都已经拥有了四家评级机构给出的评级。那么评级是否为市场提供了预警信息呢？

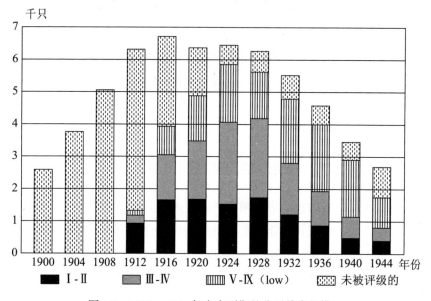

图 1.2 1900—1944 年尚未到期的公司债券规模

注：图片来源于克利夫兰联邦储备银行主席 Braddock Hickman 著录的《公司债质量及投资者体验》（《Corporate Bond Quality and Investor Experience》）第 148 页，其中罗马数字 Ⅰ，Ⅱ，…，Ⅸ指处理后的从高到低的评级，其中 Ⅰ～Ⅳ代表投资级（对应穆迪评级中的 Aaa、Aa、A 和 Baa），Ⅴ～Ⅸ代表投机级（对应穆迪评级中的 Ba、B、Caa、Ca 和 C 及以下）。例如当一只债券只有穆迪评级时，如果评级为 Aaa，则处理后的评级为 Ⅰ；如果一只债券同时有两（四）家机构的评级，则评级为两（四）者的均值并向低等级取整；如果债券同时有三家机构的评级，则评级为三者的中位数。

表 1.2 给出了 1900—1943 年所发行的债券在发行时点的评级与债券违约率的关系。规模在 500 万美元以上的债券占到了 90%，Panel A 围绕这些债券进行了分析。从全部行业的债券来看，随着评级的下降，违约率逐步上升。例如，在发行时拥有最高评级（罗马数字 Ⅰ）的债券有 5.9% 在 1944 年前发生过违约；而对于投机级（罗马数字 Ⅴ～Ⅸ）的债券，违约率则高达 42.4%。评级与违约率的关系在不同行业中也仍然成立，值得注意的是，不同行业之间，评级所对应的违约率不尽相同。例如铁道行业的债券，即使拥有最高评级，例如 Aaa，其违约率也高达 14.5%。

表 1.2　1944 年前违约债券比例与债券发行时点评级的关系

发行时点债券评级	全部行业	铁道行业	公用事业	工业企业
Panel A：债券发行规模 ≥ 500 万美元				
Ⅰ	5.9%	14.5%	0.0%	0.40%
Ⅱ	6.0%	18.6%	0.3%	3.2%
Ⅲ	13.4%	41.0%	5.0%	8.8%
Ⅳ	19.1%	36.6%	14.0%	18.5%
Ⅰ～Ⅳ（投资级）	11.3%	25.7%	4.9%	9.8%
Ⅴ～Ⅸ（投机级）	42.4%	70.4%	34.4%	32.7%
无评级	28.6%	25.9%	34.3%	30.3%
Panel B：债券发行规模 <500 万美元				
Ⅰ	10.2%	0.0%	51.3%	—
Ⅱ	15.5%	15.2%	15.9%	—
Ⅲ	9.9%	26.2%	2.5%	23.8%
Ⅳ	25.2%	3.4%	13.9%	40.3%
Ⅰ～Ⅳ（投资级）	19.2%	14.4%	9.4%	36.7%
Ⅴ～Ⅸ（投机级）	32.6%	72.6%	28.1%	35.1%
无评级	27.0%	19.9%	36.2%	24.7%

注：数据来源于《公司债质量及投资者体验》（《Corporate Bond Quality and Investor Experience》）第 176 页，其中罗马数字Ⅰ、Ⅱ、…、Ⅸ指代处理后的从高到低的评级，其中Ⅰ～Ⅳ代表投资级（对应穆迪评级中的 Aaa、Aa、A 和 Baa），Ⅴ～Ⅸ代表投机级（对应穆迪评级中的 Ba、B、Caa、Ca 和 C 及以下）。例如当一只债券只有穆迪评级时，如果评级为 Aaa，则处理后的评级为Ⅰ；如果一只债券同时有两（四）家机构的评级，则评级为两（四）者的均值并向低等级取整；如果债券同时有三家机构的评级，则评级为三者的中位数。

Panel B 则针对规模较小的债券给出了评级与违约率之间的关系。评级与违约率的关系在这部分债券样本内的表现相对较差。例如，针对全部行业的债券来看，发行时评级为Ⅰ的债券违约率为 10.2%，而评级为Ⅲ的债券违约率为 9.9%。不过发行规模较小的债券在全部债券中占比仅为 10% 左右，加之这些债券发行人的数据可获得性更差，导致评级对违约的区分能力在这些债券上表现相对较差。因此，综合表 1.2 的 Panel A 和 Panel B 来看，债券发行时点的评级已经较好地捕捉了信用风险。

事实上，评级不会一成不变，而是随着评级机构获取信息后不断调整。例如，表 1.3 展示了 1900—1943 年发行的债券的评级变动情况，表头给出了债券在发行时点的评级分布，最左列则给出了债券在到期时点的评级。

以所有发行时点评级为最高级（等级Ⅰ）的债券为例，其中只有56.9%的债券在到期时评级仍然为最高级，而有21.1%的债券在到期时评级被下调至等级Ⅱ，有8.9%的债券评级被下调至投机级（也即评级在Ⅴ~Ⅸ之间）。此外，考察发行评级为Ⅰ~Ⅳ的债券在发行与到期时的评级，不难发现，评级上调的比率低于评级下调的比率。例如，发行时评级为Ⅱ的债券，仅9.0%被上调至最高级，而有33.2%（=12.8%+7.1%+13.3%）被下调至Ⅲ甚至更低级别。

表1.3 1900—1943年发行的债券的评级迁移情况

到期时点债券评级	发行时点债券评级						
	Ⅰ	Ⅱ	Ⅲ	Ⅳ	Ⅰ~Ⅳ	Ⅴ~Ⅸ	无评级
Ⅰ	56.9%	9.0%	2.0%	0.5%	12.1%	0.5%	13.6%
Ⅱ	21.1%	56.2%	12.2%	1.9%	22.5%	0.7%	10.3%
Ⅲ	7.2%	12.8%	45.2%	15.3%	22.6%	3.0%	8.0%
Ⅳ	5.6%	7.1%	17.5%	43.3%	19.8%	14.5%	7.4%
Ⅰ~Ⅳ	90.8%	85.1%	76.9%	61.0%	77.0%	18.7%	39.3%
Ⅴ~Ⅸ	8.9%	13.3%	21.2%	35.4%	21.0%	75.4%	21.5%
无评级	0.3%	1.6%	1.9%	3.6%	2.0%	5.9%	39.2%
总计	100.0%	100.0%	100.0%	100.0%	100.0%	100.0%	100.0%

注：数据来源于《公司债质量及投资者体验》（《Corporate Bond Quality and Investor Experience》）第158页，其中罗马数字Ⅰ，Ⅱ，…，Ⅸ指代处理后的从高到低的评级，其中Ⅰ~Ⅳ代表投资级（对应穆迪评级中的Aaa、Aa、A和Baa），Ⅴ~Ⅸ代表投机级（对应穆迪评级中的Ba、B、Caa、Ca和C及以下）。例如当一只债券只有穆迪评级时，如果评级为Aaa，则处理后的评级为Ⅰ；如果一只债券同时有两（四）家机构的评级，则评级为两（四）者的均值并向低等级取整；如果债券同时有三家机构的评级，则评级为三者的中位数。

因此，如果将评级的动态调整情况考虑在内，评级对违约的预测表现则更加吸引投资者的关注。表1.4给出了1912—1943年每4年的子样本内，评级与违约率之间的关系。此处的债券评级均为各时段起点时期的债券评级，我们选取了全部债券和发行规模在500万美元以上的债券（占全部债券的90%左右），并将相应数据分别汇报在Panel A和Panel B中。从Panel A来看，高评级的违约率在各子时段明显较低，仅在大萧条开始后（1929年之后），违约率有较大的上升，达到了6.2%；而低评级的违约率在各子时段均明显高于高评级的违约率,表明评级很好地捕捉了信用风险。

Panel B 展示了发行规模在 500 万美元以上的债券样本中评级与违约率之间的关系。如前所述,这一样本占全部债券的比例达 90%,且由于这些公司本身规模较大,财务信息也相对更容易获得。不难发现,在这一样本内,评级很好地将信用风险较高的债券区别了出来。以"大萧条"时段(1932—1935 年)为例,在 1932 年评级为Ⅰ和Ⅱ的债券仅有 0.5% 与 0.1% 发生了违约。

表 1.4 各子时段债券评级与违约率的关系

时段起点 债券评级	1912 —1915	1916 —1919	1920 —1923	1924 —1927	1928 —1931	1932 —1935	1936 —1939	1940 —1943
Panel A:全部债券								
Ⅰ~Ⅳ	7.0%	3.4%	1.0%	1.1%	1.4%	6.2%	3.3%	0.4%
Ⅴ~Ⅸ	49.3%	21.6%	18.2%	23.5%	22.6%	48.9%	21.7%	8.9%
无评级	8.5%	9.2%	14.9%	13.8%	7.2%	49.2%	8.0%	6.8%
Panel B:债券发行规模≥500 万美元								
Ⅰ	3.8%	0.0%	0.0%	1.7%	0.0%	0.5%	0.0%	0.0%
Ⅱ	2.7%	1.7%	0.0%	0.0%	0.2%	0.1%	2.2%	0.0%
Ⅲ	15.8%	1.9%	4.0%	0.0%	0.3%	8.4%	4.6%	0.0%
Ⅳ	13.1%	9.7%	0.0%	1.8%	3.6%	10.5%	5.1%	0.7%
Ⅰ~Ⅳ	5.9%	3.0%	0.9%	1.1%	0.8%	6.1%	3.3%	0.2%
Ⅴ~Ⅸ	54.3%	19.6%	17.8%	26.9%	21.5%	46.6%	24.2%	7.0%
无评级	8.7%	1.5%	22.0%	—	6.3%	54.3%	0.0%	0.0%

注:数据来源于《公司债质量及投资者体验》(Corporate Bond Quality and Investor Experience)第 189~190 页,其中罗马数字Ⅰ,Ⅱ,…,Ⅸ指代处理后的从高到低的评级,其中Ⅰ~Ⅳ代表投资级(对应穆迪评级中的 Aaa、Aa、A 和 Baa),Ⅴ~Ⅸ代表投机级(对应穆迪评级中的 Ba、B、Caa、Ca 和 C 及以下)。例如当一只债券只有穆迪评级时,如果评级为 Aaa,则处理后的评级为Ⅰ;如果一只债券同时有两(四)家机构的评级,则评级为两(四)者的均值并向低等级取整;如果债券同时有三家机构的评级,则评级为三者的中位数。

1.2.2 评级与审慎监管:20世纪30年代至70年代

由于评级在市场上的良好表现,其于 20 世纪 30 年代开始被美国监管体系采用。美国货币监理署（Comptroller of the Currency）①于1931年开始使用评级对银行的债券账户进行管理：如银行持有等于或高于BBB等级的债券，则可以按账面价值进行度量；如银行持有低于BBB等级的债券，则需要按债券市值进行度量，并要求冲抵一部分资本金。②随后，美国货币监理署在1936年2月15日出台了证券投资规定，要求所有联邦储备体系（Federal Reserve System）中的国家银行（National Bank）和各州成员银行（State Member Bank）"不允许投资有明显投机特征的'投资级'证券，或是那些标准低于有明显投机特征的'投资级'证券""如对上述概念存异，可以参考市场认可的评级手册；如果对于投资特定证券是否合规存在疑虑，那么需至少参考两家机构发布的评级手册"。尽管上述政策在最初执行时存在争议，但以各评级机构最高的四个等级（例如在穆迪评级下投资级为Aaa、Aa、A和Baa）作为投资级逐步形成了市场惯例。

随着银行业监管机构开始采用基于评级的审慎监管，美国其他金融监管机构也开始逐步使用信用评级进行监管。1951年，美国保险业协会（National Association of Issuance Commissioners，NAIC）针对保险公司投资债券面临的资本金计提问题，引入了信用评级：例如，债券的评级大于等于A，则对应的资本金计提档次为"1"；评级在A至BBB级之间的资本计提档次为"2"，BB，B，CCC和D则依次对应3～6档。档次越高，则所需计提的资本金额度越大，例如保险公司投资100元的B级债券，需要计提10%，也即10元的资本金。1975年，美国证券交易委员会（Securities and Exchange Commission，SEC）针对拥有债券的经纪经销商也开始通过评级的方式来计提相应的资本金；此外，为了避免市场滥用评级，美国证券交易委员会成立了"全国认定的统计评级组织"（Nationally Recognized Statistical Rating Organizations，NRSRO），并规定证券公司需要使用NRSRO给出的评级。而作为美国市场的三大评级巨头，穆迪、标准普尔与惠誉自然由美国证券交易委员会颁发了许可并成为首批NRSRO。

---

① 货币监理署是美国联邦机构，对美国境内所有的银行，包括国内银行和外国银行进行特许、监管和监督。

② Harold, Gilbert. *Bond Ratings as an Investment Guide.* New York: The Ronald Press Co., 1938.

由于审慎监管逐渐倚重于信用评级，评级机构的服务对象由原来的那些自愿购买评级服务的投资者，逐步转变为那些受监管要求而需要使用评级的投资者，例如银行、保险公司等机构投资者，而这为评级机构提供了一批稳定的客户。另外，由于银行、保险公司本身就是债券市场上最主要的投资者，这也使得债券市场上的其他投资者开始更为关心债券评级，因为这时的评级还能告诉投资者，哪些债券是大型机构投资者可以购买的，而哪些是机构投资者不能购买的，这也进一步地拓宽了评级机构的市场。

1.3 商业模式与行业格局演变：20世纪70年代至20世纪末

20世纪70年代至20世纪末在评级行业的发展历程中并没有经历特别大的危机，但在这一段时期，评级行业的商业模式与竞争格局却发生了重要的改变，而这些改变为21世纪的安然破产与次贷危机埋下了伏笔。因此，本节分别讲述评级行业的商业模式转变以及竞争格局转变。

1.3.1 商业模式变革

在监管机构对评级机构逐渐倚重的同时，评级机构的商业模式也开始发生转变。从1968年起，标准普尔、穆迪等评级机构都开始逐步从向投资者收费转变为向债券发行人进行收费。图1.3给出了这两大评级机构收费模式转变的时间线。①

图1.3 标准普尔与穆迪商业模式转变时间线

资料来源：纽约时报，1968；Jiang, Standford 和 Xie, 2012

关于收费模式为什么发生转变，从相关的新闻资料和学术论文来看，

---

① 我们将在本节的附录中对国外评级机构的收费标准做进一步的介绍。

似乎有三个主要的原因。

原因1：债券市场增长较快，但评级收入与成本差异大。例如《纽约时报》在1968年1月27日报道了标准普尔计划向市政债发行人进行收费的新闻，其中标准普尔公司提到："在过去20年间，市政债的规模从29亿美元增长到了1 130亿美元，而在这期间标准普尔一直向投资者提供评级服务。但评级服务带来的收入却远不能覆盖我们的研究分析成本，而且这一收入成本差还在不断扩大。"因此，标准普尔宣布如果市政当局不向其支付费用，那么标准普尔将暂停市政债券的评级工作。

原因2：发行人愿意付费购买评级。一方面，如前所述，由于监管机构不断使用评级来规范诸如银行等机构投资者的投资组合，这使得债券发行人希望获取好的评级进而能够获取更多融资机会。实际上，《纽约时报》在1968年2月3日的一篇新闻报道中写道："就10天前标准普尔宣布计划向市政债发行人收费一事，标准普尔的发言人对外提及'（这一转变）非常令人满意''已经有超过50家有发债需求的市政当局，愿意在3月1日付费模式转变后，向我们购买评级服务'。"另一方面，由于交通运输变革，曾经的运输巨头宾州中央交通公司（Penn Central Transportation Company）价值8 200万美元的商业票据（commercial paper）在1970年发生违约。这使得许多投资者对债券投资非常谨慎，而许多公司又亟须通过债券市场进行融资。为了稳定投资者对于债券偿付能力的预期，发债公司也开始积极寻求债券评级。这些因素都极大地增加了债券发行人为评级服务付费的意愿，也使得付费模式转换变得可行。

原因3：投资者"搭便车"问题。20世纪50年代末60年代初影印技术的发展，使得评级资料变得更容易在投资者之间传播。这种"搭便车"的问题，使得评级机构从投资者处获取的收益出现了下降，也因而推动了评级行业收费模式的变革。

由于付费模式的转变，利益冲突问题也开始被市场频频提及，例如纽约市财政官员Roy Goodman就指出，一旦评级机构开始向发债人进行收费，评级还能够客观公正吗？不过，关于评级机构利益冲突的问题在金融危机之前并未引起足够的关注，这一方面与评级机构非常注重市场声誉有关，因为一旦投资者对于评级不再信任，发行人也难以再通过获取好评级来降低发行成本了；另一方面，从评级标准来看，学界的研究也发现，标准普尔与穆迪在公司债券发行人的评级上都越来越严，例如宾夕法尼亚大学沃顿商学院的三位教授研究了 1978—1995 年标准普尔对于公司债发债主体的评级，他们发现标准普尔的评级标准随时间推移逐年变严。①

1.3.2 竞争格局变革

20 世纪 70 年代是美国债券市场迅速发展的年代，资产证券化开始迅速发展。例如住房抵押贷款证券化（Residential Mortgage Backed Securitization，RMBS）于 1970 年开始发行。伴随债券市场的变革，需要评级的证券规模与日俱增。另外，随着评级机构商业模式的转变，以及监管对于评级业的倚重，评级行业在 70 年代也取得了迅速发展。

从评级业务来看，在 1975 年，美国市场未到期且有评级的公司债数量为 5 500 只；②而在 20 世纪 90 年代末，穆迪给 20 000 家美国公司发布评级，并给 1 200 家非美国的公司和主权国家发布评级。从评级债券的规模来看，穆迪在 90 年代末评定的证券价值约为 5 万亿美元，而标准普尔评定的证券价值约为 2 万亿美元。③从员工人数来看，在 1980—1985 年间，差不多只有 30～40 位分析师在标准普尔工业企业组工作；而在 1995 年标准普尔已经有 800 位分析师，员工总数达到了 1 200 人。穆迪的员工增速也非常相似，在 1995 年穆迪总共有 560 位分析师，员工总数则达到了 1 700 人。④

伴随着债券市场的迅速扩容，新的收费模式无疑对新的评级机构有着极大的吸引力；另外，从监管的视角而言，给予评级市场竞争似乎也能够更好地保证评级质量，进而发挥好评级在审慎监管中的作用。因此，自 1975 年 NRSRO 被美国 SEC 设立以来，又有 4 家评级机构先后设立，并被纳入了 NRSRO。他们分别是 Thomson Bankwatch（成立于 1974 年，并

---

① Blume, Lim 和 Mackinlay（1998）。实际上这一标准变严一直持续到了 2016 年，本书在后续的章节也基于标准普尔的数据检验了这一评级标准的变动，结果表明即使公司经营表现不发生任何变化，标准普尔对于公司的评级在 2016 年较 1985 年也变严了 2 级以上。
② Pinches 和 Singleton（1978），page 31。
③ Partnoy（1998），page 650。
④ Partnoy（1998），page 649。

于 1991 年被纳入 NRSRO)、MaCarthy, Crisanti, and Maffei（MCM，成立于 1975 年，并于 1983 年被纳入 NRSRO)、IBCA（成立于 1978 年，并于 1990 年被纳入 NRSRO）和 Duff and Phelps（成立于 1980 年，并于 1982 年被纳入 NRSRO）。

其中，Duff and Phelps 于 1991 年收购了 MCM 公司；随后惠誉于 1997 年收购了 IBCA，2000 年并购了 Duff & Phelps，随后又买下了 Thomson Bankwatch。因此，截至 2000 年年末，NRSRO 又重新回到了只有 3 家评级机构的局面。

评级行业竞争与垄断的争议也在安然破产事件后开始逐渐引起舆论的探讨。我们将在随后的章节讲述 21 世纪以来的两次重大事件——安然破产与金融危机。

1.4　安然破产与金融危机：21 世纪的评级

1.4.1　安然破产

进入 21 世纪以来，评级行业很快就迎来了第一场危机——安然破产。安然公司曾经是世界上最大的能源、商品和服务公司之一，名列《财富》杂志"美国 500 强"的第七名。

在 2001 年 10 月 16 日公布第三季度财报以前，安然公司的财务数据都是资本市场所喜闻乐见的：其每股净收益从 1997 年年报所披露的 0.16 美元上涨至 2000 年年报所披露的 1.12 美元，即在三年的时间里上涨了 6 倍。2001 年一季度的财报进一步显示，公司净利润增长 20% 至 4.06 亿美元，公司单季度每股净收益增长 18% 至 0.47 美元，公司上调 2001 年盈利预期至每股净收益 1.75～1.80 美元之间，即较上一财年增长 56%～61%。

然而，资本市场开始对安然的高盈利出现质疑。2001 年初，有市场投资机构指出安然盈利增长虽然迅速，但实际上从财报中很难说清其收益来源；另一方面，安然的首席执行官一边宣传公司股价会不断上涨，一边却在抛售其持有的安然股票。

随着公司在 2001 年 7 月 12 日公布其第二季度财报，市场对安然的盈利开始有越来越多的疑惑：在当天的公司电话会议上，安然的高层对公司资产价值变动语焉不详，对分析师问题无法正面回答。这些疑点让资本市场开始不断深挖安然的盈利来源。最终，公司不断被爆出财务问题，股价也一再下挫。2001年10月16日，安然发布其第三季度财务报表，宣布公司亏损总计达到6.38亿美元，随后于2001年12月2日申请破产保护。

图1.4给出了三大评级机构在安然申请破产前半年的评级变动情况[1]，评级机构在安然破产前2个月都没有发现安然存在的财务问题，直到2001年11月28日——安然申请破产前4天——穆迪、标准普尔和惠誉才将评级调整至BBB-以下（从投资级调整至投机级）。这使得市场对于三大评级机构是否能够对违约进行预警产生了较大的质疑。2002年3月20日，美国国会参议院举办了以"为评级者评级：安然和评级机构"（Rating the Raters: Enron and the Credit Rating Agencies）为题的听证会，并对三大评级机构就以下内容进行了问询：评级机构为什么直到安然破产前4天才将评级下调到投机级？NRSROs能够获取发债公司私有信息的特权是否适当？监管机构是否缺乏对NRSROs的监管？

三大评级机构对于安然事件的回复则相对统一，首先几家评级机构代表的证词都表明评级机构的声誉是他们的立身之本，例如标准普尔的董事总经理Ronald Barone就在听证会的证词中提到："标准普尔评级之所以受到市场信赖，是因为这些评级是基于客观、可靠分析得到的。我们的声誉最终取决于我们观点是否值得信赖。"随后，几家评级机构均表示他们评级的制定取决于安然公司提供的信息是否准确和完备；而本次安然事件评级反应的滞后，则完全是因为安然公司提供了虚假错误的财务信息，这才导致了评级的准确性和可靠性受到了较大的影响。[2]

---

[1] 早在1995年，标准普尔与惠誉就一直给予安然BBB+的评级；而在1999年11月穆迪给予了安然Baa2（等价于标准普尔和惠誉体系下的BBB）的评级，随后在2000年3月将评级调高至Baa1（也即BBB+）。上述评级一直维持到图1.4中2001年10月末。

[2] Rating the Raters: Enron and the Credit Rating Agencies, Hearings Before the Senate Committee on Governmental Affairs, 107th Cong. 471 (March 20, 2002).

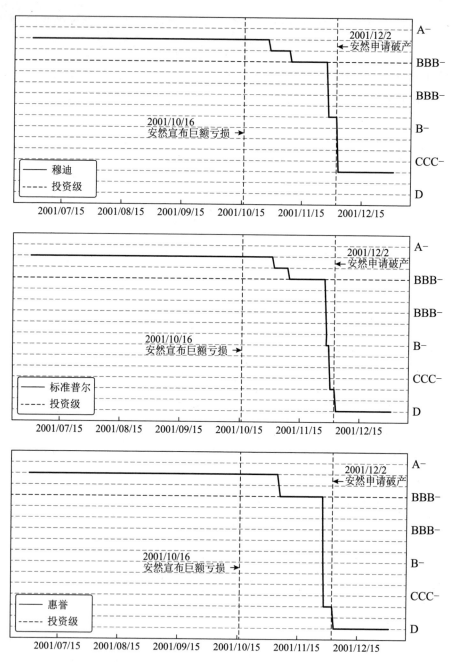

图 1.4 安然申请破产前三大评级机构的长期主体评级变动情况

资料来源：穆迪官网；华盛顿邮报，2002/1/31；其中穆迪的评级符号被等价转换为标准普尔与惠誉体系下的评级符号，例如 Baa1=BBB+，Baa2=BBB，Baa3=BBB-。

随后，美国国会通过的《萨班斯—奥克斯利法案》（Sarbanes-Oxley

Act）要求美国证券交易委员会（SEC）对评级机构在证券市场上的角色与功能做出详细回答。而SEC在2003年1月出具的回复也直接指出评级体系所面临的几项重要议题：（1）评级机构的信息披露过程是否应该更加充分；（2）付费模式导致的利益冲突问题，评级机构应该如何管理；（3）评级市场是否竞争不充分；（4）NRSRO的准入门槛是否应该降低。

与SEC最为相关的则是对于评级机构的监管以及NRSRO的准入。在对《萨班斯—奥克斯利法案》的回复中，SEC提及NRSRO的准入标准包含：（1）评级机构的组织结构；（2）评级机构的金融资源能否保证这些评级机构可持续运营，而不受制于被评公司所给予的压力；（3）评级机构的规模以及从业人员的素质；（4）评级程序是否可靠和准确；（5）评级机构是否独立于其评级的公司；（6）评级机构的内部控制程序是否被准确遵守，且能够确保非公开信息不被滥用。此外，SEC本身也对NRSRO的合理性给予了解释，NRSRO需要授予那些有声誉保障的评级机构，因为这样才能保证在监管过程中，所用到的评级是可靠的。

不难发现，评级机构与SEC在就安然破产事件的说明中并不认为他们负有较大的责任；此外，SEC本身在NRSRO的标准设立上也并不清晰。因此，舆论压力和国会层面的压力并没有停歇。例如，投资者付费的评级机构Egan-Jones Ratings Company的创始人Sean J. Egan就在NRSRO的标准上向SEC和媒体评论道："NRSRO的标准是要求评级机构具有一定规模，但评级机构无法获取NRSRO就没办法扩大规模。"[1]

舆论和监管的压力似乎对于评级机构是有效的。亚利桑那大学的两位学者Mei Cheng和Monica Neamtiu研究了《萨班斯—奥克斯利法案》出台前后三大评级机构评级的及时性与准确性（Cheng和Neamtiu，2009）。她们发现舆论和潜在的监管压力对于评级行业是有正面影响的。在法案出台之后，三大评级机构的评级在预测违约的准确性和及时性上都有所提升。具体而言，法案出台之后，评级能够在违约前更早地被下调；低评级对于违约的预警能力也上升了，而并不是给市场错误的预警信号；此外，在违约前评级的波动率也下降了，这一发现表明评级在违约前的下

---

[1] New York Times, 2002 April 23rd, Enron's Many Strands: Credit Ratings; Credit Raters Get Scrutiny and Possibly a Competitor.

调相对更平缓了，而非断崖式的迅速下调。

另一方面，舆论与国会的压力，也促成了评级行业的改革。随着SEC与美国国会对于评级行业的一系列听证会的召开，两个关键的提议逐渐形成：（1）改革由SEC颁布NRSRO的方式，促进更多评级机构获取NRSRO牌照，推动评级行业竞争；（2）改变评级行业过去自我监管的格局。对此，经过漫长的探讨，《评级机构改革法案》（Credit Rating Agency Reform Act，CRARA）由布什总统签字并于2006年通过。该法案明确了NRSRO的申请过程：任何有过3年评级业务经验的评级机构，在达到法案中列明的特定条件后，均可以向SEC申请成为NRSRO。此外，该法案也赋予了SEC对评级机构的一部分监管权限。[①] 随后，NRSRO的数量开始逐渐增长，截至2020年末共有9家NRSROs。[②] 表1.5给出了截至2020年年末的NRSRO名单和认证时间。

根据NRSRO对评级业务的划分，表1.5汇报了截至2020年年末各家NRSRO在金融机构、保险公司、普通公司、ABS和政府债券五个领域的评级业务情况。穆迪、标准普尔和惠誉三大评级机构在除保险公司外的领域都占据较大的市场份额。如果不考虑一家发行人拥有多个评级机构的评级，那么三大评级巨头在金融机构、保险公司、普通公司、ABS和政府债券的市场份额分别为84.37%、59.70%、85.73%、77.41%和98.72%。而根据2010年年末NRSRO的业务情况，三大巨头在上述领域的市场份额为84.62%、72.75%、88.80%、93.89%和99.33%。[③] 不难发现，除保险领域和ABS领域三大巨头的市场份额有一定下降，在其他领域，三大巨头的市场份额只是有微弱的变化。因此，尽管NRSRO的认证有所放开，但实质上美国监管所依赖的NRSRO评级仍然是由三大评级机构所主导的。

---

① Credit Rating Agency Reform Act of 2006.
② 期间晨星公司（Morningstar）的子公司MCR于2008年曾经通过并购一家小型NRSRO成了NRSRO。不过晨星公司于2019年兼并了DBRS，随后MCR与DBRS进行了业务合并，MCR自愿取消了NRSRO的身份。
③ 中债资信，2012，美国证监会NRSRO评级机构检查报告解读。

表 1.5 截至 2020 年年末的 NRSRO 名单、认证时间及业务情况

NRSRO	认证年份	截至 2020 年年末未到期的（发行人 / 证券）评级数				
		金融机构	保险公司	普通公司	ABS	政府债券
穆迪	1975	35 583	2 516	31 908	49 388	562 320
标准普尔	1975	55 608	6 770	55 118	36 539	914 907
惠誉	1975	35 312	3 302	20 193	34 080	185 367
DBRS	2003	10 592	166	4 185	22 217	20 699
A.M.Best	2005	N.A.	7 171	998	5	N.A.
Egan-Jones	2007	10 119	975	9 339	N.A.	N.A.
JCR	2007	949	78	2 797	N.A.	339
Kroll	2008	1 101	106	220	12 791	135
HRRatings	2012	677	N.A.	313	N.A.	401

注：资料来源 https://www.sec.gov/ocr/ocr-current-nrsros.html，其中仅 Egan-Jones 为投资者付费。

1.4.2 金融危机

金融危机的爆发使评级行业在 21 世纪以来第二次被推上风口浪尖，而这次与信贷资产证券化以及结构化金融产品的飞速发展有着极大的关联。如前所述，20 世纪 70 年代后，美国以住房贷款为抵押资产的证券化产品开始逐步发展。图 1.5 清晰地展示出了信贷资产相关债券（mortgage related fixed income securities）以及资产支持证券（asset backed securities）的存续规模随时间的变化：两者存续规模从 1980 年的 0.1 万亿美元增长到了 2008 年的 11.3 万亿美元，其占所有固定收益债券的比例由 1980 年的 5.8% 逐渐增长到 2008 年的 36.4%。

评级机构是如何参与到信贷资产证券化当中的呢？图 1.6 以信贷资产的证券化过程来进行了简要说明。银行将贷款资产打包出售给特殊目的实体（special purpose vehicle，SPV），而 SPV 则进一步将这些信贷资产作为抵押，并发行由这些抵押资产未来现金流所支持的证券化产品，他们将这些证券化产品出售给市场上的投资者。

资产支持证券——特别是一些类似的结构化金融产品，例如债务抵押凭证（collateralized debt obligation，CDO），其证券化过程与图 1.6 相似，但其底层资产则更为宽泛，包括居民住房贷款、公司贷款、公司债券甚至可以是已经证券化过的居民住房抵押贷款或是其他的 CDO——结构非常复杂，为了规避投资风险，投资者极度依赖信用评级来做出投资决策。特别

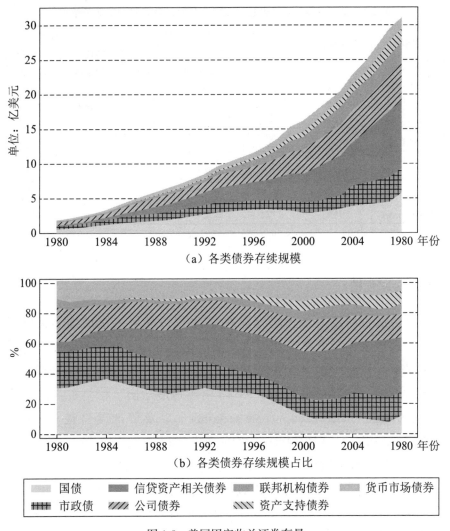

图 1.5　美国固定收益证券存量

（数据来源：SIFMA US Fixed Income Securities Statistics）

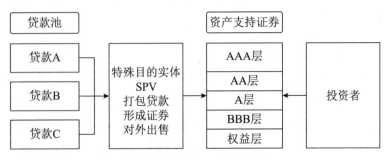

图 1.6　信贷资产证券化的过程

是诸如保险公司或是养老基金等大型机构投资者，由于受到资本计提等方面的监管要求，他们更倾向于投资高评级的证券。

因此，为了迎合投资者的需求，证券化后的债券被根据风险水平进行了分层，例如在证券化的信贷资产中，风险水平最低，且最优先获取现金流的层级被评级机构评为 AAA 级，并主要出售给保险公司或是养老基金等大型机构投资者；随后，根据现金流的风险水平，各层级的证券被相应划分出；最后，还有一部分证券由一些权益投资者持有，他们并不在证券化的资产中索取固定利率的回报，而是当其他固定利率投资者获得相应的回报后，享有剩余现金流。尽管这些权益投资者的收益较高，然而一旦底层资产出现违约，这些权益类的投资者也将优先承担损失。

那么分层后的证券评级与其底层资产的风险水平呈现何种关系呢？哈佛大学的两位教授 Benmelech 与 Dlugosz 将评级机构对于结构化产品的评级称之为"炼金术"（Benmelech 和 Dlugosz，2009）。他们从标准普尔的评级数据库中搜集到了 2000—2007 年三季度有较为详细信息的 531 只贷款抵押凭证（collateralized loan obligation，CLO，属于一种 CDO），这 531 只 CLOs 进而被分层为 3 920 只证券。两位学者发现：

（1）**贷款打包分层后，高评级证券占比非常高**。按面值来看，AAA 级分层证券占到了 71.4%，而无评级的权益层证券只占 10.3%。这一比例在时间序列上也比较稳定，例如，2000—2007 年，AAA 级分层证券的占比在 2000 年最低，为 67.8%，在 2002 年最高，为 75.4%；而投资级以下（BB 层、B 层和权益层证券）的占比，除 2000 年达到过 23.6%，随后年份均不超过 15%。

（2）**CLO 的底层资产加权评级均低于投资级**。由于标准普尔要求资产池中的所有资产都需要有实际评级或是评估后的评级，两位学者利用这一条件，计算了每一个 CLO 证券底层资产的价值加权平均评级。结果表明，85% 的 CLO 证券底层资产的加权平均评级为 B，8% 的 CLO 底层资产加权评级为 BB，还有 7% 的 CLO 存在一定的数据缺失。也即至少 93% 的 CLO 底层资产在加权平均评级来看为投机级，也即风险较高。

上述的结果表明，即使底层资产的风险水平非常高，但通过打包分层之后，AAA 评级的分层证券在规模上能占到 70% 以上。那么评级机构是如何实现这样的"炼金术"的呢？Benmelech 与 Dlugosz 教授也在其研究中简单描述了标准普尔公司在 CLO 证券中的评级方法：首先，标准普尔会估计底层资产池的预期损失分布；其次，通过底层资产的现金流模拟的方式，确定任意层级证券是否在出现违约的情况下能够与标准普尔评级体系下的违约概率匹配。这一评级方法是建立在许多假设基础之上的，例如违约概率、违约相关关系、利率走势等。

而次贷危机的爆发，加之这些分层证券的评级被快速下调 6～10 级，使得人们开始不断质疑评级机构，而质疑的焦点就是：**评级机构到底是主观上给出了虚高的评级，还是基于评级时所拥有的信息给出了客观的评级分析？**

尽管主要评级机构在金融危机后均表示他们的评级没有失误或是因为利益冲突而产生妥协，例如标准普尔的主席在听证会上甚至表示 SEC 在审查标准普尔后也并不能找到证据证明标准普尔在评级标准上有所放松。但从媒体报道、监管机构的分析报告以及一些研究来看，评级的确存在被主观调高的现象。

例如 SEC 在 2008 年的对评级机构的检查报告中就提到如下情况：（1）尽管在评级分析过程中有很多问题没被解决，但评级仍然被发布；（2）有评级分析师表明，其公司的评级模型可能仅仅捕捉了该项目"一半"的风险，然而"即使该产品的结构化是奶牛给做的，我们也可以给它评级"（[The investment] could be structured by cows and we would rate it）；（3）有太多的项目需要给出评级，但评级分析师人手远远不够，加班现象过于普遍，而且由于公司层面给的压力过大，员工离职率很高。

得克萨斯大学的 John Griffin 教授与香港大学汤勇军教授则给出了评级机构主观调整 CDO 产品评级的证据，他们基于三大评级机构中一家的 CDO 评级数据，通过对比 CDO 发布时的实际评级，与该机构 CDO 模型输出的评级，发现输出的评级有 84.6% 都经过了调高处理，而调高处理使得 AAA 层级证券增加了 12.1%。从违约概率的角度来看，只有 1.3% 的 AAA 层级证券能够与该评级机构 AAA 评级的违约概率相匹配；而在 92.4% 的情况下，AAA 层级证券的违约概率只能达到该机构

AA级证券的标准。

从上述的分析来看，不难发现有两个重要因素导致了评级的虚高。**首先，付费模式转变后存在的利益冲突问题**。评级机构商业模式变更后，其收入由发行人支付，而证券化产品对于评级服务的需求为评级机构带来了极大的利润空间，如《纽约时报》提到穆迪的利润在2002—2006年间增长了3倍。① **其次，监管机构依赖评级来规范市场投资行为**。由于评级被广泛应用于各类机构投资者的投资行为监管，这使得投资者也希望在满足监管要求的情况下，拥有更多可投资标的。

鉴于这些事实，2010年通过的《多得-弗兰克法案》（Dodd-Frank Act）开启了对信用评级业的改革，这些改革也主要围绕上述两个方面的问题展开。针对利益冲突问题所导致的评级失真，法案增加了评级机构需承担的法律责任，特别是在被证实发布有偏或是错误的评级后，其更容易被提起诉讼。此外，法案也加大了对信用评级机构信息披露力度的要求，例如NRSROs必须向SEC新成立的评级机构办公室（Office of Credit Ratings，OCR）按年披露其评级方法以及披露其评级在过去的表现。②

而针对金融监管机构对评级的依赖问题，诸如银行业、保险业以及证券交易委员会等监管机构都在逐渐减少对评级的使用，为顺应《多德-弗兰克法案》，美国的货币基金投资范围从2016年起就不再要求与评级挂钩，而美国保险业协会也不再要求住房/商业抵押贷款支持证券与评级挂钩。③但这些监管机构并没有完全废除对评级的使用，而是开发出了一些其他可供选择的模型，并引入了其他第三方机构来建立风控模型。④

---

① *New York Times*, April 27th, 2008. Triple-A Failure, by Roger Lowenstein.
② 这些披露的信息可以在SEC网站检索：https://www.sec.gov/ocr/ocr-current-nrsros.html。
③ 针对货币基金，美国证券交易交易委员会于2014年修订了《投资公司法案》，于2016年生效；针对保险机构，美国保险业协会成立了证券估值团队（Valualtion of Securities Task Force），来决定哪些资产类别还需要依赖于评级，https://content.naic.org/cipr_topics/topic_rating_agencies.htm。
④ 这些替代方案是否可行仍然有待商榷，感兴趣的读者可以参考美国财政部金融研究办公室在2016年发表的一篇研究简报（Soroushian，2016）。

1.5 本章小结

本章介绍了评级行业的发展历史。评级机构是由市场投资需求所催生的，随着公司信用类债券的发展，投资者需要获取更多关于投资标的信用风险的资讯，这为评级公司的诞生提供了条件。而评级在评定信用风险上的良好表现，以及其简单易懂的符号评价体系，使得监管机构开始逐步依靠评级来监管相应的金融机构，这进而促进了评级机构的发展壮大。

伴随着债券市场的成长，评级机构的商业模式也在20世纪70年代发生了重要的转变，从最开始由投资者付费购买服务，转变为由发行人付费购买评级，这种商业模式的转变，为金融危机期间结构化产品评级虚高埋下了伏笔。此外，为了避免市场滥用评级，监管机构成立了"全国认定的统计评级组织"（NRSRO），并只承认拥有该许可的评级机构所发布的评级，这使得少数获得许可的评级机构进一步地权威化；另一方面，评级行业内部的吸收合并，也造成了行业多头垄断的竞争格局。这些问题在21世纪以来的安然破产事件和金融危机中被逐渐呈现出来，并引发了评级行业的监管变革与行业竞争格局变化。

本章为读者从历史的角度介绍了评级行业的发展历程。在下一章，我们将基于这些背景，总结提炼信用评级的功能，分析评级对实体经济的影响，最后总结影响评级质量的因素。

附录　评级机构的收费标准

国际评级机构在评级时的收费主要取决于发债机构类别、公司所处行业、所发债券规模和债券结构的复杂程度等因素。例如，穆迪（2006）表明其评级服务费用在1 500美元至240万美元之间，而约86%的收入来源于向发行人收费。而根据标准普尔（2008）的披露，对于公司类债券发行人而言，评级费用最高不会超过4.25个基点（basis points, bps, 0.0425%）。举例来说，10亿美元的公司债券按上述标准，最高收费应该为42.5万美元，而最低费用则为6.75万美元。另一家主要专注于保险公司业务的评级机构 A.M. Best（2008）则给出了一个更为详细的披露，具体信息见附表 1.1。

附表 1.1　A.M. Bests 收费信息说明

评级业务	费用
财务状况及发行主体评级	每年每家机构不超过 150 万美元
债项评级	
—公司债券、票据等业务	（1）每笔不超过 12 万美元； （2）跟踪费用不超过 2.5 万美元
—保险相关的结构化业务	（1）最高不超过发行面值的 0.10%，且会基于业务的复杂程度而改变； （2）跟踪费用在 0.5 万～10 万美元之间浮动

也有学者尝试着基于真实数据来估计评级机构所收取的实际费用。例如 Butler 和 Cornaggia（2012）手工搜集了穆迪和标准普尔在 1997 年针对公司发行人的收费数据，他们发现两家评级机构所收取的费用中位数为债券发行规模的 0.1483%。而根据几位研究公共财政的学者针对美国得州市政债 2000—2009 年的数据分析来看，标准普尔、穆迪和惠誉的收费价格均值为 0.087%、0.082% 和 0.056%（Ely, Martell 和 Kioko, 2013）。根据他们的数据，得克萨斯州市政债的平均评级费用从 2000 年的 0.106% 逐步下降至 2008 年的 0.074%，在 2009 年这一费用则为 0.0866%。

最后，我们也可以从评级机构的收入来估计评级业务的费用。穆迪于 2000 年上市，因此其年报数据为估计其各评级业务的收费提供了很好的数据支持。我们获取了其从 2006 年至 2020 年的年报分项数据来说明其评级业务的收费情况，具体情况如附图 1.1 所示。

以 2020 年的数据为例，穆迪在企业融资业务板块（包含投资级、投机级、银行贷款等业务的评级和跟踪评级业务）的收入为 18.57 亿美元；而根据年报显示，在 2020 年穆迪为 5 000 余家公司提供了评级服务，粗略地计算下来，平均每家公司在评级业务的费用支出为 37.14 万美元。

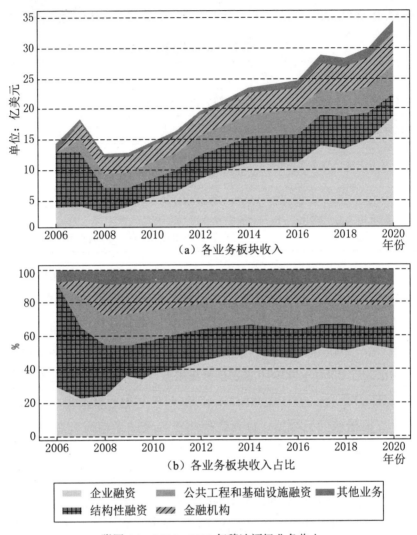

附图1.1 2006—2020年穆迪评级业务收入

参考文献

[1] A. M. Best. 2008. Compensation Disclosure. http://www.ambest.com/nrsro/CompensationDisclosure.pdf.

[2] Benmelech, Efraim, Jennifer Dlugosz. 2009. The Alchemy of CDO Credit Ratings. *Journal of Monetary Economics*, Vol (56), No.5: 617-634.

[3] Blume, Marshall E, Felix Lim, A Craig MacKinlay. 1998. The Declining Credit

Quality of US Corporate Debt: Myth or Reality? *The Journal of Finance*, Vol (53), No. 4: 1389-1413.

[4] Butler AW, Cornaggia KR. 2012. Rating through the Relationship: Soft Information and Credit Ratings. SSRN Work. Pap. 345860.

[5] Cheng, Mei, and Monica Neamtiu. 2009. An Empirical Analysis of Changes in Credit Rating Properties: Timeliness, Accuracy and Volatility. *Journal of Accounting and Economics*, Vol. 47 (1-2), March 2009, pp. 108-130.

[6] Credit Rating Agency Reform Act of 2006.

[7] Ely, Todd L., Christine R. Martell, and Sharon N. Kioko. 2013.Determinants of the Credit Rating Fee in the Municipal Bond Market. *Public Budgeting & Finance* 33.1: 25-48.

[8] George E. Pinches and J. Clay Singleton. 1978. The Adjustment of Stock Prices to Bond Rating Changes. *The Journal of Finance*, Vol. 33, No. 1, pp. 29-44.

[9] Griffin, John M., and Dragon Yongjun Tang. 2012. Did Subjectivity Play a Role in CDO Credit Ratings? *The Journal of Finance*, Vol (67), No.4: 1293-1328.

[10] Harold, Gilbert. 1938. *Bond Ratings as an Investment Guide*. New York: Ronald Press Co.

[11] Hickman, Braddock. 1958. *Corporate Bond Quality and Investor Experience*. Princeton, NJ: Princeton Univ. Press.

[12] Jiang, Xuefeng, Mary Harris Stanford, and Yuan Xie.2012. Does it Matter Who Pays for Bond Ratings? Historical evidence." *Journal of Financial Economics* 105.3: 607-621.

[13] Madison, James. 1974. The Evolution of Commercial Credit Reporting Agencies in Nineteenth-Century America. *The Business History Review*, Summer, Vol. 48, No. 2 (Summer, 1974), pp. 164-186.

[14] McQuarrie, Edward., 2018. The First 50 Years of the Us Stock Market: New Evidence on Investor Total Return Including Dividends, 1793-1843. SSRN Working Paper.

[15] Moody's Investors Service Disclosure, 2006. General Nature of Moody's Investors Service's Fee Arrangements.

[16] *New York Times*, February 3rd, 1968. New Group Urged for Rating Bonds: City Proposes a Non-Profit Municipal Issues Set-Up.

[17] *New York Times*, January 27th, 1968. Rating the Cities.

[18] Partnoy, Frank. 1999. The Siskel and Ebert of Financial Markets: Two Thumbs Down for the Credit Rating Agencies. *Washington University Law Quarterly* 77, No. 3: 619-712.

[19] Rating the Raters: Enron and the Credit Rating Agencies, Hearings Before the Senate Committee on Governmental Affairs, 107th Cong. 471 (March 20, 2002).

[20] Raymond W. Goldsmith. 1985. *Comparative National Balance Sheets: A Study of Twenty Countries, 1688-1978.* Chicago: University of Chicago Press.

[21] Report on the Role and Function of Credit Rating Agencies in the Operation of the Securities Markets. U.S. Securities and Exchange Commission. January, 2003.

[22] Soroushian, John. 2016. Credit Ratings in Financial Regulation: What's Changed Since the Dodd-Frank Act? Office of Financial Research Brief Series, 04: pp1-6.

[23] Standard and Poor's, 2008. Standard & Poor's Rating Services Us Rating Fees Disclosure.

[24] Sylla, Richard, Jack Wilson, and Robert Wright. 2005. Price Quotations in Early United States Securities Markets, 1790–1860. Inter-University Consortium for Political and Social Research.

[25] Sylla, Richard. 2002. An Historical Primer on the Business of Credit Rating. In: Levich R.M., Majnoni G., Reinhart C.M. (eds) Ratings, Rating Agencies and the Global Financial System. The New York University Salomon Center Series on Financial Markets and Institutions, Vol (9). Springer, Boston.

第 2 章　关于评级业发展的梳理与评述 ①

我们在本章结合评级行业的发展历程，首先对评级的功能进行梳理。读者或许会好奇，评级的功能不就是信息发现吗？但基于评级行业的发展历史来看，我们不难发现，美国监管机构从 20 世纪 30 年代起开始倚重于信用评级来开展审慎监管，信用评级似乎也能起到监管区分作用。那么信用评级到底具有何种功能？我们希望通过本章的梳理，结合一些有趣的案例，加深读者对信用评级作用的理解。

在梳理清晰信用评级的功能之后，我们进而阐述信用评级对于实体经济的影响。这样读者可以更好地理解信用评级在经济运行中的重要性，以及为什么社会各界如此关注信用评级，关心评级能否发挥好其主要功能。

最后，考虑到评级所具有的功能和其在经济运行中的重要性，我们探讨影响评级发挥其信息发现功能的几类因素。读者从第 1 章的阅读中可能也会感觉到，评级机构的市场竞争、付费模式都会对评级信息含量产生影响，那么到底有哪些因素会影响信用评级的有效性？又如何保障信用评级发挥其信息发现作用？我们也基于已有的研究和实际情况为读者做一个详细的梳理。

本章分为 5 节：第 2.1 节介绍信用评级的主要功能；第 2.2 节分析信用评级对于经济运行的实际影响；第 2.3 节探讨影响评级发挥作用的因素；第 2.4 节分析学界和业界对如何保障评级发挥作用的一些思考与探索；第 2.5 节对本章进行小结。

2.1　信用评级的功能

从已有的研究和金融实践来看，信用评级有如下四类功能：信息发现、监管区分、契约功能、协调机制。我们接下来结合实际数据和案例来详细

---

① 本章的部分内容改编自我们 2018 年发表于《投资研究》的论文《信用评级功能与评级质量影响因素——文献综述与研究展望》，但做了较大调整与更新。

地探讨评级的这四类功能。

2.1.1 信息发现

信用评级最原始也是最核心的功能就是信息发现。读者通过阅读第1章会发现，信用评级之所以能够在市场立足并发展壮大，就是因为债券市场上存在信息不对称问题。债券市场是做市商市场，信息透明度较低，而评级机构能够生产额外信息并分享这些信息；特别是在2000年美国出台《公平披露法案》（Fair Disclosure Act）之后，评级公司仍然能够获取公司的私有信息，且免于强制披露信息。因此市场普遍认为信用评级能够揭示公司的信用风险，为资本市场提供额外的信息，所以市场也愿意为评级机构的存在付费。

那么评级机构是否真的具有信息发现功能？由于评级公司主要是利用公开信息（公司财务数据）和私有信息（例如公司的内部报告等）制定出按等级划分的评级来反映信用风险信息，因此，我们从两个方面来探讨评级的信息发现功能：（1）评级是否评定了信用风险？（2）评级是否包含私有信息？

1.评级是否评定了信用风险？

基于第1章对信用评级历史的介绍，读者不难发现，在20世纪初，信用评级能够很好地反映信用风险，根据Hickman（1958）所提供的数据，评级和违约率呈现出非常积极的关系：评级越低，债券的违约率越高。那么这一特征事实在近年是否仍然呈现呢？我们基于标准普尔在2021年发布的评级总结报告《2020年度全球公司违约与评级迁移研究》（2020 Annual Global Corporate Default and Rating Transition Study），考察了标准普尔近40年来的评级与违约率之间的关系。图2.1基于标准普尔1981—2020年的全球公司评级业务情况，给出了标准普尔各评级在未来一年的实际违约率均值。不难发现，随着评级变差，公司的实际违约率明显上升，这也从侧面反映出信用评级仍然能够很好地反映违约风险。

除了违约率，债券的信用利差也是市场用于度量信用风险的指标，而评级与信用利差则呈现显著的负向关系。我们从彭博终端获取了公司债指数日度期权调整后信用利差，并绘制在图2.2中。随着评级变差，可以较为清晰地看出公司债信用利差明显上升。2004—2020 年的日度数据表明，AAA、AA、A 和 BBB 级公司债指数的平均信用利差分别为 81、100、134 和 195 个基点。

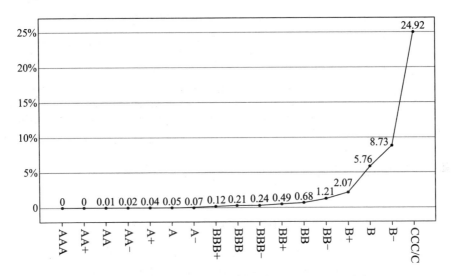

图 2.1　标准普尔评级实际违约率均值（1981—2020 年）

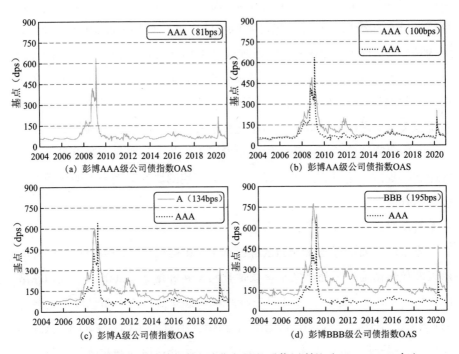

图 2.2　彭博美国公司债指数日度期权调整后信用利差（2004—2020 年）

上述利差并没有考虑不同公司的信用质量差异，根据 Livingston 和 Zhou（2010）针对 1983—2008 年美国公司债市场的研究，在控制公司基本面等其他影响收益率的因素之后，AA、A 和 BBB 等级公司债的信用利差平均比 AAA 等级公司债的信用利差高出了 24、50 和 98 个基点。

上述事实表明评级本身是一个较好度量信用风险的指标，但上述数据分析还并不能表明评级本身为市场提供了额外的信息。这是因为公司在发行债券时也会披露其基本面信息，所以市场也可以基于公开信息来判断公司质量的好坏，并进一步决定公司债券收益率的变化。考虑到评级机构还能从公司获取内部信息，那么信用评级是否为市场提供了私有信息呢？

2. 评级是否包含私有信息？

为了检验评级是否包含私有信息，早年间的许多学者研究了评级事件（例如评级调整、评级展望报告等）对公司债券、股票等价格的影响。例如 Weinstein（1977）与 Pinches 和 Singleton（1978）分别研究了评级调整对于相应公司债券价格和股票价格的影响，他们发现债券、股票的价格变动（异常收益）都早于评级调整，而在评级调整公告发布时，市场没有反应，即评级调整存在滞后，额外信息已被市场消化了。而 Holthausen 和 Leftwich（1986）与 Hand 等（1992）则发现股票市场针对穆迪和标普发布的评级下调会有负的异常收益，但是上调没有异常收益。此外，如果标准普尔和穆迪的评级观测（Watch List）表明公司评级可能上调（下调），公司的股价也会有显著的异常收益，因此这些学者认为评级包含了额外的信息。

上述研究结论并不一致，因而激发了更多关于评级是否具有私有信息的探索。我们在这里为读者介绍一个较为有趣的研究案例来说明评级的确包含私有信息。

【案例介绍：穆迪细化评级符号】

两位以色列的学者 Doron Kliger 和 Oded Sarig 利用 1982 年穆迪对其评级进行细化这一事件研究了评级是否包含私有信息（2000）。我们在第 1 章中介绍到在穆迪、标准普尔等评级机构最开始发布信用评级时，只有 Aaa/AAA、Aa/AA、A、Baa/BBB、Ba/BB、B、Caa/CCC、Ca/CC、C、D 这样 10 个等级。而标准普尔与惠誉从 1973 年开始逐渐细化他们的评级符号，在字母符号后通过逐步增加"+"与"-"来进一步地细化信用等级，但标准普尔与惠誉是渐进细化各自的评级体系，因此还不足以剔除公司基本面改善、评级流程变化等因素所带来的干扰。

与标准普尔和惠誉不同的是，穆迪的评级调整可以被看作是在一夜之间完成的。穆迪于1982年4月26日对外发布了一份特别版的债券报告（Bond Record），这一特别版是针对1982年3月30日发布的常规版债券报告的修订完善：穆迪针对除Aaa和Caa以下等级，分别采用在原有评级后标注1、2、3来细化区分公司信用质量，例如Aa被细分为Aa1、Aa2和Aa3。从这次修订完善后，穆迪在其常规的债券报告中就不再使用原有的10档评级，而是提供细化后的评级。由于两次报告的间隔如此之近，穆迪对评级的细化所涉及的评级流程和公司信息可以说几乎是原封不动的。

因此，穆迪这次"意外"的评级细化，为研究评级"变动"的信息含量提供了一次自然实验，使得两位学者可以隔离公司基本面变动或是评级流程变动所带来的研究干扰。两位学者搜集了1982年3月至5月间有穆迪评级的812家发债公司，这些公司的评级信息如表2.1所示。

表2.1 穆迪评级变动所涉及的公司

原有评级 \ 细化评级	1	2	3	总计
Aa	30	117	55	202
A	62	232	92	386
Baa	27	110	27	164
Ba	12	35	13	60

两位学者通过几种不同方式来度量了评级细化后对市场传递的信号，例如较为简单直接的度量就是：对于细化评级为1的公司，将其视作公司信用质量提升；对于细化评级为2的公司，将其视为信用质量不变；而对于细化评级为3的公司，将其视为信用质量下降。

他们发现，细化后的评级的确为资本市场带来了额外信息。他们对比了相应公司最近发行的一期债券在3月末和4月末的超额收益率与信用利差。结果表明，细化评级传递出了积极信息的公司，债券超额收益率（信用利差）为正（下降），而细化评级传递出负面信息的公司，债券超额收益率（信用利差）为负（上升）。

随后，他们还相应探索了细化评级对于公司股票和期权的影响，他们发现这种评级细化的确为市场带来了额外信息,相应公司的股票以及期权隐含的波动率都发生了改变。数据分析表明,评级是能够为资本市场提供有价值信息的。

两位学者的研究发现被后续其他学者进一步确认。例如 Jorion、Liu 和 Shi（2005）发现在美国 2000 年出台《公平披露法案》（Fair Disclosure Act）之后,由于评级公司仍然能够获取私有信息,评级公司给出的评级上调也能在股市有所反映。Badoer 和 Demiroglu（2019）则利用美国 2002 年在场外交易市场中要求通过 TRACE 系统强制披露公司债证券的交易信息这一自然实验,研究了股票市场对于评级下调的反应。他们发现,由于该强制披露政策增加了公司债市场的信息透明程度,股价在评级下调时的负面异常反应显著下降,反过来,这也表明评级在信息不透明的市场中确实提供了增量信息。Cornaggia、Cornaggia 和 Israelsen（2018）则利用了穆迪在 2010 年对市政债进行评级重新测算的事件,进一步说明在剔除监管因素对评级的影响后,投资者依然会对评级上调做出反应,表明评级仍然可以为证券市场提供额外信息。

通过上述探讨,相信读者可以更好地理解评级的信息发现作用。

2.1.2 监管区分

评级的另一大功能就是监管区分。根据上一章的介绍,读者可以发现,美国的监管机构从 20 世纪 30 年代起就开始广泛使用评级来制定相应的监管政策。

我们参照 Cantor 和 Packer（1995），在表 2.2 中罗列了 1931—1992 年美国监管机构利用评级所制定的监管政策。

表 2.2 美国市场基于评级的监管规定（1931—1992 年）

年份	监管机构	监管内容	涉及评级
1931	美国货币监理署	要求银行的债券账户中低于 BBB 等级的债券,需按债券市值进行度量,并要求冲抵一部分资本金	BBB
1936	美联储 美国货币监理署 联邦存款保险公司	不允许所有联邦储备体系中的国家银行和各州成员银行投资有明显投机特征的"投资级"证券,或是那些标准低于有明显投机特征的"投资级"证券	BBB

续表

年份	监管机构	监管内容	涉及评级
1951	美国保险业协会	美国保险公司对债券的投资开始采用基于评级的资本金要求	多项评级
1975	美国证券交易委员会	美国证券经纪经销商被要求采用评级的方式来计提相应的资本金	BBB
1982	美国证券交易委员会	降低投资级债券的信息披露要求	BBB
1984	美国国会法案	简化评级为 AA 级及以上的住房抵押贷款资产证券化产品发行过程	AA
1987	美联储	允许针对评级为 AA 级及以上的住房抵押贷款开展保证金借贷交易	AA
1989	美国劳工部	允许养老金投资高评级的资产证券化票据	A
1991	美国证券交易委员会	允许货币基金持有有限比例的低评级证券	A-
1992	美国证券交易委员会	免除特定资产证券化产品发行人需注册为公募基金的要求	BBB

表 2.2 只罗列了 1992 年之前涉及评级的监管规定，实际上，根据加州大学戴维斯分校的法学教授 John Patrick Hunt（2009）的总结，在 2008 年 6 月之前，信用评级至少在 44 项美国证券交易委员会的监管规定中扮演了一定角色，而这还仅仅是美国金融监管机构中的一家。

如果对表 2.2 中所涉及监管政策进行总结，不难发现，评级在监管中主要发挥了如下三类作用：（1）针对发行环节，评级被用于简化债券发行程序和降低信息披露要求；（2）针对交易环节，评级被用于限制投资范围和保证金借贷交易等；（3）针对风险计提，评级被用于划定资产的风险等级并用于计算相应的资本金。

因此，随着监管机构对于评级的不断倚重，评级本身也变相演化成了一种金融监管的"橡皮图章"。我们接下来为大家介绍一个评级发挥监管区分功能，而非信息发现功能的案例。

【案例介绍：评级的监管区分功能】

根据美国保险业协会以及巴塞尔委员会的规定，当一个证券由两个 NRSRO 评级机构给出评级时，出于审慎原则，两个评级中较低的评级被用于确定该证券的风险等级，例如穆迪给出了 BB+（投机级），而标准普尔给出了 BBB-（投资级），则该证券的风险等级为 BB+，那么，一些机构投资者如银行或是保险机构则不能投资该证券，或是投资该证券需要按更高的风险标准去计提资本金。而如果一个证券涉及三个或更多 NRSRO

评级机构给出的评级，那么倒数第二低的评级（即使和最低评级一致）将被用于确定该证券的风险等级。①

那么当穆迪与标准普尔评级存在差异的时候，惠誉的评级起何种作用呢？荷兰鹿特丹大学的 Dion Bongaerts 教授与耶鲁大学两位教授 Martijn Cremers 和 William Goetzmann 对这一问题做了深入的研究（Bongaerts, Cremers 和 Goetmann, 2012）。他们利用 2002—2008 年美国公司债的交易数据探讨了发行人在拥有穆迪和标准普尔评级的情况下，继续获取惠誉评级时，惠誉评级的作用。

三位教授首先研究了同时拥有穆迪、标准普尔和惠誉三家评级的公司在评级以及公司债交易数据上的一些特征。他们发现，平均而言惠誉的评级比穆迪和标准普尔的评级分别高出 0.54 级和 0.40 级（AAA 到 AA+ 为 1 级），而标准普尔的评级比穆迪的评级平均而言高出 0.15 级。这一结果表明惠誉似乎更愿意给出好评级，而穆迪的评级是最为严格的。

三位教授发现，**当公司同时拥有三家公司给出的评级时**，穆迪和标准普尔的评级下调会导致信用利差显著上升，而上调对于信用利差没有显著影响；而惠誉评级无论是上调还是下调，都对于债券的信用利差没有显著影响。三位教授紧接着研究了**当公司有且只有穆迪和标准普尔的评级时，公司获取惠誉评级之后**，公司债券利差的变化情况：他们发现惠誉评级无论是更好还是更差，都不能显著地影响公司的债券利差，除非惠誉评级能够打破僵局，将公司的评级从投机级提升为投资级。当惠誉将公司债券级别升至投资级，公司债券的利差会下降 23～30 基点；但当惠誉将公司债券级别定格为投机级，公司债券的利差并没有显著地上升。

上述两种情况的研究表明公司获取惠誉评级并非是为了给资本市场提供更多的信息。从数据来看，在公司同时拥有标普和穆迪评级时，市场并不会对惠誉评级做过多的反应。而只有在惠誉评级能够使得公司评级突破至投资级时，惠誉评级才会带来公司债券利差的下降——而且这一影响是非对称的，也即惠誉评级如果将公司债券定格为投机级，额外的惠誉评级并不会让公司的信用利差显著上升。

---

① https://www.naic.org/documents/SVO_FE-2nd_Lowest_Notice.pdf.

因此，公司更可能在穆迪和标准普尔评级处在投资级和投机级边界的情形下，才去寻求惠誉评级来打破僵局。三位教授也用数据证实了这一情况，在他们的样本中，一共出现过 1 420 次穆迪和标准普尔评级处在投资级与投机级边界的情形，而惠誉被引入了 1 003 次，其中 710 次让相应的债券评级在该季度被提升至投资级。

上述的这些证据表明，惠誉的额外评级起到的主要作用并非是信息发现，而是由于其监管区分的功能，能够决定公司债券是否为投资级——如果是投资级，那么将有更多的机构投资者可以投资该债券，对债券的需求上升也自然导致债券的价格上升，利差下降。

2.1.3 契约功能

由于评级被广泛地用于资本市场监管，资本市场的参与者也因而越发地依赖评级来作为契约签订对象。而这一契约功能最直接的体现就是关于固定收益投资组合的投资合约。

在固定收益市场的基金投资合约中，信用评级是资金募集说明书（fund prospectus）重要的组成内容，也是基金合约中强制投资要求（investment mandates）的重要成分。以全球知名基金公司 PIMCO（太平洋投资管理公司）于 2020 年 7 月 31 日向美国证券交易委员会提交的气候债券基金（PIMCO climate bond fund）总结性说明书（summary prospectus）为例。[①] 在其主要投资策略（principal investment strategies）中明确提到如下信息与数据："本基金最多投资 25% 的总资产到由穆迪、标准普尔或惠誉评定的高收益债券（垃圾债）。"

那么这种形式的固定收益基金募集合约有多普遍呢？哈佛商学院的 Bo Becker 教授与其合作者做了一个有趣的统计（Baghai, Becker 和 Pitschner, 2020）。他们从美国证券交易委员会的电子信息披露系统（EDGAR）获取了 2010—2018 年共同基金所提交的总结性说明书，并研究如下固定收益基金：市政债基金（municipal debt funds）、针对国际发行人的固定收益基金（fixed income funds focusing on debt from

---

① https://www.sec.gov/Archives/edgar/data/0000810893/000119312520200001/d908398d497k.htm.

international issuers)、公司债基金（corporate debt funds）、抵押贷款支持证券基金（funds investing in mortgage-backed securities）和其他固定收益基金。2010—2018年，上述基金的数量总计为15 214只，并且每年新发行基金的数量随时间推移呈现逐渐增长的趋势，2010年仅1 007只基金，而2018年末基金数量为2 068只。

三位学者进而通过文本分析识别了这些基金投资规则中涉及评级的情况，相应的数据统计如图2.3所示。不难发现，基金投资规则中涉及评级的比例随着时间推移逐渐上升。图2.3（a）中给出了涉及三大评级机构的基金比例，提到标准普尔与穆迪的基金比例相对更高，从2010年占比在25%左右，提升至2018年占比为30%左右。考虑到基金的数量在2018年较2010年翻了一番，因此提到三大评级机构的基金数量增长了一倍以上。

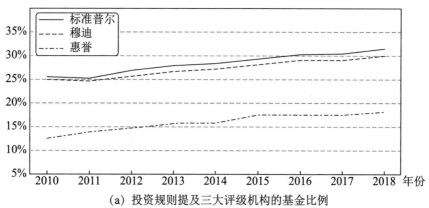

(a) 投资规则提及三大评级机构的基金比例

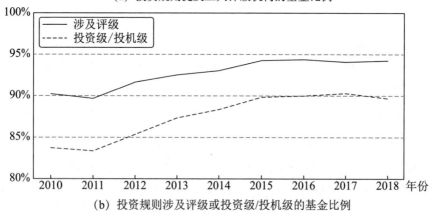

(b) 投资规则涉及评级或投资级/投机级的基金比例

图2.3 美国固定收益基金投资规则中涉及评级情况

（数据来源：Baghai, Becker和Pitschner, 2020）

图 2.3（b）更全面地考察了在基金投资规则中明确提到评级（包含三大评级机构、评级字母或是投资级、投机级等概念）的比例。在 2010 年，已经有近 90% 的基金在投资规则中涉及评级，而随着时间推移，这一比例逐渐上升至 94%。直接提到"投资级／投机级"的基金比例上升更为明显，在 2010 年，83.7% 的基金投资规则中涉及这一主题，而在 2017 年涉及这一主题的基金比例就超过了 90%。

为什么评级被广泛地用作投资合约的设计呢？三位学者解释到，由于评级等级清晰直观，简单易懂，而几大评级机构又有较长的经营历史，对市面上大部分固定收益证券产品都有覆盖，且（因为发行人付费）对市场免费提供评级，这使得资产所有人和资产管理机构能够利用评级来签订投资合约。另外，之所以使用评级而非其他可行指标（例如价格指标——债券价格在固定收益市场并不准确，且波动过于激烈），是因为评级本身相对稳定，对于公司层面的一些风吹草动并不会过度反应，这也解释了为什么评级会被用于签订契约（Parlour 和 Rajan，2020）。

而这种出现在资本市场投资合约中的评级，并没有为资本市场提供任何信息发现，抑或是起到任何监管区分的作用，而是作为一种契约标的，来明确委托人和投资人的投资目标与行为。因此，尽管金融危机以来市场对评级的信息发现作用有所怀疑，监管机构也在逐渐降低对评级的使用，但对于资产所有人和投资机构而言，评级仍然是最可行也是最为广泛使用的契约签订标的。

2.1.4 协调机制

建立在前三个功能的基础上，我们进一步为读者介绍评级的另一种功能——市场协调。相信读者对第 1 章所提到的安然事件还有印象，如果仅从信息发现的角度而言，评级的确没有发挥好它的作用，但通过我们对评级其他社会功能的介绍，读者就不难理解为什么几大评级机构会在安然破产事件后能够坦然面对听证：由于评级被广泛地用于金融监管和投资合约，如果安然的评级被贸然下调至投机级，许多市场投资者出于监管规定和投资合约的要求，必然会被动减持安然的相关证券，而这势必会加速安然的破产，进一步加剧市场的恐慌情绪。①

因此，评级本身就成了协调市场各方意见的一个"焦点"。而这种协调作用，又使得评级机构可以在企业经历一些不及预期的事件时，不用对企业直接进行降级，而是将企业列入评级观测（Watch List），为企业提供一个整改过程以维持其信用质量。这一方面避免企业增加道德风险；另一方面通过发挥其"焦点"的作用，尽可能地保障企业以及投资者的利益不受损失。那么评级观测与协调机制在实践中是如何体现的呢？我们基于穆迪的分析报告和关岛港务局的案例来进行介绍。

【案例介绍：穆迪的评级观测】

穆迪自1985年起开始非正式地发布评级观测，并从1991年10月起将评级观测作为正式的评级行为。截至1998年，根据穆迪提供的数据，有10%的债券被纳入了评级观测，而这一比例在2004年上升至40%（Bannier 和 Hirsch，2010）。

评级观测与评级变动都属于评级行为，但不同于直接的评级变动，评级观测是用于告知投资者和发行人相应发行人的信用质量可能发生评级变动，评级机构需要更进一步地与发行人沟通获取信息来给出最终的评级意见。

穆迪在评级观测上也给出了三种可能：评级上升；评级不确定；评级下调。根据穆迪提供的数据，60%的评级观测初始意向为下调，36%的评级观测初始意向为上调，而剩余4%的初始意向为不确定。评级观测的持续时长中位数为3个月，而均值在108天左右，换言之，穆迪给了企业三个月的时间来做出相应的调整，并为最终的评级行为提供相应的信息。而评级观测的最终结果如表2.3所示。

在初始意向为上调的债券中，76%的债券发生了评级上调，14%的债券评级未变，仅0.13%发生了评级下调；而在初始意向为下调的债券中，实际发生下调的债券占比近66%，24%的债券评级实则没有发生改变，仅0.17%的债券评级发生了上调。

---

① 事实上，投资者自身对评级的要求也并不清晰，纽约大学 Edward Altman 教授在其一篇文章中就指出，安然破产以及互联网泡沫之后，很多投资者都指责评级机构在预警上反应过慢。然而就在安然破产后一年（2002年），一次穆迪公司与机构投资者的会议中，机构投资者反复强调的却是不希望评级跟随价格变动而变动，而是期望评级能够保持当下的这种稳定性，这样他们就可以不用频繁地调整投资组合（Altman 和 Rijken，2004）。

表 2.3 穆迪评级观测初始方向与最终结果

意向方向	最终结果				
	上调	下调	不变	继续观测	评级撤销
上调	76.44%	0.13%	14.27%	2.03%	7.14%
下调	0.17%	65.77%	24.37%	5.92%	3.77%
不确定	7.06%	27.12%	35.78%	23.45%	6.60%

数据来源：Moody's，1998

我们以关岛港务局（Port Authority of Guam's）的评级观测为例来说明这一过程。2020年由于疫情因素，美国关岛的旅游业务受到较大影响，因此穆迪在2020年3月30日做出了对关岛港务局的Baa2债券进行评级观测的决定，这一评级观测的初步意向是对关岛港务局做出降级，并对可能导致降级的因素做出了说明：

——关岛政府财务状况恶化，或是关岛当地的经济情况恶化导致港务局的财务灵活度下降。

——客户大幅下降（关岛港是关岛唯一商务港口，承接了关岛90%的进口业务）。

——基于穆迪的计算方式，如果港务局的净收入与债务支出比（the ratio of net revenue to debt service）低于1.5倍。

——按可持续标准计算，如果港务局的现金下降到仅供使用225天左右。

不过穆迪在两个月之后就给出了评级观测的决定，维持Baa2债券评级不变。其原因是，尽管受到疫情影响，港务局所承接的进口业务在3月和4月相对稳定；此外，港务局也表示在疫情因素下，仍然有信心在2020财年取得2以上的净收入与债务支出比（该比值在2019财年为2.3）。

通过评级观测，评级机构不仅促进了债务人和投资者之间信息的流通，更为保持一个稳定的评级体系起到了协调作用。上面的案例只是提供了一个个例，不过评级的协调机制也被研究结果所支持，感兴趣的读者可以阅读 Boot，Milbourn 和 Schmeits（2006）以及 Bannier 和 Hirsch（2010）这两篇文章，前者从经济学理论阐述了评级的协调机制，而后者则基于穆迪的评级观测数据给出了证明。

2.2 评级对实体经济的影响

我们在这一小节中主要侧重于评级对实体经济的影响。《纽约时报》专栏作家托马斯·弗里德曼（Thomas Friedman）在1996年接受采访时说道："当今世界有两大超级势力，分别是美国和穆迪公司，美国可以通过炸弹摧毁一切，而穆迪则可以通过对债券降级来摧毁一切，而且谁更厉害还不一定呢。"[1]

而评级是如何做到这般影响力的呢？实际上读者通过我们对前述评级功能的梳理会发现，这些影响力与评级的功能是紧密相连的。一方面，评级下调反映了信用风险上升，进而增加公司的融资成本，影响公司的经营决策；另一方面，评级下调也可能会致使债券持有者出于监管因素抑或投资策略规定，被动减持相应公司的资产，导致公司资产价值大幅下跌，进而加速恶化公司的基本面，导致负反馈。

那么在实际的经济运行中，是否是这样的呢？杜克大学的两名教授John Graham 和 Campbell Harvey 做过一次大规模的问卷调研（Graham 和 Harvey, 2001），他们向4000多家公司发放了问卷，并最终搜集到了392名公司首席财务官（CFO）对于公司融资成本、资本预算和资本结构的看法。他们所调研的公司，40%为制造业企业，15%为金融机构，13%为交通与能源行业公司，11%为零售与批发企业，9%为高科技企业，其余为通信、建筑和采矿业公司；20%的公司评级为AAA或AA，32%的公司评级为A，27%的公司评级为BBB，余下21%的公司评级为投机级。

他们发现，公司CFO在做债务融资决策时，最为看重的因素是财务灵活度（financial flexibility）和信用评级：59.38%的CFO认为保持财务灵活度是一个重要的因素，以确保公司有足够的内部资金可以投资随时出现的新项目；57.10%的CFO认为信用评级是一个重要的决定因素。而且对于那些处在投机级的公司，认为信用评级重要的比例显著更高。那么评

---

[1] 这段话的英文原文为："There are two superpowers in the world today in my opinion. There's the United States and there's Moody's Bond Rating Service. The United States can destroy you by dropping bombs, and Moody's can destroy you by downgrading your bonds. And believe me, it's not clear sometimes who's more powerful."

级真的影响到实体企业的融资和投资行为了吗？

为了清晰地考察是由于评级变化而导致企业投融资决策发生了变化，而非因为公司自身基本面恶化，导致评级下调，进而导致公司的投融资决策发生变化，我们就需要一些"意外"事件来分离公司基本面的因素。我们以主权评级下调导致的企业评级被动下调事件，来说明评级对实体企业投融资活动的影响。

【案例分析：主权评级下调对企业投融资的影响】

随着三大评级机构业务的全球化，三大评级机构逐渐对全球各国都进行了主权评级，而对这些国家内部公司的评级则形成了一条规则：通常而言，公司的评级不应该超过该公司所在国家的主权评级。① 那么，如果公司的评级和国家主权评级一样，当国家主权评级下调而导致公司评级被迫下调，会对公司有何种影响？

2011年3月25日，标准普尔公司将葡萄牙的主权评级从A-下调至BBB，随后在3月28日进一步下调至BBB-。葡萄牙能源公司（Energias de Portugal，EDP）的评级也被标准普尔公司在3月28日从A-下调至了BBB。公司的投资者关系办公室负责人在2011年的业绩会上对投资者就评级下调做出了解释：

"由于评级机构规定公司评级与公司所在国家的主权评级之间有等级限制，这导致公司目前的标准普尔评级仅比葡萄牙的主权评级高出1级。尽管如此，公司并不认为评级机构的这种评级能够反映EDP的信用水平……我们公司在葡萄牙的业务对经济的敏感性是较低的。"

然而，EDP的融资成本仍然出现了较大上升：EDP在2010年11月3日刚获取了一笔20亿欧元的信贷，其利率为欧洲银行同业拆借利率（Euribor）上浮90个基点。而在2011年10月的公司3季度业绩会，EDP公司CEO提到公司的债务成本较去年同期上升了50个基点。② 与此同时，CEO提到公司的资本性支出（CAPEX）较去年同期下降了31%，

---

① 标准普尔从1997年开始逐渐放松这条规则，而穆迪和惠誉则分别从1998年和2001年开始放松这条规则。即便如此，公司评级超过所在国家主权评级的情况还是较少，如果超过了主权评级，通常也仅为1~2级。

② https://portugal.edp.com/sites/default/files/9M11%20CCall%20Results%20Transcript.pdf.

债务水平较2010年6月下降了3亿欧元，目的都是改善公司的财务状况。

本案例源自美国伊利诺伊大学厄巴纳-香槟分校、西北大学和葡萄牙Nova商学院四位教授的一篇论文（Almeida等，2017）。他们基于标准普尔于1990—2013年的主权评级数据和公司评级数据，探索了13个国家24次主权评级下调对相应公司投融资活动产生的影响。由于主权评级导致的公司评级被动调整很少是由于公司自身基本面恶化所致，因此，这样的被动降级更能说明评级本身对实体经济的影响。

四位学者通过严谨的数据分析发现：由于主权评级下调而被动下调评级的公司，投资活动（以资本性支出来度量）平均而言下降了8.9%；相较那些没有受主权评级下调影响的公司而言，这些受影响的公司在投资活动上多下降了6.4%。此外，在主权评级调降3个月后，受影响公司的债务融资成本相较于那些没有受影响的公司额外上升了34个基点。这些结果表明，评级变动是能够对实体经济产生直接影响的。

当然评级对于实体经济的影响并非总是负面，由于评级也能够为资本市场带来信息，消除资本市场的信息不对称，因此评级对于实体经济的影响也有积极的一面。例如，芝加哥大学的Amir Sufi教授就利用穆迪与标准普尔在1995年开始发布银团贷款（syndicated bank loan）评级这一事件，分析了评级对于企业投融资活动的影响（Sufi，2009）。他发现相应公司在获得评级后，进行了更多债务融资，并且投资活动增加。芝加哥大学的唐涛则利用1982年穆迪对其评级方式进行细化改进的事件，研究了评级信息发现功能是如何影响公司的投融资活动的（Tang，2009）。他发现那些评级被上调的公司借债成本显著下降，并让相应的公司进行了更多债务融资，增加了资本性支出。

因此，通过本节的梳理，相信读者能够更好地理解评级对于实体经济的作用。

2.3　影响评级信息发现功能的因素

如前所述，评级本身兼具了多种功能，对资本市场和实体经济都有着重要影响。而近年来，由于对安然破产事件、金融危机时期结构化产品的违约预测滞后与错误，评级的核心功能——信息发现——受到了大量质疑，这也使得学界、业界以及监管机构针对影响评级发挥其核心功能的原因进行了大量讨论与研究。总结来看，市场认为主要有四类因素：（1）评级机构的市场竞争与声誉机制；（2）发行人付费模式导致的利益冲突问题；（3）被评资产特征；（4）监管对评级的过度依赖。① 下面，我们围绕着这四类因素做详细的探讨。

2.3.1 市场竞争与声誉机制

由于评级市场呈现出典型的多头垄断特征——穆迪、标准普尔和惠誉被称为三巨头。特别是如第1章所述，自1975年美国证券交易委员会成立全国认定的评级组织（NRSRO）后，整个行业虽然有零散的进入者，但这些新进机构在内部合并后，又纷纷被惠誉兼并收购了。因此，截至安然破产时，NRSRO仍然只有三巨头。

上一章也提到，2006年开始施行的《评级机构改革法案》旨在改革评级行业的竞争格局。那么市场竞争是否影响了评级的信息发现功能？另外，三大评级机构不断声称评级业是讲声誉的，那么通过市场竞争所形成的声誉机制真的制约了评级机构的行为吗？

哈佛大学商学院的 Bo Becker 教授与其合作者认为，三大评级机构的竞争降低了评级的信息含量（Becker 和 Milbourn，2011）。他们利用惠誉兼并其余几家 NRSRO 来扩大市场份额的事实，分析了三大评级机构之间市场竞争对于评级信息含量的影响——在1997年开始其收购业务前，惠誉在评级市场的市场份额在1/10左右；而截至2007年，惠誉的市场份额上升到了1/3。

两位学者搜集了1995—2006年间三大机构的评级数据，并分析了评级在信息发现和对违约预警上的表现。他们发现，随着惠誉市场份额的逐渐上升，在控制住企业基本面等因素之后，穆迪与标准普尔对企业的评级都显著变高。然而，随着惠誉的市场份额上升，评级与公司债券利差

---

① 对于想更深入了解本部分内容的读者，我们推荐阅读本书作者于2018年发表的《信用评级功能与评级质量影响因素——文献综述与研究展望》。

的关系变弱，评级与公司违约之间的关系也变弱了。因此，两位学者认为评级机构的竞争降低了评级的信息含量，评级机构的声誉机制并没有抑制住他们给出高评级。

不过，也有学者对上述发现提出了质疑，得克萨斯大学达拉斯分校的夏寒教授就有不同的看法，他认为竞争因素并非核心，关键还是在于评级机构的收费模式。他用同属于 NRSRO 的投资者付费的评级机构 Egan-Jones Rating Company（EJR）进入评级市场来阐述了他的观点（Xia, 2014）。

夏教授发现在投资者付费的评级机构 EJR 进入市场后，标准普尔的评级信息含量明显提升：一方面，对 EJR 覆盖的评级，标准普尔评级明显变低；另一方面，标准普尔评级和信用风险（Merton 模型计算得到的预期违约概率，我们在本书第 8 章会进一步介绍）之间的相关关系明显变大。此外，标准普尔评级下调所带来的市场反应也发生了变化，在有 EJR 覆盖的业务范围，标准普尔的评级下调似乎更具有信息含量，表现为公司的股票下跌程度比 EJR 覆盖前高出了 50%。因此，这些结果表明，竞争使得标准普尔评级在信息发现的质量上有所提升，而夏教授认为是声誉机制带来了标准普尔评级质量的提升。

因此，可以看出竞争和声誉机制是否会影响评级公司信息发现功能的讨论还存在争议，这些研究也指出竞争因素可能并非关键，而评级机构的收费模式或许是更为重要的因素。所以，我们进一步探讨评级机构收费模式所导致的利益冲突问题。

2.3.2 收费模式与利益冲突

如前一章所述，20 世纪 70 年代发行人付费成为评级行业的主要营收方式，而发行人付费模式存在明显的利益冲突问题：发行人只会在评级机构给出的评级被公开发布之后才支付给评级机构费用。也即在评级的过程中，发行人请求评级的过程不为外界所知；且被评级之后，只有当发行人认同给出的评级时，才会选择评级公开并支付费用。因而，付费模式及选择性披露问题导致了"评级虚高"（rating inflation）和"评级选购"（rating shopping），进而使得评级信息质量下降。

关于付费模式及潜在的利益冲突问题，较为直接的证据来自 Jiang, Standford 和 Xie（2012）。三位学者研究了穆迪和标准普尔从投资者付费模式转变为发行人付费模式之后，评级是否存在虚高的问题。

如第 1 章所述，穆迪于 1970 年开始向发债公司进行收费，而标准普尔则于 1974 年 7 月才开始向发债公司进行收费。三位学者搜集了 1971—1978 年拥有穆迪和标准普尔评级的 797 只债券。在这段时期内，穆迪一直都向公司进行收费，而标准普尔则从 1974 年 7 月才开始转变收费模式。因此，如果以穆迪的评级作为比较基准，可以很好地探索付费模式变动对标准普尔评级的影响。

他们先简单地统计了两家评级机构之间的一些特征。例如，图 2.4 给出了标准普尔与穆迪评级的差异在历年的均值。三位学者发现，在标准普尔收费模式改变之前，平均而言，其评级显著低于穆迪的评级，特别是在 1972 年至 1974 年 6 月，标准普尔的评级平均而言比穆迪评级低出了 0.1～0.15 级（由于这段时间，标准普尔已经开始逐步细化评级，而穆迪尚未开始细化评级，所以 AA 至 A 为 1 级）。

三位学者进一步探索了标准普尔的评级情况，他们发现即使债券的特征保持不变，标准普尔收费模式变动后，债券的评级上升了 0.39 级；而如果以穆迪评级作为基准，标准普尔收费模式变动后，其评级相较于穆迪评级上升了 0.20 级。

三位学者进一步探讨了导致这种现象的可能原因——发行人付费模式导致的利益冲突问题。他们使用债券的规模和发行人的发债频率来衡量评级机构能获取的收入。该债券发行规模越大，发行人发债频率越高，则评级机构能获得的收入越多，也更可能给出高评级。他们发现，这些公司发行的债券在标准普尔收费模式转变后，评级比此前高出了 0.19 级。这些证据都表明，由于付费模式转变，利益冲突问题直接导致了评级虚高。

2008 年金融危机爆发后，有大量学者探索了评级机构收费模式与评级虚高的问题。例如哥伦比亚大学的 Patrick Botlon 教授与其合作者结合评级机构竞争以及收费模式等行业特征，解释了为什么评级虚高会在金融危机之前如此普遍（Bolton，Freixas 和 Shapiro，2012）。更多学者则探索

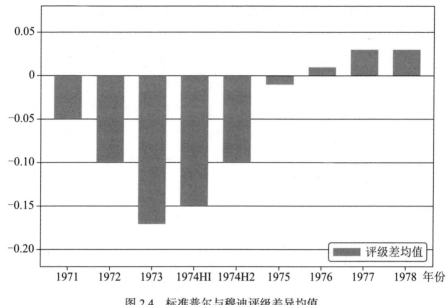

图 2.4 标准普尔与穆迪评级差异均值

[数据来源：Jiang，Standford 和 Xie(2012)]

了不同金融资产下的评级虚高问题，例如第 1 章提到的哈佛大学的两位教授 Benmelech 和 Dlugosz 分析了贷款抵押凭证（collateralized loan obligation，CLO）的评级方式；得克萨斯大学的 John Griffin 教授与香港大学的汤勇军教授研究了债务抵押凭证（collateralized debt obligation，CDO）的评级问题；复旦大学的钱军教授及其合作者研究了抵押贷款证券化证券产品的评级与评级选购问题（He，Qian 和 Strahan，2011，2012，2016）；日内瓦大学的两位学者则针对资产证券化产品（ABS 和 MBS）进行了研究（Efing 和 Hau，2015）。这些学者都发现当评级机构能够获取更多收入时，评级都呈现出偏高特征，其信息含量下降，导致预警能力不足。

因此，通过对利益冲突问题的梳理，可以发现付费模式引发的潜在利益冲突问题导致了评级质量下滑，信息发现功能被削弱。不过，我们需要提醒读者注意的是，大量关于评级虚高的证据存在于结构化产品或资产证券化产品之中，这些产品的发行主体更多是金融机构；而在实体经济中，关于评级虚高的探讨则要少很多。实际上，标准普尔、穆迪以及惠誉三大评级机构在非金融机构的评级上标准似乎变得越来越严，这一变严趋势至少持续到了金融危机期间。① 因此，我们在下一节进一步探讨资产特征对于评级信息发现功能的影响。

2.3.3 被评级资产特征

资产信息透明度、复杂程度和历史数据的丰富度也影响了评级质量。读者可以从前一章中发现，发行人付费模式早在20世纪70年代就已经普及，但是关于评级选购、评级虚高的问题直到金融危机才开始被逐渐关注。这实则是与资产证券化以及复杂的结构化证券产品的诞生有较大的关联。

20世纪70年代后，美国以住房贷款为抵押资产的证券化产品开始逐步发展。上一章的图1.5清晰地展示出了信贷资产支持债券（MBS）以及资产支持证券（ABS）的存续规模随时间的变化：两者的存续规模从1980年的0.1万亿美元增长到了2008年的11.3万亿美元，其占所有固定收益证券的比例由1980年的5.8%逐渐增长到2008年的36.4%，且早在20世纪90年代就超过了非金融机构发行的公司债券所占的比例。

所以，金融危机之后也有很多学者探讨了被评级资产特征与评级信息发现功能之间的关系。纽约大学的两位教授较早关注到了这一问题（Skreta和Veldcamp，2009），他们提出了一种可能的解释——当证券资产越复杂时，即使公司为评级机构提供的信息相同，不同评级机构给出的评级结果也会存在较大差异，这为发行人选购评级创造了条件。

这种解释与实际情况相符，例如野村证券（Nomura Securities）结构化金融产品总监Mark Adelson在美国国会的听证会上就提到："典型的资产证券化产品比传统的债券要复杂太多……举例来看，在抵押资产证券化产品（MBS）中，投资者和评级机构都会使用一系列的工具来对证券进行分析。他们会使用提前支付模型和违约模型来估计MBS底层贷款的未来现金流。随后，他们会使用其他模型来将这些现金流代入MBS的结构之中，对MBS不同层级（Tranches）做不同的偿付以及损失估计。这些机构还会通过仿真的方式，对上述过程做成千上万次模拟，以测试在不同情形下，MBS的偿付和损失情况。尽管上述过程看似完全的量化，但用

---

① 相关证据来自Blume, Lim和Mackinlay（1998），Baghai, Servaes和Tamayo（2014）。我们也会在第5章中结合美国的评级数据做详细探讨。

于量化分析的许多关键指标和假设却是定性的。"①

另外，结构化证券产品的发展历史也相对较短，芝加哥大学的 Anil Kashyap 教授与其合作者就进一步地指出评级不准确与债券品种的发展程度也有关联，债券的发展历史越短，信息越少，评级机构就越容易犯错误（Kashyap 和 Kovrijnykh，2016）。由于结构化金融产品的发展历史远短于市政债、公司债，而这些产品又增长过快——2001—2010 年间增加了 10 倍以上（Pagano 和 Volpin，2010），对于结构化产品进行评级能够观测到的违约事件以及历史数据都很少（Griffin 和 Tang，2012）。这些因素都共同解释了为什么评级没能很好地发挥其信息发现功能。

宾夕法尼亚州立大学和佐治亚大学的三位学者则做了一个全面的对比（Cornaggia，Cornaggia 和 Hund，2017）。他们对比了 1980—2010 年公司债、金融债、市政债、主权债和结构化产品的穆迪评级情况。他们发现相同评级下，不同债券产品的违约率大相径庭。以初始评级为 A 级的债券产品为例：公司债的违约率为 0.51%，市政债违约率为 0%，主权债的违约率为 0%，金融债的违约率为 4.13%，而结构化产品的违约率为 26.97%。这些证据直接表明不同资产特征对于评级的信息发现功能有着直接影响。

2.3.4 监管因素

如前所述，评级被广泛地应用于金融监管之中，评级在发挥信息发现功能时，其监管区分的功能也越发凸显，因此，监管机构赋予评级机构监管功能，这也自然为金融市场提供了监管套利的契机。例如前文案例中我们提到了当穆迪和标准普尔的评级处在投资级与投机级两侧时，惠誉的评级很有可能打破僵局，将公司的信用等级提升至投资级。这时对于发行人和投资者而言，都有动力寻求惠誉评级来打破僵局；而在发行人付费模式下，惠誉自然也有动机给出好的评级。因此，评级尽管发挥了监管区分作用，但反过来却削弱了其信息发现的核心功能。

通过前一章对美国评级发展历程的梳理，读者不难发现三大评级机构最为重要的监管许可就是成为 NRSRO。那么，三大评级机构在获取了

---

① http://archives-financialservices.house.gov/hearing110/adelson.pdf.

NRSRO 身份之后,是否真的存在评级虚高,信息发现功能下降的现象呢?波士顿学院的 Darren Kisgen 教授与其合作者就探究了这个问题(Behr,Kisgen 和 Talliard,2018)。

他们获取了穆迪在 1975 年成为 NRSRO 之前提供的最后一次评级,并获取了穆迪成为 NRSRO 之后所颁布的新评级。他们发现在穆迪成为 NRSRO 之后,相同评级的违约率明显变高:在成为 NRSRO 之前,Baa 级债券的违约率在 5% 左右;而在成为 NRSRO 之后,Baa 级债券的违约率则接近了 10%。三位学者进一步发现,以 Baa 为代表的投资级债券,如果其初始评级是在 1975 年穆迪成为 NRSRO 之后评定的,有 19% 甚至更高的可能被下调至投机级。

如果从度量违约的角度来进行分析,穆迪在成为 NRSRO 后评级至少虚高了一级(由于此时穆迪还未细化其评级,Aaa 至 Aa 为 1 级);而如果从公司基本面等特征出发,一家公司如果在基本面保持不变的情况下,其在穆迪成为 NRSRO 之后的评级也高出了 0.75 级。因此,三位学者认为监管对评级的依赖直接导致了评级虚高。

不过,监管因素也和评级机构的付费模式有较大关联。宾夕法尼亚州立大学的 Cornaggia 教授与合作者利用 EJR 成为 NRSRO,研究了投资者付费的评级机构是否会因为获得监管牌照而导致评级质量变化(Bruno,Cornaggia 和 Cornaggia,2016)。他们发现 EJR 的评级并没有受到 NRSRO 身份的影响——无论是在评级的准确性和及时性上,EJR 的评级都没发生太显著的变化。

因此,我们可以发现监管因素对于评级的影响似乎也与评级机构的收费模式紧密相关,不过考虑到发行人付费模式仍然是评级业的主流形式(投资者付费模式面临最大的问题就是无法获取公司的私有信息),且三大评级机构在评级市场上占据的绝对主导地位,监管对评级的依赖仍然是一个影响评级信息发现功能的重要因素。

通过本节的梳理,读者不难发现,评级机构的收费模式是影响评级质量的重要因素。不过发行人付费从目前来看仍然是市场主流方式;此外,从信息披露的角度而言,发行人付费相较于投资者付费更加有益于信息的披露(Kashyap 和 Kovrijnykh,2016;Stahl 和 Strauzs,2017)。因此,短期来看，以发行人付费为主的评级格局还难以改变。

在这一大的背景下，监管对评级的依赖影响了评级发挥其信息发现功能，而降低监管对评级的依赖，加强对评级行业的监管也是目前的大趋势。那么我们在接下来的部分将继续梳理学界和业界关于保障评级发挥其信息发现功能的思考与探索。

2.4 如何保障评级的信息发现功能

如前所述，收费模式导致的利益冲突问题，以及监管对评级行业的依赖从客观层面导致了评级虚高，降低了评级的信息发现功能。那么是否在相应的方面有改进的可能？降低监管对评级的依赖后，是否有改进评级或是替代评级的解决方案？我们在本节做一些探讨。

2.4.1 解决利益冲突问题

收费模式导致的利益冲突与评级机构的市场竞争以及监管因素都有直接关联，因此，解决收费模式导致的利益冲突问题似乎是最为紧要的。

纽约联储的 James McAndrews 与其合作者提出如果发行人付费模式已经不可能再退回投资者付费模式，那么核心就是要消除利益冲突问题（Mathis，McAndrews 和 Rochet，2009）。而为了消除利益冲突问题，他们提出构建一个中央评级交易平台，并采用平台付费模式。构建这个平台的目标是隔断发行人和评级机构之间的直接商业联系。发行人向这个平台请求评级服务，并预付一笔费用；平台则负责记录所有的服务过程，并负责选派（可以通过拍卖）和向评级机构支付费用来完成评级。最后，平台可以是一个自律组织，由发行人和投资者双方共同所有并进行管理。

新加坡国立大学的段锦泉教授则认为评级应该作为金融市场的一种基础设施，作为公共品向市场进行提供（Duan 和 Laere，2012）。他们利用由新加坡国立大学资助成立的 Credit Research Initiative（CRI）为例，说明了当评级以公共品形式对外发布时，其表现并不弱于采用发行人付费模式的评级。

2.4.2 加强评级业监管

随着安然破产、金融危机爆发,有越来越多的法案开始对评级机构进行监管,那么加强对评级业的监管是否可以保护评级信息发现功能?

我们在第 1 章中提到,《萨班斯 - 奥克斯利法案》出台后,三大评级机构的评级在预测违约的准确性和及时性上都有所提升(Cheng 和 Monica,2009)。不过也有学者指出,在金融危机爆发后,《多德 - 弗兰克法案》的出台尽管加强了对评级机构的监管,但是评级机构并没有能提供更多准确且有效的信息,评级下调的信息含量出现了下降,并且还给了市场更多的错误警告(Dimitrov,Palia 和 Tang,2015)。而之所以出现这种现象,是因为评级机构似乎更加在乎自身声誉了,而为了保护自己的声誉及避免监管处罚,宁愿给出更低的评级来防止自身出错。

因此,加强对评级行业的监管似乎对评级业的影响也有着不确定性,所以,如何把握对评级机构的监管似乎也有待未来进一步的探索。

2.4.3 改进评级度量方式

随着技术的进步,企业的违约风险可以用连续的数值来进行刻画,例如基于诺贝尔奖得主 Robert Merton 提出的结构化模型,市场完全可以构建数值在 0 ~ 100% 范围内的违约概率来度量公司的信用风险。而随着机器学习等工具的兴起,使用统计模型来构建违约概率以表征企业的信用风险也已经越来越普遍。那么评级是否能够从等级制变为更为精确的连续数值呢?

哈佛大学的 Becker 教授及其合作者就利用美国保险业关于贷款抵押证券(MBS)资本计提模式改革事件,研究了美国保险业协会(National Association of Insurance Commissioners,NAIC)采用在 0 ~ 1 之间连续的数值评级替代等级制评级作为保险业投资 MBS 资本计提的度量方式(Becker 和 Opp,2014)。然而,作者并没有找到证据支持这种新模式比旧模式在违约预警上更加有效。

实际上,已有学者研究了为什么评级会呈现出"粗糙"的等级制(也即只有 21 个等级),这是因为评级还起到了市场协调的作用(Manso,

2013；Goel 和 Thakor，2015）。如果评级过于精细，则会不可避免地频繁波动。但由于评级对实体经济存在直接影响，因此无论是发行人还是投资者，实际都希望评级能够相对稳定。

2.4.4 寻找评级替代品

业界与学界也早就开始探讨是否可以用市场价格等指标来表征信用风险，例如安然破产前股票市场就早已开始出现大跌，这为构建一些基于市场价格的隐含指标提供了可能。事实上，穆迪公司早在 2002 年就建立了市场隐含评级（market implied ratings）。市场隐含评级是指通过股价等活跃价格来反向推算某一企业违约概率的评级，不过穆迪公司并未使用隐含评级来作为其评级的决定因素。

香港岭南大学的 Winnie Poon 教授与其合作者就利用 Moody's Analytics（2010）提供的三种隐含评级（债券、股权和 CDS 隐含评级），检验了隐含评级与信用评级的差异（Poon 等，2016）。具体而言，她们从五个方面进行了对比：（1）隐含评级与信用评级的差异；（2）隐含评级和信用评级对于违约概率的反应速率；（3）隐含评级对于评级调整是否有预测力；（4）哪些因素会造成隐含评级与信用评级之间的差异；（5）评级往复调整的可能性。他们发现相比于评级而言，在评级下调（上调）的样本中，隐含评级至少在评级调整前 250 天就开始显著低于（高于）信用评级；此外，隐含评级对于违约率更为敏感，并且能够预测到评级调整。金融行业由于不透明性较强，其隐含评级与信用评级之间差异更大；而《多德-弗兰克法案》之后，隐含评级与信用评级之间差异有所缩小。

隐含评级相比于信用评级而言，波动性更大，往复调整的频率更高。以一年之内评级在上调后又被下调的评级行为为例，穆迪的评级出现此类情况的比例为 0.03%，而基于债券、股票和信用违约互换的隐含评级对应的比例分别为：8.14%、2.14% 和 3.11%。即使股票隐含评级的往复情况最低，也是穆迪评级往复比例的 70 倍。因此，隐含评级所面临的问题与改进评级的度量方式其实一样。

2.5 本章小结

基于第 1 章介绍的信用评级发展历史，我们在本章中梳理了评级在资本市场与实体经济中所发挥的作用与影响。

评级的核心功能是为资本市场提供信息，但由于监管机构对信用评级的依赖导致后者获得了监管区分的功能；由于其简单易懂，又免费向市场提供，资本市场的各方参与者广泛将评级作为契约标的进行使用；在为资本市场提供信息的同时，为了避免市场过度波动，评级还发挥着协调作用。

这些功能使得评级对于实体经济有着不可忽视的影响，其能直接通过影响企业的债务融资成本，进而影响到企业的投融资决策。这也是为什么有人会把评级机构的毁灭力与炸弹相提并论。

自安然破产、金融危机爆发之后，市场越发关注评级的信息发现核心功能是否已经被弱化。本章总结了影响评级信息发现的四类因素：市场竞争、付费模式导致的利益冲突问题、被评资产的复杂性和监管依赖。理解好这四类因素对于后续探讨我国评级的问题也大有裨益。

最后，我们提供了一些业界和学界关于评级行业发展变革的思考，例如如何去解决利益冲突问题，如何去监管评级行业，是否可以改进评级的度量方式或是寻找替代评级的产品。不过这些探讨并没有形成一个鲜明的改革方向，而目前美国评级行业的改革也处在渐进过程之中，我们将这些内容梳理出来，抛砖引玉，希望感兴趣的读者以上述内容为基础，在今后做更多的探索。

参考文献

[1] Almeida, Heitor, Igor Cunha, Miguel A. Ferreira, and Felipe Restrepo. 2017. The real effects of credit ratings: The sovereign ceiling channel. *The Journal of Finance*, 72(1): 249-290.

[2] Altman, Edward I, Herbert A Rijken. 2004. How Rating Agencies Achieve Rating Stability. *Journal of Banking & Finance*, 28: 2679-2714.

[3]　Badoer, Dominique C, Cem Demiroglu. 2019. The Relevance of Credit Ratings in Transparent Bond Markets. *Review of Financial Studies*, 32(1): 42-74.

[4]　Baghai, Ramin P, Henri Servaes, Ane Tamayo. 2014. Have Rating Agencies Become More Conservative? Implications for Capital Structure and Debt Pricing. *The Journal of Finance*, 69: 1961–2005.

[5]　Baghai, Ramin, Bo Becker, Stefan Pitschner. 2020. The Use of Credit Ratings in Financial Markets. ECGI Working Paper Series in Finance No. 612/2019.

[6]　Bannier, Christina E, Christian W Hirsch. 2010. The Economic Function of Credit Rating Agencies – What Does the Watchlist Tell Us? *Journal of Banking & Finance*, 34 (12): 3037-3049.

[7]　Becker, Bo, Marcus Opp. 2014. Regulatory Reform and Risk Taking: Replacing Ratings. NBER Working Paper, No.19257.

[8]　Becker, Bo, Todd Milbourn. 2011. How Did Increased Competition Affect Credit Ratings? *Journal of Financial Economics*, 101(3): 493-514.

[9]　Behr, Patrick, Darren J Kisgen, Jérôme P Taillard. 2018. Did Government Regulations Lead to Inflated Credit Ratings? *Management Science*, 64(3): 1034-1054.

[10]　Blume, Marshall E, Felix Lim, A Craig MacKinlay. 1998. The Declining Credit Quality of U.S. Corporate Debt: Myth or Reality? *The Journal of Finance,* 53: 1389-1413.

[11]　Bolton, Patrick, Xavier Freixas, Joel Shapiro. 2012. The Credit Ratings Game. *The Journal of Finance*, 67(1): 85-112.

[12]　Bongaerts, Dion, K J Martijn Cremers, William N Goetzmann. 2012. Tiebreaker: Certification and Multiple Credit Ratings. *The Journal of Finance*, 67(1): 113-152.

[13]　Boot, Arnoud W A, Todd T Milbourn, Anjolein Schmeits. 2006. Credit Ratings as Coordination Mechanisms. *Review of Financial Studies*, 19: 81-118.

[14]　Bruno, Valentina, Jess Cornaggia, Kimberly J Cornaggia. 2016. Does Regulatory Certification Affect the Information Content of Credit Ratings? *Management Science*, 62(6): 1578-1597.

[15]　Cantor, Richard, Frank Packer. 1995. The Credit Rating Industry. *Journal of Fixed Income*, December: 10-34.

[16]　Cheng, Mei, Monica Neamtiu. 2009. An Empirical Analysis of Changes in Credit Rating Properties: Timeliness, Accuracy and Volatility. *Journal of Accounting and Economics*, 47(1-2): 108-130.

[17]　Cornaggia, Jess N, Kimberly J Cornaggia, John E Hund. 2017. Credit Ratings across

Asset Classes: A Long-Term Perspective. *Review of Finance*, 21(2): 465-509.

[18] Cornaggia, Jess, Kimberly J Cornaggia, Ryan D Israelsen. 2018. Credit Ratings and the Cost of Municipal Financing. *Review of Financial Studies*, 31(6): 2038-2079.

[19] Dimitrov, Valentin, Darius Palia, Leo Tang. 2015. Impact of the Dodd–Frank Act on Credit Ratings. *Journal of Financial Economics*, 115(3): 505-520.

[20] Duan, Jin-Chuan, Elisabeth Van Laere. 2012. A Public Good Approach to Credit Ratings - From Concept to Reality. *Journal of Banking & Finance*, 36(12): 3239-3247.

[21] Efing, Matthias, Harald Hau. 2015. Structured Debt Ratings: Evidence on Conflicts of Interest. *Journal of Financial Economics*, 116(1): 46-60.

[22] Goel, Anand M, Anjan V Thakor. 2015. Information Reliability and Welfare: A Theory of Coarse Credit Ratings. *Journal of Financial Economics*, 115(3): 541-557.

[23] Graham, John R, Campbell R Harvey. 2001. The theory and practice of corporate finance: Evidence from the field. *Journal of Financial Economic*, 60: 187-243.

[24] Griffin, John M, Dragon Yongjun Tang. 2012. Did Subjectivity Play a Role in CDO Credit Ratings? *Journal of Finance*, 67: 1293-1328.

[25] Hand, John R M, Robert W Holthausen, Richard W Leftwich. 1992. The Effect of Bond Rating Agency Announcements on Bond and Stock Prices. *The Journal of Finance*, 47(2): 733-752.

[26] He, Jie, Jun Qian, Philip E Strahan. 2011. Credit Ratings and the Evolution of the Mortgage-Backed Securities Market. *American Economic Review*, 101(3): 131-135.

[27] He, Jie, Jun Qian, Philip E Strahan. 2012. Are All Ratings Created Equal? The Impact of Issuer Size on the Pricing of Mortgage-Backed Securities. *The Journal of Finance*, 67: 2097-2137.

[28] He, Jie, Jun Qian, Philip E Strahan. 2016. Does the Market Understand Rating Shopping? Predicting MBS Losses with Initial Yields. *Review of Financial Studies*, 29(2): 457-485.

[29] Hickman, Braddock. 1958. *Corporate Bond Quality and Investor Experience*. Princeton, NJ: Princeton Univ. Press.

[30] Holthausen, Robert W, Richard W Leftwich. 1986. The Effect of Bond Rating Changes on Common Stock Prices. *Journal of Financial Economics*, 17(1): 57-89.

[31] Hunt, John Patrick. 2009. Credit Rating Agencies and the "Worldwide Credit Crisis": The Limits of Reputation, the Insufficiency of Reform, and a Proposal for Improvement. *Columbia Business Law Review*, 2009(1): 109-209.

[32] Jiang, John Xuefeng, Mary Harris Stanford, Yuan Xie. 2012. Does It Matter Who Pays for Bond Ratings? Historical Evidence. *Journal of Financial Economics*, 105(3): 607-621.

[33] Jorion, Philippe, Zhu Liu, Charles Shi. 2005. Informational Effects of Regulation FD: Evidence from Rating Agencies. *Journal of Financial Economics*, 76(2): 309-330.

[34] Kashyap, Anil K, Natalia Kovrijnykh. 2016. Who Should Pay for Credit Ratings and How? *Review of Financial Studies*, 29(2): 420-456.

[35] Kliger, Doron, Oded Sarig. 2000. The Information Value of Bond Ratings. *Journal of Finance*, 55: 2879-2902.

[36] Livingston, Miles, Lei Zhou. 2010. Split bond ratings and information opacity premiums. *Financial Management*, 39(2): 515-532.

[37] Manso, Gustavo. 2013. Feedback Effects of Credit Ratings. *Journal of Financial Economics*, 109 (2): 535-548.

[38] Mathis, Jerome, James McAndrews, Jean-Charles Rochet. 2009. Rating the Raters: Are Reputation Concerns Powerful Enough to Discipline Rating Agencies? *Journal of Monetary Economics*, 56: 657-674.

[39] Moody's Analytics Credit Research and Risk Measurement (Moody's Analytics). 2010. Market implied ratings FAQ (June).

[40] Moody's Investor Service Global Credit Research. 1998. An Historical Analysis of Moody's Watchlist. (October)

[41] Pagano, Marco, Paolo Volpin. 2010. Credit Ratings Failures and Policy Options. *Economic Policy*, 25(62): 401-431.

[42] Parlour, Christine, Uday Rajan. 2020. Contracting on credit ratings: Adding value to public information. *Review of Financial Studies*, 33: 1412-1444.

[43] Pinches, George E, J Clay Singleton. 1978. The Adjustment of Stock Prices to Bond Rating Changes. *The Journal of Finance*, 33: 29-44.

[44] Poon, Winnie P H, Iftekhar Hasan, Gaiyan Zhang, Jianfu Shen. 2016. Are Market Implied Ratings Viable Alternatives to Credit Ratings? SSRN Working Paper.

[45] Skreta, Vasiliki, Laura Veldkamp. 2009. Ratings Shopping and Asset Complexity: A Theory of Ratings Inflation. *Journal of Monetary Economics*, 56(5): 678-695.

[46] Stahl, Konrad, Roland Strausz. 2017. Certification and Market Transparency. *Review of Economic Studies*, 84: 1842-1868.

[47] Sufi, Amir. 2009. The real effects of debt certification: Evidence from the introduction of bank loan ratings. *Review of Financial Studies*, 22: 1659-1691.

[48] Tang, Tony T. 2009. Information Asymmetry and Firms' Credit Market Access:

Evidence from Moody's Credit Rating Format Refinement. *Journal of Financial Economics*, 93: 325-351.

[49] Weinstein, Mark I. 1977. The Effect of a Rating Change Announcement on Bond Price. *Journal of Financial Economics*, 5: 29-44.

[50] Xia, Han. 2014. Can Investor-Paid Credit Rating Agencies Improve the Information Quality of Issuer-Paid Rating Agencies? *Journal of Financial Economics*, 111(2): 450-468.

第二部分　中国信用评级的发展与现状

本书的第二部分介绍我国信用评级的发展和现状，对比中外信用评级，分析我国信用评级偏高以及导致我国评级标准放松的原因。这个部分包括四章。

第3章对中国信用评级行业的发展进行简要的叙述。我们之前了解到评级的核心功能是为公司信用债市场提供信息，解决投资者与发行人之间信息不对称问题。本章首先简要地介绍中国公司信用债市场的发展脉络与基本情况，接着介绍国内评级行业伴随着债券市场的发展进步，国内从事评级业务的10家评级机构，并结合实际的债券评级、公司主体评级数据，来梳理这些评级机构的业务情况。

第4章将我国信用评级特征与国际评级机构标准普尔的评级特征进行了对比分析。我们希望通过本章的分析帮助读者了解中外评级体系的差异，并为后续探讨我国信用评级存在的问题做铺垫。

我国信用评级在违约预警上不断遭受质疑，并且自2018年起开始由监管机构推动行业变革。第5章试图回答这样一个问题：我国评级目前所呈现的偏高特征到底是因为评级虚高，还是因为债券市场逐渐发展壮大，有越来越多高质量企业开始通过发债进行融资，使得评级整体偏高？

第6章进一步研究导致我国评级标准放松的原因，并进一步分析评级标准放松对实体经济运行造成的不利后果。我们重点考察公司发债成本、负债以及投资情况。

第 3 章 中国信用评级的发展概述

我们在此前章节中介绍了国际评级机构的发展脉络,并梳理了评级在资本市场和实体经济中所发挥的功能与影响。那么我国的信用评级行业是如何发展的,又呈现何种特征,是否与国际评级存在差异?我们希望在本章及后面的章节来为读者做详细的介绍和梳理。

我们在本章中对我国信用评级行业的发展进行简要的叙述。由于评级机构的核心功能是为公司信用债市场提供信息,我们首先简要地介绍中国公司信用债市场的发展脉络与基本情况。随着债券市场的发展进步,我们相应地介绍国内评级行业的情况。最后,我们展示国内从事评级业务的 10 家主流评级机构,并结合实际的债券评级、公司主体评级数据,来梳理这些评级机构的业务情况。

本章主要安排如下:第 3.1 节简要介绍中国公司信用类债券市场的发展历程;第 3.2 节介绍中国评级行业的发展;第 3.3 节介绍国内的主要评级机构,并结合债券评级和公司主体评级数据来讲述其业务情况;第 3.4 节总结本章的内容。

3.1 中国公司信用债市场发展简介

我国债券市场始于中华人民共和国成立初期发行的国家公债,但在 1958 年之后暂停发行,直到 20 世纪 80 年代才得以恢复。[①] 国债是我国债券市场上最早的产品,而公司信用债产品则紧随国债的恢复发行而诞生,并逐渐成为我国债券市场的重要组成部分。我国公司信用债市场的发展可以大致分为三个阶段,分别是 1982—1992 年的初步发展阶段,1993—

---

① 1949 年 12 月 2 日中央人民政府通过了《关于发行人民胜利折实公债的决定》,并于 1950 年 11 月发行了相应公债。随后,在 1954 年至 1958 年,我国连续五年发行了国家经济建设公债,以支持国家社会经济建设。在 1959 年我国停止了公债发行,直到 1981 年才恢复发行国债(具体可参考中国人大网发布的 1954 年、1955 年、1956 年、1957 年和 1958 年国家经济建设公债条例)。

2004年的整顿规范阶段，2005年至今的快速扩张阶段。我们根据这三个发展阶段对我国公司信用债券市场做一个简要介绍。

3.1.1 初步发展阶段：1982—1992年

1. 企业债

随着国债恢复发行，企业债也逐步出现。企业债是我国公司信用类债券中最早出现的债券品种，根据证监会编撰的《中国资本市场发展报告》所记载："从1982年开始，少量企业开始自发地向社会或企业内部集资并支付利息，最初的企业债开始出现。"根据《中国金融统计年鉴》记载，在1984年，辽宁省沈阳市的部分集体企业向内部职工发行债券，以筹集技术改造资金，取得了很好的效果，正式标志着中国企业债的诞生。[①] 上述类型的企业债规模在1986年年底大致达到了100亿元，但当时的企业债券大多属于内部集资性质，缺少宏观层面的管理规范，致使"乱集资"问题出现：部分地方借发行债券的名目乱拉资金，做盲目重复建设；此外，债券发行存在强行摊派现象，也助长了不正之风。

1987年3月，国务院颁布了《企业债券管理暂行条例》，开始规范企业债券的发行审批单位，并从当年开始编制企业债券的发行计划。根据安义宽（2002）的记载，1989—1992年，国务院下达的企业债券发行计划分别为75亿元、20亿元、250亿元和350亿元。而实际上，企业债的发行规模远超计划，企业债在1992年的发行总额就接近700亿元（《中国资本市场发展报告》，2008）。

2. 短期融资券

短期融资券的出现略晚于企业债。与企业债相似，短期融资券也是先由民间出现雏形，随后国家才正式出台相关文件开始发展。根据周荣芳（2005）的记载，1988年以前，一些企业为了拓宽融资渠道，在其所属地区尝试发行期限在一年以内的债券用于融资。1989年，中国人民银行则正式下发了《关于发行短期融资券有关问题的通知》，认可了企业发行短期融资券的做法，并同时规范了短期融资券的发行审批过程。因此，

---

① "沈阳市开办债券买卖转让业务"（《中国金融统计年鉴》，1987）。

1989年之后，企业除了发行期限较长的企业债外，也开始发行期限为3个月、6个月和9个月的短期融资券。

改革开放以后经济发展迅速，市场对资金的需求量大，因此短期融资券也出现了快速发展的现象，1988—1992年间，短期融资券的发行规模分别为：11.72亿元、29.72亿元、50.15亿元、104.44亿元和228.53亿元（周荣芳，2005）。

3.1.2 整顿规范阶段：1993—2004年

1. 发行情况整顿

可以看出，1992年之前我国公司信用债市场发展势头非常迅猛。但企业在偿债的意识上则较为薄弱，部分公司不能兑付到期的企业债，从1993年起兑付危机开始逐步出现；另外，企业在短期融资券的发行上又存在广泛的"乱拆借""乱提高利率"和"乱集资"现象（周荣芳，2005；《中国资本市场发展报告》，2008），我国公司信用类债券市场逐步进入了整顿规范阶段。

1993年8月，国务院发布了《企业债券管理条例》，并明确提出"未经国务院同意，任何地方、部门不得擅自突破企业债券发行的年度规模，并不得擅自调整年度规模内的各项指标"。因此，1993年后，我国企业债的发行进入了一个低迷阶段。与此同时，短期融资券由于同样的兑付问题，其发行审批也被叫停。自1997年起，中国人民银行不再审批发行短期融资券。

表3.1整理了1993—2000年间的企业债与短期融资券的发行情况。可以看到，我国企业债的发行规模在1993年出现了大幅下降，从1992年的700亿元直接下降到了20亿元。而短期融资券的发行规模也从1992年的228.53亿元开始逐步下降，并于1997年后停止发行。

表3.1 企业债/短期融资券历年发行规模　　　　单位：亿元

年份	1993	1994	1995	1996	1997	1998	1999	2000
企业债	20.0	38.4	130.0	148.3	185.8	147.9	200.0	100.0
短期融资券	215.8	123.3	170.6	120.6	69.4	—	—	—

注：企业债的数据来源于安义宽，2002，《我国企业债券市场发展情况、存在问题与对策》；短期融资券的数据来源于周荣芳，2005，《商业票据市场的比较研究》。

2. 交易场所逐步规范

这一阶段除了对公司信用债的发行有较为剧烈的整顿规范，债券市场的交易流通也在逐渐规范。

在1990年上海证券交易所（上交所）和深圳证券交易所（深交所）成立之前，我国的债券交易大都是在银行柜台实现的，是典型的场外交易市场（over-the-counter，OTC）。根据国内评级机构联合资信（2018）的记载："1987年末，全国41个城市的证券公司、信托投资公司和城市信用合作社开办了企业债等有价证券的转让业务。这一时期债券交易平台主要为商业银行和证券经营机构的柜台。"

随着上交所和深交所的成立，交易所市场和OTC市场并存的格局逐步形成。例如，中国宝安集团在1992年于深交所发行了第一只可转换债券"宝安转债"；1994年，深圳平南铁路有限公司在深交所发行了第一只企业债"深平南"。[①]

但场内外市场并存的格局并没有维持太久，随着1995年"327国债期货事件"爆发，国务院于当年8月正式停止了一切场外债券市场，证券交易所变成了中国唯一合法的债券交易场所。然而，1997年由于股票市场过热，大量银行资金通过交易所债券回购方式流入股票市场，进一步助燃股市上升。为此，根据国务院的统一部署，中国人民银行于1997年5月决定商业银行全部退出上海和深圳交易所的债券市场，并于1997年6月成立了银行间债券市场。银行间债券市场是场外市场，因此，我国债券市场的交易场所重新回归到交易所市场和OTC市场并存的格局。

3.1.3 快速扩张阶段：2005年至今

2004年，国务院发布了《关于推进资本市场改革开放和稳定发展的若干意见》，提出要积极稳妥发展债券市场，改变债券融资发展相对（股权融资）滞后的状况，大力发展债券市场已成为各方共识。2005年以来，我国密集出台了一系列债市新举措，包括恢复企业短期融资券的发行、信

---

① 安义宽在其文章中记录到"我国第一只上市的企业债券是'深盐田'，于1994年11月1日在深圳证券交易所上市"，而根据WIND检索的数据，第一只上市的企业债为"深平南"，由深圳平南铁路有限公司于1994年9月14日在深交所发行上市。

贷资产证券化试点等。这些举措极大地拓展了债券市场。随着债券品种不断丰富,融资渠道逐步拓宽,更多的企业开始借助债券进行融资。

我们从WIND提取了从1992至2020年发行的如下公司信用类债券:企业债、公司债、短期融资券(短融)、中期票据(中票)、超短期融资券(超短融)、私募债、定向工具、可转债和可交换债,上述债券共60 857只,我们按发行年份和债券类别汇报在表3.2中。①

表3.2 各公司信用类债券发行情况(1992—2020年)

年份	企业债	可转债	短融	公司债	中票	超短融	定向工具	私募债	可交换债
1992		1							
1993									
1994	1								
1995									
1996	4								
1997	6								
1998	29	2							
1999	43	1							
2000	12	2							
2001	6								
2002	15	5							
2003	17	16							
2004	17	12							
2005	36		79						
2006	43	6	242						
2007	81	10	263	5					
2008	64	5	269	15	41				
2009	179	6	263	47	174				
2010	172	8	442	23	223	2			
2011	192	9	612	83	407	25	33		
2012	479	5	812	181	565	125	249	113	
2013	373	8	861	94	509	216	530	264	1
2014	576	13	1 078	76	714	443	1 203	387	5

① WIND主要收集了在交易所和银行间市场发行的企业债,因此,在WIND中有记录的企业债实际起始于1994年。为了清晰地界定发债主体,我们没有选取集合体发行的公司信用类债券。

续表

年份	企业债	可转债	短融	公司债	中票	超短融	定向工具	私募债	可交换债
2015	300	3	1 109	320	916	1 435	1 117	560	25
2016	495	11	687	884	896	1 949	742	1 377	69
2017	382	44	464	538	906	1 675	726	663	80
2018	286	70	428	798	1 416	2 490	768	724	28
2019	392	131	468	889	1 675	3 048	863	1 573	60
2020	387	216	514	1 212	2 120	4 327	1 025	2 405	43
合计	4 587	584	8 591	5 165	10 562	15 735	7 256	8 066	311

在 2005 年之前，我国公司信用类债券品种较为单一；而从 2005 年开始，我国公司信用类债券市场开始快速扩张。自 2005 年恢复短期融资券之后，公司债、中期票据、超短期融资券、定向工具和私募债等公司信用类债券产品被相继推出。因此，从 2005 年开始，我国公司信用类债券市场进入了快速扩张的阶段。

表 3.3 给出了截至历年年末有过前述各类公司信用债发行记录的公司数量和历年末未到期的债券规模。不难发现，公司信用类债券市场拓宽了国内企业的融资渠道。截至 2020 年年末，共有 7 738 家企业发行过上述债券产品，未到期的债券规模为 25.15 万亿元人民币。[①] 而截至 2020 年年末，处在上市状态的 A 股公司数量为 4 020 家。因此，相较于股票融资，债券市场实则为更多企业拓宽了直接融资渠道。

表 3.3 截至历年末有过发债记录的公司数量和未到期债券规模

年份	有过发债记录的公司数量			未到期的债券规模（单位：万亿元）		
	总数	A 股上市	国有企业	总量	A 股上市	国有企业
1992	1	1	0	0.0005	0.0005	0
1993	1	1	0	0.0005	0.0005	0
1994	2	1	0	0.0006	0.0005	0
1995	2	1	0	0.0001	0	0
1996	6	1	2	0.0010	0	0.0008
1997	11	2	7	0.0039	0.0001	0.0038

① 中国人民银行的统计数据表明，截至 2020 年年末，未到期的公司信用类债券产品规模为 28.94 万亿元人民币，高于本文给出的统计数字。这是由于本文仅统计了表 3.2 中所列出的债券产品，并未统计集合体所发行的企业债、中期票据、私募债等产品。

续表

年份	有过发债记录的公司数量			未到期的债券规模（单位：万亿元）		
	总数	A股上市	国有企业	总量	A股上市	国有企业
1998	36	5	28	0.0140	0.0005	0.0132
1999	73	18	53	0.0274	0.0016	0.0256
2000	82	23	62	0.0363	0.0048	0.0346
2001	85	24	65	0.0446	0.0047	0.0435
2002	98	28	76	0.0706	0.0078	0.0672
2003	123	44	96	0.1240	0.0420	0.1140
2004	146	56	116	0.1680	0.0688	0.1472
2005	210	74	172	0.3589	0.1029	0.3311
2006	383	137	313	0.5473	0.1439	0.5060
2007	522	182	430	0.7222	0.2115	0.6715
2008	641	210	532	1.1734	0.2519	1.1158
2009	854	268	717	2.2755	0.5396	2.1910
2010	1 112	332	932	3.3763	0.7478	3.2548
2011	1 526	446	1 233	4.6455	1.0481	4.3658
2012	2 390	614	1 813	6.7750	1.4098	6.2761
2013	3 182	723	2 283	8.5003	1.6407	7.7405
2014	4 054	801	2 904	10.8922	1.7829	9.9228
2015	4 756	891	3 432	13.7631	2.1212	12.1695
2016	5 585	1 002	4 015	17.0452	2.5662	14.4309
2017	6 103	1 102	4 369	17.5446	2.4079	14.6404
2018	6 468	1 191	4 617	19.3586	2.7014	16.2922
2019	7 001	1 322	5 009	21.8889	3.0894	19.1409
2020	7 738	1 492	5 569	25.1497	3.3242	22.6058

表3.3列出了有发债记录的A股上市公司数量和国有企业数量，以及这两类企业对应的未到期债券规模。[①] 有信用债发行记录的公司仅1 492家为A股上市公司，也即不到20%的发债企业为A股上市企业。大量的发债企业为国有企业，截至2020年末，共5 569家中央或地方国有企业，占所有发债公司的71.97%。A股上市企业的未到期债券规模也相对较小，

---

① 由于公司的性质随时间可能发生变化，我们以各公司截至2020年年末最后一次发债时点的企业性质进行了相应的统计，我们直接使用了WIND提供的各发债企业的企业性质，将"中央国有企业"和"地方国有企业"定义为国有企业，而将其他性质的公司定义为"非国有企业"。

仅为3.32万亿元人民币；而国有企业的未到期债券规模则较大，为22.61万亿元，占到了全部未到期债券规模的90%。

实际上，我国公司信用债市场的存量规模早在2012年就已经达到了全球第二大，仅次于美国。图3.1中给出了由国际清算银行（Bank for International Settlements，BIS）统计的2006—2020年历年年末非金融公司债存量（未到期）规模。不难看出，我国公司信用债市场虽然起步较晚，但增长迅速。截至2020年末，我国公司信用债市场的存量规模为4.51万亿美元（与中国人民银行的统计数据相近），而美国市场公司信用债的存量规模为7.26万亿美元；日本市场公司信用债的存量规模为0.91万亿美元，排在第三位，远低于中、美两国。因此，自2005年以来，我国公司信用债市场的发展可以说是非常迅猛。

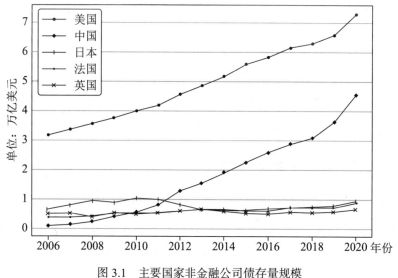

图 3.1　主要国家非金融公司债存量规模

（数据来源：BIS）

3.2　中国信用评级行业的发展

自1987年《企业债券管理暂行条例》发布后，我国最初的评级机构也相应而生。根据记载，那一时段的评级机构主要由中国人民银行的各省分支机构设立，例如，1987年中国首家信用评级公司在沈阳获得央行批准成立；此后，中国人民银行各地分行陆续批准成立了一些信用评级机构。①

3.2.1 初步发展阶段：1988—1997年

1988年起，这些原本隶属银行的评级部门逐渐转变为独立的评级机构。例如，成立于1988年2月的远东资信评估有限公司，就是由原来中国人民银行上海分行的员工所创办。但在20世纪80年代末，我国评级机构大多具有地方政府背景，业务基本只在本地展开；另一方面，由于运营时间不长，评级内容、流程均较为简单且不够规范，更多成为债券发行审批的一种形式程序。在80年代末90年代初，随着企业债、短期融资券的迅速发展，我国资信评级公司一度达到了96家（陈怀海，2003）。

20世纪90年代初，国内公司信用债违约潮爆发，对评级行业的发展也产生了影响。1993年国务院出台《企业债券管理条例》后，地方人民银行在整顿企业债务问题时，也对资信评级机构进行了整顿，撤销关闭了许多评级机构：到1994年，地方资信评级机构只剩20余家，其中多数评级机构与原主管单位脱钩，重新独立注册之后运行。但这一时段评级机构仍然呈现出机构设置不够规范、缺乏统一管理等问题（袁永祥，1995）。

3.2.2 监管许可阶段：1998—2014年

为应对评级市场运作不规范、缺乏统一管理的问题，1997年12月，中国人民银行发布了《关于中国诚信证券评估有限公司等机构从事企业债券信用评级业务资格的通知》，明确了对资信评级机构的资质约束，只承认当时市场上存在的50余家评级机构中的9家：中国诚信证券评估有限公司、大公国际资信评估有限责任公司、长城资信评估有限公司、上海远东资信评估公司、上海新世纪投资服务公司、深圳市资信评估公司、云南资信评估事务所、辽宁省资信评估公司和福建省资信评级委员会。此外，该通知明确指出"企业债券发行前，必须经人民银行总行认可的企业债券信用评级机构进行信用评级"。因此，该文件成了评级机构从初步发展阶

---

① 征信管理规则已上报国务院央行筹建资信业行会，中国新闻网，2004年9月21日。

段走向规范管理的重要转折,也标志着我国评级行业进入持牌经营的新局面。

如前所述,在2005年之前我国公司信用类债券市场监管较为严苛,无论是企业发债数量还是规模都相对较小。因此,评级机构在业务开展上面临着僧多粥少的局面。

表3.4列出了1998—2004年企业债和可转债所对应的评级机构。可以看到,1998年9家中国人民银行批准的评级机构都有评级业务,但随着时间推移,部分评级机构已经完全没有了债券评级业务。此外,一些有评级业务的机构也在逐步演变。例如,中诚信证券评估有限公司在1999年联合国际评级机构惠誉成立了中诚信国际信用评级有限公司;2000年7月,福建省信用评级委员会经历了重组与更名,在北京成立联合资信评估有限公司;深圳市资信评估公司更名为鹏元资信评估有限公司。

表3.4 各评级机构所评定的企业债/可转债数量

年 份	1998	1999	2000	2001	2002	2003	2004
中国诚信证券评估有限公司	16	17	1	1			
中诚信国际信用评级有限公司			1	4	4	14	6
大公国际资信评估有限公司	1	1	1	1	3	10	7
长城资信评估有限公司	1	1					
上海远东资信评估公司	2	3	1			1	3
上海新世纪投资服务公司	4	5	4				
深圳(鹏元)资信评估有限公司	1	7					
云南省资信评估事务所	1	2	3				
辽宁省资信评估有限公司	1						
福建省资信评级委员会	1	1					
联合资信评估有限公司					7	6	12
中诚信国际与大公国际联合评定					2		
被评企业债/可转债总计	28	37	11	6	16	31	28
企业债/可转债总计	31	44	14	6	20	33	29

根据曹晋文(2002)记载,由于企业债评级业务无法支持评级机构的正常运转,部分评级公司改做了会计师事务所、投资银行等其他业务;另

外，部分评级机构采用低价高评级的方式来抢夺市场，扭曲了债券市场的规范运作。

因此，作为企业债的发行审批主管单位，国家发改委在2003年发布了《关于下达国家电网公司等企业债券发行规模及发行审批有关问题的通知》（发改财金〔2003〕1179号），基于中国人民银行1997年的文件，给仍然在做评级业务的5家评级机构——中国诚信证券评估有限公司、大公国际资信评估有限责任公司、上海远东资信评估公司、上海新世纪投资服务公司、联合资信评估公司颁发了第一批发改委牌照。

与此同时，保监会在2003年发布了《保险公司投资企业债券管理暂行办法》，率先认可了由中诚信国际信用评级有限公司、大公国际资信评估有限公司评定的AA级以上企业债券可作为保险公司的投资标的。随后，保监会于同年发布"92号文"和"133号文"，先后增加了联合资信评估有限公司、上海远东资信评估公司和上海新世纪投资服务公司作为其认可的评级机构。

伴随2005年之后公司信用类债券市场的快速扩张，我国评级行业也逐渐迎来春天。随着不同的债券产品由不同监管机构审批，我国评级行业的经营牌照也进入了一个多头监管的局面。2005年重新启动的短期融资券（短融）由中国人民银行监管，而短融的上市场所为银行间债券市场，因此，央行在2005年6月发布了《关于做好银行间债券市场信用评级工作意见》，并对银行间债券市场的评级机构进行了核准。中诚信国际、大公国际、上海新世纪、联合资信和远东国际获得了相应许可。2007年公司债开始发行，作为公司债的发行监管机构，证监会在《公司债券发行试点办法》中提到公司债的信用评级需委托由证监会认定的资信评级机构进行。同年，证监会给中诚信证券评估有限公司、大公国际资信评估有限公司、上海新世纪资信评估投资服务有限公司和鹏元资信评估有限公司颁发了许可。

上述监管机构对评级机构的认可过程实际可以类比于美国SEC颁发的NRSRO牌照。与美国不同的是，我国各监管机构采取了单独颁发许可的模式，未形成一个统一的评级认证模式。表3.5整理了2014年前各监管机构所认可的评级机构情况。不难发现，我国债券市场和评级行业存在明显的多头监管格局。截至2014年,只有三家评级机构拥有全部监管机构的许可。中诚信国际和联合资信两家公司由于当时均为中外合资公司——国际评级机构穆迪占中诚信国际49%股份,国际评级机构惠誉占联合资信49%股份,而证监会2007年出台的《证券市场资信评级业务管理暂行办法》规定参与交易所市场的评级机构需要具备中国法人资格。据《公司法》规定,中诚信国际和联合资信不具备相应资格,因此中诚信与联合资信分别成立了中诚信证券和联合信用作为全资子公司来参与交易所市场的债券信用评级。

表 3.5 截至 2014 年各监管机构认可的评级机构

评级机构[a]	中国人民银行[b]	发改委[c]	证监会[d]	保监会[e]
中债资信评估有限责任公司	√			√
中诚信国际信用评级有限责任公司	√	√		√
中诚信证券评估有限公司			√	
联合资信评估有限公司	√	√		√
联合信用评级有限公司			√	√
鹏元资信评估股份有限公司		√	√	
上海新世纪资信评估投资服务有限公司	√	√	√	
大公国际资信评估有限公司	√	√		
东方金诚国际信用评估有限公司	√	√	√	√
远东资信评估有限公司		√	√	

注:

a. 中债资信评估有限责任公司是一家投资者付费的评级机构,中诚信国际信用评级和中诚信证券评估有限公司同属于中诚信,联合资信评估和联合信用评级同属于联合。我们在3.3节中进一步介绍国内评级机构的发展情况。

b. 人民银行金融市场司于2014年6月发布了《评级结果可以在银行间债券市场使用的评级机构名单》,其中远东资信评估公司不再受人民银行认可,我们在3.3节中介绍原因;此外,根据人民银行公告〔2017〕第7号文件,在银行间债券市场开展评级业务的公司需向交易商协会申请注册,因此,2017年之后主要是交易商协会来核准可以在银行间债券市场使用的评级机构。

c. 国家发改委分别于2008年和2011年为鹏元资信评估股份有限公司和东方金诚国际信用评估有限公司两家评级机构颁发了企业债评级的准入许可;

d. 证监会于2008年、2011年和2014年分别核准了联合信用评级有限公司、东方金诚国际信用评估有限公司和上海远东资信评估有限公司;

e. 保监会于2013年发布了《关于认可7家信用评级机构能力备案的公告》,增加了联合信用评级有限公司、东方金诚国际信用评估有限公司作为其认可的评级机构,并随后增加了中债资信评估有限责任公司作为其认可的评级机构。

3.2.3 市场质疑阶段：2014—2018年

2014年"11超日债"违约事件标志着中国公司债市场开始出现实质性违约，也正式拉开了市场对我国评级机构能力质疑的序幕。①

2012年3月，上海超日发布了公司债券募集说明书，同年4月20日"11超日债"获深交所核准并上市。2012年12月20日，*ST超日发布公告，宣布该公司股票及债券（股票代码"112061"、债券简称"11超日债"）于当日开市起停牌。在此之后，该公司巨额债务违约浮出水面。

鹏元资信作为"11超日债"的信用评级机构，在7日后（12月27日）才下调*ST超日的信用等级，由AA下调为AA-。不仅如此，鹏元资信对"11超日债"定期跟踪评级的进度也相当滞后。*ST超日于2012年4月26日公布了2011年年报，该公司2011年亏损5 478.88万元，净利润同比下降124.85%。而鹏元资信在两个月后（6月28日），才出具了《"11超日债"2012年定期跟踪信用评级报告》，将当期债券信用等级和主体信用等级维持AA级，将评级展望下调为负面。

2013年8月，证监会表示，鹏元资信在超日太阳的评级中存在严重失误。与此同时，深圳证监局对鹏元资信评级公司出具警示函。该警示函表示，鹏元资信存在四项严重失误：一是，在债券发行主体超日太阳的经营环境和财务状况发生重大变化时，鹏元资信未及时出具不定期跟踪评级报告；二是，未按约定在超日太阳2011年年报公布一个月内，出具定期跟踪评级报告；三是，在评级过程中，未遵循已报备的信用评级方法；四是，业务档案中，未留存经营环境分析、债券募集说明书等原始资料。其中，前三项违反了职业规定，第四项则违反了监管要求。警示函要求鹏元资信"对存在的问题予以整改"，并"提交整改报告"。

2014年后，我国债券违约数量和违约金额开始上升，评级结果与市场认知的矛盾愈加明显。在信用事件前，违约的债券评级多为AA级或更高，其中不乏一些AAA级企业，而评级机构会在企业实际违约的前几天，甚至违约之后对评级进行紧急调整，发生断崖式下调（本书将在第4章详

---

① 严格来说，这里的"开始"应理解为"重新开始"。回顾历史，20世纪90年代曾有大量企业债券违约未能如期兑付。

细描述我国评级与违约事件之间的关系）。

以新光债为例，机构投资者自2017年下半年就怀疑新光债的发行主体新光集团存在严重的流动性问题，因此新光债被市场视为垃圾债。"11新光债"和"16新光债"的中债估值到期收益率在2017年年底接近30%。然而，2018年3月和4月，大公国际和联合信用分别将新光集团的主体评级由AA上调至AA+。随后，新光集团于2018年9月25日实质违约，而违约当日，大公国际与联合信用分别将新光集团的评级从AA+大幅调降至C和CC。

3.2.4 行业改革阶段：2018年至今

针对市场对评级机构业务能力的不断质疑，监管机构自2018年开启了对我国评级行业的改革，这一改革阶段持续至今。改革主要包括三个方面：对评级机构的严格监管与处罚、评级市场对外开放和评级业监管政策改革。

1. 对评级机构的严格监管与处罚

对大公的处罚是迄今为止我国监管对评级机构实施的最严重的一次处罚。2018年8月18日，银行间市场交易商协会决定给予大公国际资信评估有限公司严重警告，责令其限期整改，并暂停债务融资工具市场相关业务一年。当天，证监会也宣布了对大公资信的处罚，责令其限期整改，暂停大公资信证券评级业务一年。交易商协会的公告指出，大公评级在为相关发行人提供信用评级服务的同时，直接向受评企业提供咨询服务，收取高额费用。证监会则披露，在对大公进行现场检查的过程中，发现大量问题：一是管理混乱、公章混用；二是为发行人提供咨询，借机收取高额费用；三是高管任职不符合要求；四是评估模型有问题。

继大公国际被停业限期整改之后，东方金诚于2020年12月14日收到了证监会的行政监管措施，期限三个月，期间不得承接新的证券评级业务。该文件提及"（东方金诚）存在以下违规事实：信息系统不符合开展评级业务的内控及合规管理要求。部分项目评级模型定性指标上调理由依据不充分；未对影响受评主体偿债能力的部分重要因素进行必要分析；使用了不满足假设条件的评级模型进行数据分析。"

同年12月29日，交易商协会决定对中诚信国际予以警告，暂停其债务融资工具相关业务三个月，期间不得承接新的债务融资工具评级业务。主要是因为国有企业永城煤电在违约前一个月才刚刚获取中诚信国际给出的AAA级评级。交易商协会在公告中指出，中诚信国际的违规操作主要有三：一是未按相关自律规则对永煤控股开展实地调查访谈，未对永煤集团管理部门及主要业务部门负责人进行现场访谈。二是对了解到的永煤集团和豫能化拖欠薪资、偿债安排、关注类贷款等异常情况，未采取必要措施进行调查核验，未能有效揭示信用风险相关信息。三是质量控制等内控机制未有效执行，合规部门监督审查不到位。

2. 评级业对外开放

对于评级机构存在的问题，监管部门一方面加大了对评级机构不规范行为的处罚，另一方面也在逐步放开中国评级市场，允许外资机构进入。

央行在2017年7月发布中国人民银行公告〔2017〕第7号文件，提出"银行间债券市场对外开放，促进信用评级行业健康发展"，并允许符合条件的境内外评级机构进入银行间债券市场开展业务。2018年3月，银行间债券市场交易商协会发布了《银行间债券市场信用评级机构注册评价规则》。这标志着我国债券评级市场正式对外资开放。

2018年，惠誉宣布已将所持联合资信49%的股权对外出售，开始为在中国独资运营进行筹备。2019年1月，标普获准正式进入中国开展信用评级业务。2020年5月，惠誉成为第二家获准入华的外资评级机构。因此，两大国际评级巨头已经进入中国债券评级市场。①

此外，证监会也放开了对于有合资背景评级公司的限制，在2020年2月批准中诚信国际信用评级有限责任公司开展证券市场资信评级业务。与此同时，公司实际控制人中国诚信信用管理股份有限公司（简称"中诚信"）的全资子公司中诚信证券评估有限公司，将其承做的证券市场资信

---

① 不过，根据交易商协会按季度发布的《债券市场信用评级机构业务运行及合规情况通报》，到2020年年底，标普完成的评级业务仅十几单，且评级对象主要为资产支持证券和金融债；直到2021年1季度才评定了一单公司债。而根据惠誉在交易商协会的注册记录，其在中国的评级业务目前仅局限于金融机构债券和结构化产品。

评级业务转交中诚信国际承继。

3. 评级业监管政策改革

伴随着评级业的对外开放，评级业的监管政策也开始逐步发生变化。

首当其冲的是对评级的多头监管进行改革。2019年11月29日，中国人民银行、发改委、财政部、证监会联合对外公布《信用评级业管理暂行办法》，一改过去评级行业由多个部委"分而治之"的分业监管格局。基于现有监管格局，明确央行为信用评级行业主管部门，发展改革委、财政部、证监会为业务管理部门，依法实施具体监管。

随之而来的是监管机构开始逐步降低对具体信用等级的依赖。例如，2020年8月证监会出台《公司债券发行与交易管理办法（征求意见稿）》，删除了原办法第十九条："公开发行公司债券，应当委托具有从事证券业务资格的资信评级机构进行信用评级。"在第十六条"资信状况符合以下标准的公开发行公司债券，专业投资者和普通投资者可以参与认购"的条件中，也删除了"债券信用评级达到AAA级"。上述调整在2021年2月23日被审议通过，并于2021年2月26日开始公布实施。证监会将证券评级业务由行政许可改为备案管理。

银行间市场交易商协会也出台《关于有关事项的补充通知》，宣布自2021年2月1日起，在债务融资工具注册环节取消信用评级报告的要件要求。同年3月26日，银行间市场交易商协会发布公告称，为促进评级行业和债券市场高质量健康发展，引导评级机构更多从投资人角度出发揭示风险，在前期债务融资工具注册申报环节取消信用评级报告要件要求的基础上，进一步在发行环节取消债项评级强制披露，仅保留企业主体评级披露要求，将企业评级选择权交予市场决定。2021年8月11日，中国人民银行也发布公告，试点取消非金融企业债务融资工具（以下简称债务融资工具）发行环节信用评级的要求。

与上述改革同步发生的还有关于推动评级业发展改革的政策。2021年3月28日，中国人民银行联合发改委、财政部、银保监会和证监会发布了《关于促进债券市场信用评级行业高质量健康发展的通知（征求意见稿）》，该通知于2021年8月6日定稿，于2022年8月6日施行。文件的第一条通知即是"加强评级方法体系建设,提升评级质量和区分度",并且明确提到:"信用评级机构应当长期构建以违约率为核心的评级质量验证机制,制定实施方案,2022年底前建立并使用能够实现合理区分度的评级方法体系,有效提升评级质量。"

3.3 国内主要评级机构及业务情况简介

我们在本节介绍国内主要评级机构的发展情况,并结合3.1.3节中涉及的公司信用债数据,展示国内主要评级机构在公司信用债市场的业务情况。

3.3.1 主要评级机构介绍

表3.6按时间顺序列出了我国10家主要的评级机构,这10家评级机构中9家采用发行人付费模式,仅成立时间最晚的中债资信评估有限责任公司采用投资者付费模式。下面,我们按成立时间顺序介绍这10家评级机构。

远东资信是成立时间最早、资历最深的评级公司,但在2006年,获得远东资信A-1评级(短期主体评级最高级)的"06福禧CP01"发生偿付风险事件。风险暴露后,远东资信迅速将债券评级下调至C,引发市场恐慌。随后在监管机构要求下,远东资信的部分债券评级业务不得不暂停,业务萎缩严重。尽管福禧债最后全额兑付,并未违约,但该事件后,远东资信几乎退出了与其他信用评级公司的竞争。

中诚信国际信用评级有限责任公司的前身是1992年成立的中国诚信证券评估有限公司。在1997年获得中国人民银行的经营核准后,中国诚信证券评估有限公司于1999年与惠誉国际评级有限公司、国际金融公司(IFC)等机构合资成立了中诚信国际信用评级有限责任公司。此后,中诚信回购了惠誉和国际金融公司持有的股份。2006年,穆迪从中诚信手中收购了中诚信国际49%股权。2017年,中诚信国际进行了增资,中诚信所占股份增加至70%,穆迪则占比30%,两者合作至今。此外,如前所述,由于中诚信国际具有外资背景,这也一度影响了其自身获得证监会的评级许可，因而其控股股东成立了全资子公司中诚信证券评估有限公司以获得相应牌照。而随着我国债券市场的对外开放，中诚信国际也获得了证监会的评级许可，并承继了中诚信证券评估有限公司的评级业务。

上海新世纪资信评估投资服务有限公司成立时间较早，也是第一家获得中国人民银行、发改委、原保监会、证监会等所有监管机构认可、具有全部评级资质的信用评级机构。2008年标准普尔与上海新世纪签署战略合作协议，在培训、研究和评级技术等多领域开展合作。

表 3.6　国内主要评级机构情况

评级机构	成立时间	收费模式	截至2021年6月末的股东情况
远东资信评估有限公司	1988年	发行人付费	中开民服健康养老产业发展有限公司、深圳市融美科技有限公司
中诚信国际信用评级有限责任公司	1992年	发行人付费	由中国诚信信用管理股份有限公司控股国际评级机构穆迪持有中诚信国际30%的股权
上海新世纪资信评估投资服务有限公司	1992年	发行人付费	主要股东为个人，其他股东包含中国金融教育发展基金会、上海财大产业投资管理有限公司、申能（集团）公司等
中证鹏元资信评估股份有限公司	1993年	发行人付费	原名为"鹏元资信评估有限公司""深圳市资信评估公司" 于2016年引入大股东中证信用增进股份有限公司
大公国际资信评估有限公司	1994年	发行人付费	于2019年被央企中国国新控股有限责任公司收购并持有58%的股权
中诚信证券评估有限公司	1997年	发行人付费	由中国诚信信用管理股份有限公司独资设立
联合资信评估股份有限公司	2000年	发行人付费	联合信用管理有限公司 Feline Investment Pte. Ltd.（新加坡政府投资公司的全资下属公司） 海南联信嘉禾管理咨询合伙企业
联合信用评级有限公司	2002年	发行人付费	由联合资信评估股份有限公司独资设立
东方金诚国际信用评估有限公司	2005年	发行人付费	控股股东为中国东方资产管理股份有限公司
中债资信评估有限责任公司	2010年	**投资人付费**	由中国银行间市场交易商协会代表全体会员出资设立

中证鹏元资信评估股份有限公司的前身深圳市资信评估公司，也是于 1997 年拿到中国人民银行经营核准的评级机构，公司后更名为鹏元资信评估有限公司，在 2014 年 11 超日债违约后，鹏元资信作为上海超日的评级机构受到证监会警示。随后，鹏元资信于 2016 年引入大股东中证信用增进股份有限公司，并更名为中证鹏元资信评估股份有限公司。公司于 2019 年获得交易商协会核准从事银行间债券市场评级业务的资格。

大公国际资信评估有限公司也拥有政府监管部门批准的全部评级资质。于 2018 年遭到证监会和交易商协会处分后，大公国际于 2019 年 4 月与中央企业中国国新控股有限责任公司（中国国新）进行了战略重组，并于 2019 年 11 月全面恢复其评级业务。

联合资信评估股份有限公司的前身为福建省资信评级委员会，并于 2005 年和惠誉开展技术合作。2008 年 5 月，惠誉正式持有联合资信 49%的股权。与中诚信国际出于同样的原因，联合资信成立了全资子公司联合信用评级有限公司以获得证监会的评级许可。随着 2018 年以来我国评级业对外开放，惠誉将其持有的股份出售给了新加坡政府投资公司全资子公司 Feline Investment Pte.Ltd.。

东方金诚国际信用评估有限公司是国内成立时间最晚的发行人付费评级机构。但由于评级违规行为，2020 年 12 月，东方金诚步大公国际后尘，成为第二家遭到监管暂停业务的评级机构。

中债资信评估有限责任公司成立于 2010 年 9 月，是由中国银行间市场交易商协会代表全体会员出资设立的。其运营模式与其余 9 家评级机构不同，采用的是投资人付费营运模式。中债资信的评级受交易商协会与原保监会的认可；此外，中债资信于 2014 年向证监会申请了评级业务许可，但于 2016 年撤回了该申请。因此，中债资信目前仍然未获取证监会和发改委的评级业务核准。

3.3.2 发行人付费评级的收费标准

我们在第 1 章的附录中介绍了国外评级机构的收费标准，那么国内评级机构的收费标准如何？与国外评级机构按行业、债券规模及产品复杂程度来决定费用的情况不同，国内评级机构采取的收费标准更像是按单收费——我国评级业务的收费标准是由大公国际、联合资信、上海新世纪、远东资信和中诚信国际这 5 家机构于 2007 年协商形成的，这 5 家机构形成了一份《银行间债券市场信用评级机构评级收费自律公约》，并列明了各类债券类产品的评级最低收费标准。[①] 我们从中节选了与公司信用类债券相关的部分：

（一）短期融资券评级收费标准

短期融资券评级分别出具企业主体信用评级报告和短期融资券债项信用评级报告。

1. 企业主体信用评级标准

企业主体信用评级收费不应低于 10 万元。

评级报告有效期截止于该企业"发行备案通知书"批准发行的短期融资券最后一笔本息偿付日。

在评级报告有效期内，自报告出具之日起，**每年出具定期的跟踪评级报告。跟踪评级不收费。**

2. 债项信用评级标准

（1）**债项信用评级收费不应低于 15 万元。**

评级报告有效期截止于该笔短期融资券本息偿付日。

在评级报告有效期内，自报告出具之日起，每半年出具定期的跟踪评级报告。跟踪评级不收费。

（2）企业同时发行多期短期融资券时，评级机构应对各期短期融资券分别出具评级报告；但是只收取一期债项费用，即最低 15 万元。

（3）本期短期融资券评级在上期评级报告有效期内，且出现以下情况时，应进行新的信用评级，并收取评级费用；但评级收费减半收取，即最低 7.5 万元。一是本期短期融资券发行与上期短期融资券发行之间的间隔大于 6 个月；二是虽然间隔不足 6 个月，但期间企业发布了新的年报、

---

① 这一费用在 2021 年证监会和交易商协会取消强制评级后，开始发生上调，根据财联社（2021）的报道，最新的收费标准为：企业主体信用评级收费不应低于 25 万元，债项信用评级收费不应低于 20 万元，单笔债券评级收费不应低于 45 万元。跟踪评级收费不应低于 10 万元，数据更新收费不应低于 10 万元。

半年报。

（4）出现以下情况时，评级机构应进行跟踪评级，并出具跟踪评级报告：一是短期融资券实际发行日期与信用评级报告出具日期间隔大于或等于6个月；二是虽然间隔不足6个月，但期间企业发布了新的年报、半年报。

（二）长期债券评级收费标准

1. 在银行间债券市场发行的企业债券、可转换公司债券、中期票据等债券

单笔债券评级收费不应低于25万元。

2. 在银行间债券市场发行的金融债（包括商业银行、证券公司、财务公司等金融机构所发行任何债券）

单笔金融债评级收费不应低于35万元。

3. 跟踪评级

在长期债券的存续期内，自发行后次年开始，应按年度收取跟踪评级费用，跟踪评级收费标准为每年按初始评级费的20%收取。

由于评级机构的收费大致是按单进行，这也使得我国评级机构需要通过激烈的市场竞争来赚取收入。接下来我们进一步讨论我国评级机构的业务情况。

3.3.3 主要评级机构业务情况

1. 通过发债时点评级来考察评级机构的业务情况

我们首先沿用3.1.3节中从WIND提取的公司信用类债券数据来分析国内主要评级机构的业务情况。如前所述，公司信用债从2005年起才开始迅速发展，因此我们使用了从2005年起的前述债券数据共60 668条。其中，12 300只债券在发行时点没有评级，而48 368只债券在发行时点有评级。[①]

我们围绕这48 368只债券的评级和评级机构做详细分析。中国公司

---

① 没有评级的债券中有97.73%的债券为私募债和定向工具，按证监会的要求，这两类债券在发行时不需要评级信息。

信用类债券市场上尚未引入多评级制度（仅资产证券化产品和超短融产品要求双评级，且其中一个评级需来自于中债资信），也即一只债券目前最多只需一家评级机构评定。实际中，47 867 只债券均只有一家评级机构，仅 495 只债券有 2 家评级机构评定，6 只债券有 3 家评级机构评定，占比分别为 1.02% 和 0.01%。对于这 501 只由多家评级机构评定的债券，我们均算为相应评级机构评定的债券。

我们在表 3.7 中给出了 2005—2020 年公司信用债发行时点各评级机构评定的债券数量。不难发现，在 2018 年大公国际被处罚前，公司信用类债券市场下，中诚信国际、联合资信、上海新世纪和大公国际的市场份额较大。2017 年末，四家的份额占 85%。但在 2018 年大公国际遭处罚之后，其份额快速下降，而中诚信国际和东方金诚的市场份额有所上升。尽管远东国际成立时间较早，但由于 2006 年信用风险事件，其几乎没有什么评级业务。

值得说明的是，标准普尔在中国独立开展业务的时间为 2019 年，但 WIND 数据记录，中国铝业股份有限公司和华能国际电力股份有限公司在 2005 年与 2006 年的 6 只债券对应的评级机构为标准普尔。

从评级机构的收费来源来看，对于上述 48 368 只债券，其中 48 020 只债券（占比为 99.28%）在发行时点由评级机构给出了发行人主体评级；而 32 593 只债券（占比为 67.39%）在发行时点具有债券评级。由于中债资信是投资者付费，其主要披露发行人主体评级，从 WIND 数据来看，公司信用债在发行时点并没有中债资信承揽的债券评级业务。

2. 通过主体评级记录来考察评级机构的业务情况

为了进一步了解评级机构在我国债券市场的业务情况，我们从 WIND 提取了上述债券所对应发行主体的主体评级记录（包括了跟踪评级记录）。[①]

[①] 考察发行人主体评级的另一个好处是相应评级机构即使没有获得相应债券品种的评级许可，也可以给出主体评级。例如，评级机构 A 可以评定短融、中票，并不能参与公司债的评级，但通过给出主体评级，也能表达评级机构对于发债公司信用水平的看法。

表 3.7 国内主要评级机构的业务情况——公司信用债券发行时点

年份	2005	2006	2007	2008	2009	2010	2011	2012	2013	2014	2015	2016	2017	2018	2019	2020
Panel A：历年各评级机构评定的债券数量																
标准普尔	3	3	3													
远东资信	5	31	3	1						1		3		2	2	26
中诚信国际	53	109	132	148	216	304	393	623	661	925	1 345	1 616	1 425	2 203	3 124	4 136
上海新世纪	10	13	15	29	73	112	188	304	342	444	662	824	582	785	1 019	1 471
中证鹏元				2	27	29	62	276	220	268	145	291	194	127	215	399
大公国际	21	75	90	84	150	202	262	473	433	609	896	949	759	826	263	297
中诚信证评			5	12	16	9	39	56	41	30	53	199	80	27	11	13
联合资信	25	65	113	121	189	210	366	421	395	596	941	1 233	988	1 536	1 946	2 655
联合信用		2	3		3	9	21	48	43	56	166	354	149	128	54	36
东方金诚								3	15	60	146	222	210	287	663	796
Panel B：历年各评级机构评定的债券占比																
标准普尔	3%	1%	1%	0%							0%	0%	0%	0%	0%	0%
远东资信	4%	10%	37%	37%	32%	35%	30%	28%	31%	31%	31%	28%	32%	37%	43%	42%
中诚信国际	45%	37%	37%	7%	11%	13%	14%	14%	16%	15%	15%	14%	13%	13%	14%	15%
上海新世纪	9%	4%	4%	1%	4%	3%	5%	13%	10%	9%	3%	5%	4%	2%	3%	4%
中证鹏元	18%	25%	25%	21%	22%	23%	20%	21%	20%	20%	21%	17%	17%	14%	4%	3%
大公国际			1%	3%	2%	1%	3%	3%	2%	1%	1%	3%	2%	0%	0%	0%
中诚信证评	21%	22%	31%	30%	28%	24%	27%	19%	18%	20%	22%	22%	23%	26%	27%	27%
联合资信		1%	1%	0%	0%	1%	2%	2%	2%	2%	4%	6%	3%	2%	1%	0%
联合信用								0%	1%	2%	3%	4%	5%	5%	9%	8%
东方金诚																

表 3.8 各评级机构每年发布的主体评级记录

年份	2005	2006	2007	2008	2009	2010	2011	2012	2013	2014	2015	2016	2017	2018	2019	2020
远东资信	0	2	4	1	1	1	0	0	0	2	6	6	6	11	28	50
中诚信国际	3	50	179	255	351	499	707	975	1 165	1 405	1 559	1 484	1 532	1 802	2 054	3 690
上海新世纪	0	4	24	54	121	210	341	581	797	950	1 145	1 181	1 075	1 202	1 376	1 560
中证鹏元	0	0	2	6	35	84	191	465	617	867	925	1 116	1 148	1 072	1 044	1 175
大公国际	0	33	90	130	210	345	548	835	941	1 070	1 204	1 188	1 109	996	696	760
中诚信证评	0	0	11	28	57	53	94	141	153	175	317	668	730	1 001	1 195	81
联合资信	2	45	210	224	318	405	610	659	839	1 001	1 176	1 217	1 223	1 391	1 460	1 782
联合信用	0	0	0	0	6	10	26	80	88	147	360	639	714	898	1 037	1 073
东方金诚	0	0	0	0	0	0	0	3	25	124	289	383	464	644	987	1 165
中债资信	0	0	0	0	0	0	24	203	780	811	749	818	559	1 617	2 291	25
总计	0	2	4	1	1	1	0	0	0	2	6	6	6	11	28	50

如前所述，截至 2020 年末共 7 738 家企业有公司信用类债券的发行记录，其中 6 713 家企业拥有主体评级记录 82 920 条。① 我们剔除了由 3 家国际评级机构（穆迪、标普和惠誉）给出的 1 254 条评级记录和由联合评级国际有限公司（总部位于香港，主要负责联合集团的国际评级业务）给出的 10 条记录，最终保留了 10 家国内评级机构针对 6 711 家企业给出的 81 656 条评级记录。

表 3.8 给出了各评级机构历年发布主体评级记录的情况，我们用灰度区域来标注历年评级记录的多寡程度，灰度越深则表明评级记录越多，相应的评级机构则越活跃。

不难发现，WIND 数据库所记录的最早主体评级数据源自 2005 年，也即国内公司信用债市场开始迅速发展的起始年份。中诚信国际几乎在每年都发布最多的主体评级记录，是国内市场上最活跃的评级机构。但在 2018—2019 年，中债资信的活跃度快速上升，分别发布了 1 617 条与 2 291 条评级记录，其评级业务活跃程度一度超过中诚信国际。此外，各家发行人付费评级机构的活跃程度都在上升，表现为灰度区域随时间推移呈现变深的趋势。

值得注意的是，2020 年起中诚信证评所发布的评级记录与中债资信所发布的评级记录迅速下降。对于中诚信证评而言，前文也已经说明，其从 2020 年起将原承揽的评级业务交由中诚信国际承继。而对于中债资信，我们查阅了其官方网站，并确认了其从 2020 年起不再对外公开披露评级记录。

3.4　本章小结

本章旨在帮助读者了解中国信用评级行业的基本情况，为后续进一步分析我国信用评级的特点和评级业存在的问题做铺垫。

本章主要介绍了我国公司信用类债券市场以及信用评级行业的发展过程。通过这些介绍，相信读者能初步了解我国公司信用债市场的发展脉络，

---

①　其余 1 025 家公司在 2020 年末没有评级记录，其中 950 家公司仅发行过定向工具或私募债，其他公司的发债时点较早，在其发债时段尚无主体评级。

以及评级行业是如何伴随我国公司信用债市场发展而逐渐成长的。

从我国信用评级行业的发展不难看出，由于我国公司信用债市场存在多头监管，致使我国评级行业在不同的市场也面临着不同监管机构。因此，我国评级业务的开展也受到多头监管这一现实情况的影响。在评级机构实际运作的过程中，评级对违约的预警作用不断遭受市场质疑，这也使得近年来关于我国信用评级市场的改革不断加速。

最后，本章结合实际的公司信用债数据展示了我国主要评级机构的业务发展情况。与美国市场相似，我国评级业也呈现出发行人付费评级机构占主导的格局。此外，我们介绍了国内评级机构的收费标准，并结合评级机构的实际业务情况介绍了国内评级机构的市场份额，其中，中诚信、联合资信和上海新世纪三家机构目前占据了较为主导的地位。当然，由于目前我国正处在评级行业改革的阶段，这一市场份额也可能随时会因为监管标准提高以及外资机构的进入而发生变化。

参考文献

[1] 安义宽. 2002. 我国企业债券市场发展情况、存在问题与对策 [EB/OL]. 中国债券信息网：https://www.chinabond.com.cn/cb/cn/yjfx/zjgd/qtzj/20080920/961220.shtml.

[2] 曹晋文. 2002. 中国当前资信评级业存在的问题及发展对策 [J]. 北方经贸，（1）：21-22.

[3] 陈怀海. 2003 中国资信评级业：繁荣与隐忧 [J]. 银行家，（11）：70-73.

[4] 李慧敏. 评级收费翻倍涨价本月实施！信评机构暗戳戳签约结盟集体涨价，中国评级行业顽疾该怎么破？ [EB/OL]. 财联社，2021 年 6 月 3 日．

[5] 联合资信. 2018. 债市"排雷"——债券市场违约问题研究 [M]. 北京：中国金融出版社．

[6] 袁永祥. 1995. 中国资信评级业的发展现状与问题 [J]. 投资理论与实践，（7）：27.

[7] 中国证券监督管理委员会. 2008. 中国资本市场发展报告 [M]. 北京：中国金融出版社．

[8] 中国金融学会. 1987. 1987 中国金融年鉴 [M]. 北京：中国金融出版社．

[9] 银行间债券市场信用评级机构评级收费自律公约，2007.

[10] 周荣芳. 2005. 商业票据市场的比较研究 [J]. 银行家，（7）：48-50.

第 4 章 中国信用评级：特征事实与国际对比 [①]

我们在上一章概述了我国债券市场和评级行业的发展脉络，并介绍了我国主要的评级机构。读者可以发现，我国评级行业自 2014 年以来开始不断遭受市场的质疑，并自 2018 年开启了行业改革。

要理解我国评级为何遭到质疑，我们需要了解评级的特征。但是，仅依赖于国内机构评级的特征来对我国评级行业做出评价并不完整，因此，我们在本章中将我国信用评级特征与国际评级机构标准普尔的评级特征进行了对比分析。[②] 我们希望通过本章的分析帮助读者了解中外评级体系的差异，并为后续深入探讨我国评级做铺垫。

本章的安排如下：第 4.1 节对所用数据进行介绍并做简单的描述性统计；第 4.2 节对国内机构评级与标准普尔评级的分布进行对比分析；第 4.3 节考察国内机构评级与标准普尔评级的变动规律；第 4.4 节对比分析国内机构评级和标准普尔评级在违约前的变动情况，并给出了国内机构评级与标准普尔评级所对应的实际违约率；第 4.5 节总结本章内容。

4.1 评级数据说明

4.1.1 中国评级数据

我们沿用了上一章的数据，也即我们考察了截至 2020 年末有过公司

[①] 本章的主要内容基于我们发表在 2021 年第 5 期《金融市场研究》上的文章，但是我们对数据和部分内容进行了更新和调整。

[②] 本文选取标准普尔评级进行对比，主要是基于国内实践和监管规定。中国人民银行于 2006 年出台了《中国人民银行信用评级管理指导意见》，并将国内评级统一为标准普尔的评级形式，在这一形式下："除 AAA 级、CCC 级以下等级外，每一个信用等级可用'+''-'符号进行微调，表示略高或略低于本等级。"因此，国内评级在符号上是与标准普尔评级相一致的，方便进行对比；另一方面，标准普尔也是评级行业的国际领头者，与标准普尔评级进行对比，有助于我们了解中国评级与国际评级的异同。

信用类债券发行记录的 6 711 家企业的长期主体评级信息。如上一章所示，截至 2020 年末，国内 10 家评级机构共给出了 81 656 条评级记录，我们进一步在表 4.1 中给出了截至历年末拥有长期主体评级的企业数量及相应评级机构评定的企业数量。

Panel A 中描述了截至历年末有长期主体评级的企业数量。随着我国债券市场快速发展，拥有主体信用评级的企业快速增长。大部分拥有主体信用评级的企业是国有企业，非国有企业仅占 25% 左右。截至 2020 年末，拥有过主体信用评级的 A 股上市公司有 1 434 家，占所有拥有主体评级的企业的 21%。

Panel B 汇报了各评级机构历年累计评定的企业数目。截至 2020 年末，中债资信为 2 605 家债务主体提供了主体评级，其中 2 602 家债务主体也被发行人付费的评级机构覆盖，仅 3 家公司的主体评级单独采用投资者付费模式。在发行人付费的评级机构中，中诚信国际覆盖了最多的债务主体，占有信用评级企业的 1/3。

4.1.2 标准普尔评级数据

本章共使用了两种标准普尔评级数据，我们主要对比的数据直接取自标准普尔于 2021 年发布的年度评级总结报告《2020 年度全球公司违约及评级迁移研究》（2020 Annual Global Corporate Default and Rating Transition Study）。这一评级报告提供了标准普尔评级 1981—2020 年的整体情况，也构成了本章对比分析的基准。但是，标准普尔并没有在其年度报告中披露其评级的整体分布情况，因此我们参考 Alp（2013）和 Baghai 等（2014）通过 COMPUSTAT 获取北美数据库（美国及加拿大）各家公司的标准普尔长期主体信用评级。COMPUSTAT 提供了从 1985 年至 2017 年 2 月的标准普尔长期主体评级数据，因此我们的标准普尔评级数据分布期限为 1985 年至 2016 年末。

表 4.2 描述了两个数据源涉及的公司数量。年度报告中的数据为标准普尔的全球评级数据，存续公司数是指那些年初及年末都拥有标准普尔评级的公司。COMPUSTAT 中的标准普尔评级数据为月度面板数据。对此，我们给出了两种统计结果，与表 4.1 相一致，我们首先给出有标准普尔评

表 4.1 截至历年末拥有长期主体评级的企业数量及各评级机构评定的企业数量

年份	2005	2006	2007	2008	2009	2010	2011	2012	2013	2014	2015	2016	2017	2018	2019	2020
Panel A: 截至历年末有长期主体评级的企业数量																
有主体评级企业数量	3	90	333	469	699	973	1 397	2 175	2 753	3 340	3 912	4 658	5 135	5 506	6 016	6 711
其中: 国有企业数量	3	84	285	401	603	832	1 141	1 701	2 096	2 569	2 993	3 524	3 875	4 146	4 535	5 071
其中: 国有企业占比/%	100	93	86	86	86	86	82	78	76	77	77	76	75	75	75	76
其中: A股上市公司数量	1	30	101	133	198	267	388	565	673	751	850	961	1 059	1 150	1 276	1 434
其中: A股上市公司占比/%	33	33	30	28	28	27	28	26	24	22	22	21	21	21	21	21
Panel B: 评级机构评定的企业数量（累计值）																
远东资信		1	3	4	4	4	4	4	4	6	8	11	11	14	30	60
中诚信国际	2	35	126	179	249	332	450	637	748	879	1 008	1 176	1 307	1 461	1 664	2 260
上海新世纪		3	17	37	76	144	228	378	520	655	793	928	1 019	1 105	1 250	1 425
中证鹏元			2	2	30	58	128	369	545	718	836	1 019	1 147	1 228	1 345	1 534
大公国际		20	88	127	194	269	364	552	674	795	904	1 016	1 098	1 153	1 170	1 240
中诚信证评			5	16	35	45	84	120	146	172	289	537	683	844	1 044	1 084
联合资信					5	9	24	61	93	140	306	521	674	780	935	1 113
联合信用	1	32	111	161	230	285	388	482	581	709	854	986	1 094	1 211	1 343	1 511
东方金诚								3	19	87	197	289	380	489	698	878
中债资信						20	186	477	756	883	1 261	1 527	2 223	2 595	2 605

级的公司数量累计值，也即从1985年至该年年末，有多少北美企业拥有标准普尔评级。不难发现，截至2016年末，标准普尔在北美市场评定的企业数要远多于中国任意一家评级机构在中国市场评定的企业数。为了和标准普尔评级报告中的数据进行对比，我们也统计了在年初和年末都拥有标准普尔评级的北美企业，并汇报在相应的存续公司数中。表4.2的最后一列汇报了标准普尔北美存续公司数占标准普尔全球存续公司数的比值，该值从1985年的65%下降至2016年的25%。随着时间推移，标准普尔的评级逐渐从北美市场拓宽到了全球更多地区。但总体而言，北美市场的占比相对较高，说明使用COMPUSTAT数据有一定的参考价值。

表4.2　标准普尔评级数据说明

年度	数据来源：标准普尔年度报告	数据来源：COMPUSTAT		（2）/（1）
	存续公司数（1）	累计公司数	存续公司数（2）	
1981	1 350			
1982	1 399			
1983	1 421			
1984	1 511			
1985	1 599	1 288	—	
1986	1 835	1 542	1 207	65.78%
1987	1 991	1 760	1 301	65.34%
1988	2 081	1 881	1 374	66.03%
1989	2 122	1 976	1 371	64.61%
1990	2 117	2 023	1 344	63.49%
1991	2 053	2 081	1 304	63.52%
1992	2 137	2 184	1 299	60.79%
1993	2 321	2 372	1 301	56.05%
1994	2 553	2 523	1 417	55.50%
1995	2 862	2 703	1 464	51.15%
1996	3 117	2 926	1 557	49.95%
1997	3 478	3 184	1 674	48.13%
1998	4 068	3 642	1 676	41.20%
1999	4 518	3 917	1 960	43.38%
2000	4 670	4 144	2 059	44.09%
2001	4 745	4 359	2 038	42.95%

续表

年度	数据来源：标准普尔年度报告	数据来源：COMPUSTAT		（2）/（1）
	存续公司数（1）	累计公司数	存续公司数（2）	
2002	4 780	4 540	2 029	42.45%
2003	4 777	4 690	2 047	42.85%
2004	5 011	4 812	2 080	41.51%
2005	5 301	4 941	2 034	38.37%
2006	5 460	5 045	2 003	36.68%
2007	5 648	5 160	1 940	34.35%
2008	5 723	5 221	1 920	33.55%
2009	5 607	5 272	1 868	33.32%
2010	5 305	5 372	1 825	34.40%
2011	5 621	5 468	1 825	32.47%
2012	5 803	5 565	1 823	31.41%
2013	6 036	5 675	1 833	30.37%
2014	6 478	5 812	1 883	29.07%
2015	6 895	5 886	1 844	26.74%
2016	6 902	5 964	1 773	25.69%
2017	6 877			
2018	6 966			
2019	7 234			
2020	7 222			

4.2　主体评级的分布特征

本节给出国内机构评级的分布特征，并利用 COMPUSTAT 数据对比分析了北美市场标准普尔评级的分布特征。

4.2.1　评级整体分布

图 4.1 给出了国内机构评级和北美市场标准普尔评级的整体分布特征，为统一分析框架，对于国内机构评级，我们仅保留公司—评级机构组合在每年的最后一条评级记录；对于标准普尔评级，我们也仅选取每家公司每年的最后一条评级记录。

第4章 中国信用评级：特征事实与国际对比

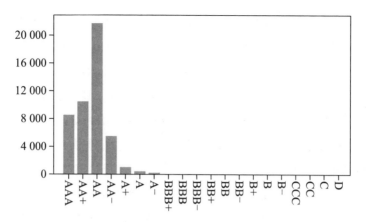

（a）评级分布（发行人付费，2005—2020年）

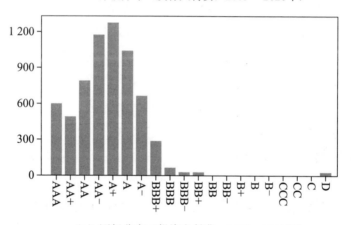

（b）评级分布（投资者付费，2011—2019年）

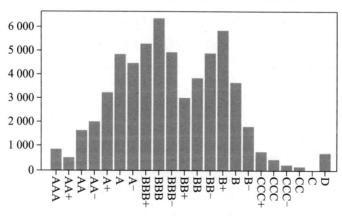

（c）评级分布（标准普尔，1985—2016年）

图 4.1　各主体评级记录整体分布

图 4.1（a）展示了国内发行人付费评级机构的评级分布特征，统计的时间范围为 2005—2020 年。不难发现，发行人付费评级主要集中在 AAA、AA、AA+ 和 AA- 四个等级，而低等级评级的占比极低。此外，值得注意的是，国内发行人付费评级机构从未给出 D（违约）评级，实际上国内评级机构对于已经违约的企业评级通常只给到 C。

图 4.1（b）展示了国内投资者付费（中债资信）的评级分布特征，由于中债资信自 2010 年成立，WIND 从 2011 年开始有观测数据，而根据表 3.8，中债资信在 2020 年不再对外公开披露其主体评级数据。因此针对中债资信，我们统计的时间范围为 2011—2019 年。对比国内发行人付费的评级而言，中债资信的评级相对较低。其评级主要集中在 AA-、A+ 和 A 三个等级，低于 BBB-（国际标准的投资级门槛）的观测值也相对较少。

图 4.1（c）展示了标准普尔在北美市场的评级分布特征，统计时间范围为 1985—2016 年。标准普尔评级分布相对均匀，大部分公司的观测值集中在 BBB 到 B 之间，并在 BBB 和 B+ 两处形成了双峰值。标准普尔的高信用等级公司相对较少，在 1985 年至 2016 年的 32 年间，仅 886 家公司年度观测值有 AAA 评级。而标准普尔在这 32 年间向 682 家公司给出了 D 评级。

值得注意的是，尽管中国人民银行在 2006 年对国内评级参照标准普尔评级进行了符号上的统一，但国内评级机构给出的评级仍然与标准普尔评级有细微的差异。例如，国内评级机构在 CCC 这一等级并没有进行进一步的细化，也即国内评级机构没有给出过 CCC± 评级。又如，中债资信还有 AAA+ 和 AAA- 两个等级。因此，为方便比较，本文将 AAA± 这两个评级汇总至 AAA 评级之下，并在国内机构评级分布上只汇报 CCC 评级，而非按照标准普尔的评级标准汇报 CCC+、CCC 和 CCC-。

4.2.2 评级分布的时间趋势

上一小节展示了国内机构评级与标准普尔评级的整体分布，本节进一步介绍它们随时间的变化情况。图 4.2 展示了评级占比随时间的变化趋势，其中横轴表示年份，纵轴汇报了各评级在各年的占比。

第4章 中国信用评级：特征事实与国际对比

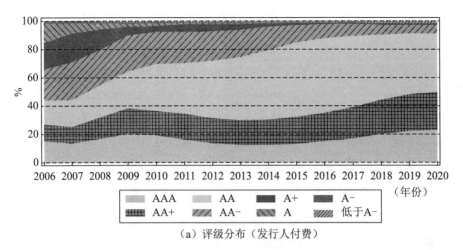

(a) 评级分布（发行人付费）

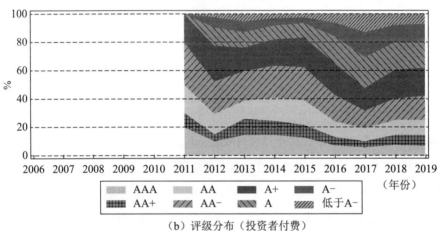

(b) 评级分布（投资者付费）

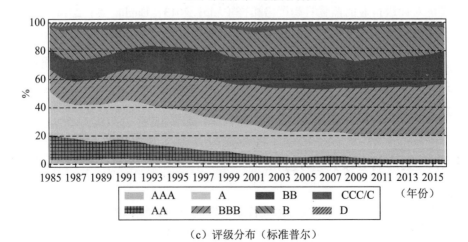

(c) 评级分布（标准普尔）

图 4.2 各主体评级记录占比随时间的变化情况

图 4.2（a）展示了国内所有发行人付费评级机构年末评级记录分布情况。如表 3.8 所示，2005 年仅有三家发行人—评级机构的记录，因此我们从 2006 年起进行绘制。从时间趋势来看，发行人付费评级呈现逐渐升高的态势，AAA、AA+ 和 AA 三个等级的占比从 2006 年的 45% 左右，逐渐上升到 2020 年末的 90% 以上；其中 AAA 和 AA+ 评级记录的比例近年来上升较多。在 2014 年，AAA 和 AA+ 的占比分别为 12% 和 18%，而在 2020 年末，两者的占比分别为 23% 和 27%。

图 4.2（b）展示了投资者付费（中债资信）的评级记录分布。从时间趋势来看，中债资信的评级呈现逐渐变低的态势，高等级评级的占比随时间逐步下降，例如 A+ 及以上的评级记录在 2011 年末占 100%，而 2019 年末，A+ 及以上的评级记录占比仅略高于 60%。此外，相比于发行人付费机构的评级记录，中债资信的评级记录分布相对更为分散，AAA～A- 共七个等级的占比才达到 90% 以上。

图 4.2（c）展示了标准普尔主体评级 1985 年至 2016 年年末的评级分布。为了便于展示，我们将细分评级按评级大类进行了汇总，例如我们将 AA± 均汇报于 AA 等级之中。从时间趋势来看，标准普尔评级呈现逐渐变低的态势，例如 AAA 和 AA 这样的高等级标准普尔评级，从 1985 年 20% 左右占比下降到 2016 年末 3% 左右的占比。不难发现，在标准普尔的长期主体评级中 BBB 等级占到了较大比重，从 1985 年的 16% 到 2016 年末的 36%。这与美国对评级行业的监管日趋严格相符（Alp，2013；Baghai 等，2014）。

比较结果表明，我国无论是发行人付费还是投资者付费，主体信用评级整体都相对标准普尔评级偏高。从时间维度来看，国内发行人付费模式下的评级有逐渐走高的趋势，而我国投资者付费模式下的评级有逐渐走低的趋势，这一走低趋势和标准普尔北美评级的变动趋势是相似的。

4.3 主体评级的变动特征

上一节展示了我国评级与标准普尔评级的分布特征，本节进一步比较我国评级与标准普尔评级的变动情况。本节首先介绍评级的更新频率，随后展示国内机构评级和标准普尔评级的调整情况，最后参照标准普尔给出评级迁移矩阵。

4.3.1 评级更新频率

要考察评级变动，需要首先了解评级的更新频率。根据我国监管规定，评级机构需要定期跟踪评级，一年至少发布一次跟踪评级。例如，对于公司债，证监会 2015 年印发的《公司债券发行与交易管理办法》规定"公司债券的期限为一年以上的，在债券有效存续期间，应当每年至少向市场公布一次定期跟踪评级报告"；对于企业债，发改委在《关于进一步改进和加强企业债券管理工作的通知》中规定"在企业债券存续期内，发行人应当委托原信用评级机构每年至少进行一次跟踪评级，并于信用评级机构出具企业债券跟踪评级结果之后十五日内，将跟踪评级结果报国家发展改革委及省级发展改革部门，并公开披露"。

表 4.3 计算了各家评级机构针对同一家企业相邻两次评级的时间差（以天为单位）。表 4.3 的第一行汇报了国内所有评级机构的评级更新频率，平均而言，国内各家评级机构每 239 天做一次评级更新，这一评级更新频率的中位数为 225 天，与均值较为接近。结果表明国内评级机构更新评级的频率为 8 个月左右。更新频率的 5 分位数表明，新评级发布的时间差也可能很短，例如有 5% 的情况，评级机构在不到 1 个月之内就发布了新评级报告。

表 4.3　2005—2020 年评级机构主体评级更新频率　　单位：天

	观测值	均值	标准差	P5	P25	P50	P75	P95
全部评级机构	67 943	239	195	20	93	225	363	438
远东资信	58	274	166	21	92	330	377	496
中诚信国际	15 450	201	216	16	64	160	318	405
上海新世纪	9 196	216	162	17	80	200	355	410
中证鹏元	7 213	310	126	58	254	357	371	440
大公国际	8 915	238	174	23	101	232	364	426
中诚信证评	3 620	243	166	23	99	258	364	402
联合资信	11 048	212	195	18	76	182	341	418
联合信用	3 965	240	175	21	91	249	363	409
东方金诚	3 206	218	149	18	77	211	361	407
中债资信	5 272	357	268	57	188	321	402	953

各家评级机构的评级更新频率也不尽相同，国内市场份额最大的两家发行人付费评级机构——中诚信国际和联合资信，发布评级报告的频率相对更高，从中位数来看，这两家机构有一半的评级报告是在 160 天和 182 天内发布的，也即一年能给出两次跟踪评级报告。在发行人付费的评级机构中，远东资信和中证鹏元两家评级机构的跟踪评级报告发布频率相对较低，从中位数来看，这两家机构更新评级的时间间隔分别为 330 天和 357 天，差不多一年发布一次跟踪评级信息。中债资信的评级跟踪报告发布频率也相对较低，从中位数来看，其更新评级的频率接近 11 个月；从均值来看，其评级更新的频率基本为一年一次。

由于 COMPUSTAT 提供的评级数据已经反映了各公司—月度的最新评级，因此本节无法给出标准普尔评级更新的实际频率。不过其 2019 年 3 月发布的"General Description of the Credit Rating Process"中提到了评级的更新频率：标准普尔至少 1 年会对其评级更新一次，其更新结果可能是维持原评级，也可能会调整评级[①]。

4.3.2 评级调整的整体情况

本节参考标准普尔的做法，考察评级调整的整体情况。具体而言，我们考察评级在历年的上调与下调情况。我们将每家公司—评级机构的评级记录转变为月频，每个月我们仅保留距离本月末最近的一条评级记录。根据上一节中的数据结果和监管依据，评级机构更新评级的频率多在一年之内，而监管机构亦规定评级机构一年至少发布一次跟踪评级，因此如果最新评级记录的评级时间与当前月份的时间差超过 12 个月，我们则将当前月份评级设为缺失，以确保评级的有效性。随后，我们仅保留每年末的每条记录，并将上年末（也即当年初）的评级记录与之进行匹配，在保留能匹配的样本后，我们进而计算年末较年初评级的上调和下调比率。图 4.3 展示了国内机构评级与标准普尔评级的上调与下调情况。

---

① 原文为：S&P Global Ratings surveils its outstanding Credit Ratings on an ongoing basis and also performs a review of such Credit Ratings on at least an annual basis.

第4章 中国信用评级：特征事实与国际对比

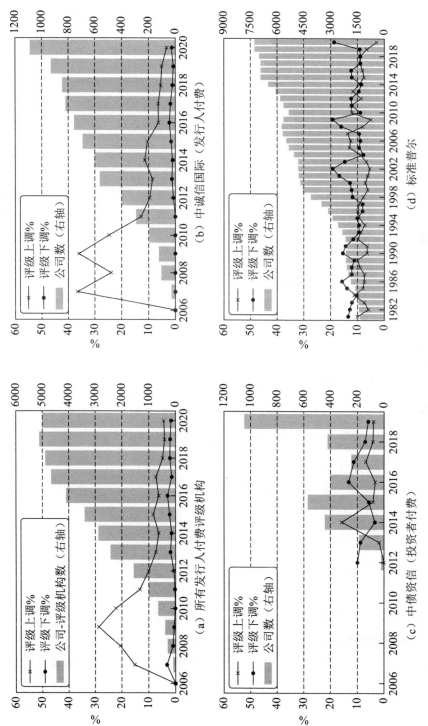

图4.3 年末评级较年初评级的变动情况

图4.3（a）给出了所有发行人付费评级机构的年度评级变动情况。我们用柱状图画出了历年的公司—评级机构数量，在2011年前评级机构所覆盖的公司数目在1 000家左右，而到2020年之后这一数目已经增长到5 000家左右，表明我国债券市场发展非常迅速。我们分别绘制了历年评级上调与下调的情况，评级上调率在2009年前上升较快，最高时达到近30%；随后开始下降，在2020年末评级上调率为4.53%。评级下调率没有出现过剧烈的变化，在2007年下调比率最高为3.26%，在2020年末下调率为1.61%。评级下调比率在历年均远低于评级上调率。值得注意的是，我国发行人付费评级机构在2019年和2020年的评级上调率分别为4.10%和4.53%，而下调率分别为1.99%和1.61%。这一结果表明，即使2020年经历了新冠肺炎疫情，我国评级上调比率依旧高于下调比率，且上调率较此前还有所上升。

图4.3（b）展示了国内覆盖公司最多的发行人付费评级机构——中诚信国际的评级变动情况。如表4.1所示，中诚信所覆盖的公司数约占有评级公司数的1/3，在国内发行人付费的评级机构中具有一定的代表性。其评级变动率在2010年之前有较大的波动，这与其早年覆盖的公司数目较少有一定关系；在2010年之后，其评级变动情况基本与所有发行人付费评级机构的评级变动情况相一致。不难发现，其评级下调率也远低于其评级上调率。不过中诚信国际评级上调率随着时间推移呈现下降的趋势，在新冠肺炎疫情暴发的2020年，其评级上调率为3.21%，而其评级下调率为1.29%。

图4.3（c）展示了投资者付费评级机构（中债资信）的评级变动情况，由于其从2020年起不再有公开披露的评级记录，我们考察了截至2019年末其评级变动的情况。从柱状图可见，中债资信所覆盖的发债主体在2018—2019年有较大的增长，从400余家增长至1 000家以上。但中债资信的评级变动情况与发行人付费评级机构的评级变动情况不相一致，仅在2014年其评级上调率高于评级下调率，其余年份，中债资信所覆盖的公司评级下调率更高。此外，中债资信的评级下调率也远高于发行人付费评级机构的评级下调率。

图4.3（d）展示了标准普尔历年评级变动情况（其年度报告第12页，

表6）。标普近40年的数据表明，其评级下调率相对更高，历年下调率的均值为11.85%，而历年评级上调率的均值为8.34%。在2001年、2008年和2020年，标准普尔评级下调率有大幅跃升，这与互联网泡沫、次贷危机和新冠肺炎疫情有较大关联，其余年份评级上调与下调比率相对较为稳定。

4.3.3 评级迁移矩阵

在分析了各家评级机构评级整体变动情况后，我们进一步考察评级迁移的细节。我们参考标准普尔等国际评级机构的做法，考察每一条评级记录所对应的一年后的评级迁移情况。具体而言，针对每一家评级机构的每一条主体评级记录，我们确定其一年后相同月份，并匹配上其最新一条的主体评级记录，来考察评级迁移情况。例如，宁波交通投资控股有限公司在2010年7月获得了中诚信国际给予的AA评级，并在2011年6月获得了中诚信国际给出的AA+评级；因此，对于该公司2010年7月的信用评级，其一年后的最新评级为AA+，也即评级从AA迁移至AA+。类似的，我们对每一条评级记录都相应地匹配其一年后最新的一期跟踪评级情况；如果一年后并没有最新的跟踪评级，则该记录不纳入计算。我们在表4.4中汇报了相应的评级年度迁移情况。

表 4.4 评级年度迁移情况   单位：%

Panel A：2005—2020年发行人付费的评级机构年度评级迁移情况								
未来一年 当前	AAA	AA+	AA	AA-	A+	A	A-	低于A-
AAA	99.50	0.30	0.03	0.01		0.05		0.11
AA+	7.51	91.17	0.60	0.18	0.02	0.03		0.49
AA		6.77	91.68	0.82	0.08	0.08	0.02	0.55
AA-		0.09	15.23	81.38	1.39	0.47	0.11	1.35
A+			0.40	18.03	76.31	1.21	0.54	3.50
A				0.60	10.12	57.74	1.19	30.36
A-					6.56	8.20	62.30	22.95
低于A-				0.29		0.57	1.72	97.41

续表

Panel B：2011—2019 年投资者付费的评级机构年度评级迁移情况							
未来一年 当前	AAA	AA+	AA	AA-	A+	A	A-	低于 A-
AAA	98.35	1.38	0.28					
AA+	7.81	89.69	2.50					
AA	1.30	5.42	89.15	3.69	0.43			
AA-		0.41	5.09	89.82	4.26			0.41
A+			0.27	3.30	90.11	3.85	1.65	0.82
A				0.75	3.58	88.11	4.34	3.21
A-					0.66	2.30	85.25	11.80
低于 A-						0.58	7.02	92.40

Panel C：1981—2020 年标准普尔年度评级迁移情况							
未来一年 当前	AAA	AA	A	BBB	BB	B	CCC/C	D
AAA	87.06	9.06	0.53	0.05	0.11	0.03	0.05	0.00
AA	0.48	87.23	7.77	0.47	0.05	0.06	0.02	0.02
A	0.03	1.60	88.58	5.00	0.26	0.11	0.02	0.05
BBB	0.00	0.09	3.25	86.49	3.56	0.43	0.10	0.16
BB	0.01	0.03	0.11	4.55	77.82	6.80	0.55	0.63
B	0.00	0.02	0.07	0.15	4.54	74.60	4.96	3.33
CCC/C	0.00	0.00	0.10	0.17	0.55	12.47	43.11	28.30

表 4.4 的 Panel A 展示了 2005—2020 年发行人付费的评级机构年度评级迁移情况。Panel A 最左列表示当前评级，最上面一行表示一年后的评级。对于当前在 A- 及更高的信用评级，企业未来一年的评级有较大比率（对角线）仍然维持不变，例如，当前为 AAA 的企业，99.50% 在未来一年的最新评级仍然为 AAA。不过评级维持不变的比例随着主体评级的下降而下降，例如当年评级为 A- 的企业，只有 62.30% 在未来一年评级仍然为 A-。从评级变化来看，对于 A+ 及以上的评级，未来一年评级上调的比率明显高于评级下调的比率，例如 18.03% 的 A+ 企业在一年后会获得 AA- 的评级，并有 0.40% 的企业会获得 AA 的评级。对于评级低于 A+ 的企业，未

来一年评级上调的比率开始小于评级下调的比率。值得注意的是，在中国最多的三个主体评级，也即 AAA、AA+ 和 AA，均存在大幅多级下调的情况。例如 AAA 企业中有 0.05% 的企业会在一年后被下调至 A，0.11% 的企业会被下调至 A- 以下的级别，相似的大幅多级下调情况也存在于其他较高的主体评级之中。

Panel B 分析了我国投资者付费的评级迁移情况。与发行人付费评级较为类似的是，企业未来一年的评级有较大比率（对角线）仍然维持不变。从评级变动的情况来看，评级在 AA 级及以上的等级时，评级上调的情况多于评级下调的情况。从 A+ 级开始，投资者付费的较低评级在未来一年之后下调的比率开始高于上调的比率。与发行人付费的评级不同的是，投资者付费的评级在 AAA、AA+ 和 AA 三个等级的未来一年不存在大幅多级下调情况。

作为对比，我们从标准普尔评级报告中获取了其 1981—2019 年全球评级年度迁移情况的数据（其年度报告第 51 页，表 21），并报告在 Panel C 中。可以看到，标准普尔评级向下迁移的比率较高，以 AAA 评级为例，有 9.06% 的公司评级在一年之后被下调至 AA 级（包含 AA+、AA 和 AA-）。尽管也有部分评级上调情况，但评级一年后上调的比率较低，例如仅有 0.48% 的 AA 级公司在一年之后会被上调至 AAA。

通过上述分析，不难发现我国信用评级与国际信用评级在评级变动上有明显差异。一方面，从历年的数据来看，我国发行人付费评级机构的评级上调率远高于评级下调率，且近年来下调率均不超过 3%；而以标准普尔为代表的国际信用评级不仅下调率高于上调率，且历年的评级下调率均值在 11% 以上。另一方面，我国评级向高等级迁移的比率高于向低等级迁移的比率，而以标准普尔为代表的信用评级则更多从高等级向低等级迁移。当然，我国信用评级与国际信用评级的不同表现和趋势可能是由不同的经济环境和企业信用风险特征造成的。因此，为了进一步理解我国的信用评级，我们在下一节探究信用评级与公司实际违约之间的关系。

4.4 评级与违约的关系

我们从 WIND 数据库获取了截至 2020 年 12 月 31 日的债券市场违约企业信息，来考察信用评级和违约之间的关系。

4.4.1 违约前评级变动情况

截至 2020 年 12 月末，国内共有 202 家发债主体有过债券违约记录，[①] 其中 134 家违约主体有公开募集的公司信用类债券 [包含企业债、公司债、中期票据和(超)短期融资] 发行记录，其余 68 个违约主体涉及 2 个集合体、2 个资产支持证券发行主体和 64 个只发行过私募债、定向工具和可交换债券的主体。

图 4.4（a）汇报了这 202 家发债主体首次违约时间的分布情况。我国首次债券违约事件发生于 2014 年：上海超日太阳能科技股份有限公司在 2014 年 3 月 4 日发布公告，宣布其 11 超日债由于无法按期全额支付利息，形成实质违约。随后，我国违约主体开始逐渐增多，从 2014 年仅 5 家违约主体，发展至 2016 年共 29 家违约主体，2017 年违约主体数量略降后，2018 年起，每年新增违约主体均在 40 家以上。由于违约事件近年来开始逐渐增多，评级的预警作用也开始备受关注，那我国评级机构的评级在违约前是如何变动的呢？我们在图 4.4（b）和图 4.4（c）中做进一步的分析。

[①] WIND 数据库提供了三类违约信息统计，分别是企业首次违约报表、违约债券报表和债券违约大全。我们汇总了三类报表中的信息。截至 2020 年年末，有 207 家发债企业有违约记录，涉及债券 587 只（我们针对跨市场交易的企业债券进行了去重）；有 5 家发债主体只发生过一次债券技术违约，例如：北京东方园林环境股份有限公司的短期融资券 18 东方园林 CP002 在 2019 年 2 月 12 日到期，公司已于 2019 年 2 月 1 日将本金 5 亿元支付到上海清算所应收固定收益产品付息兑付资金户。但由于财务人员操作失误，截至 2019 年 2 月 12 日下午 5 点，未能及时将 3 000 万元利息支付到上海清算所。财务人员于 2019 年 2 月 12 日下午 5 点 37 分完成 3 000 万元利息支付到上海清算所的操作，并于 2 月 13 日完成兑付。因此，我们未将这五家债务主体纳入违约名单之中。

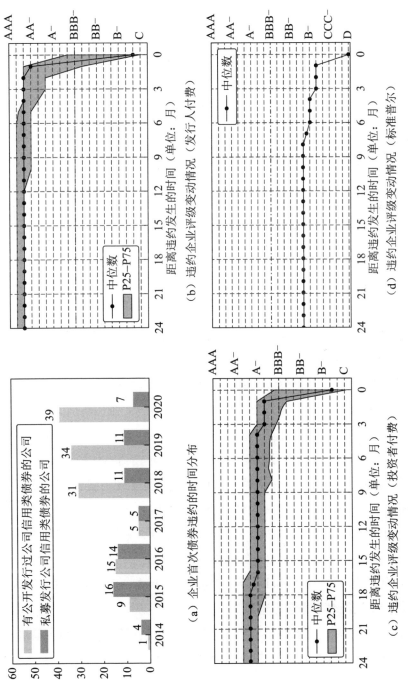

图4.4 违约企业与违约前评级变动情况

参考标准普尔年度报告的做法，我们绘制了前述发债主体中有主体评级记录的162家公司（其中134家公司有公开发行信用债记录，其余28家公司仅私募发行过信用债）在违约前主体评级随时间的变动情况。标准普尔在其年度报告中汇报了违约前7年评级的变动情况，由于我国评级在更长时间段的变化与违约前2年期的评级差异不大，本节仅汇报了违约前2年（24个月）的评级变动情况。此外，考虑到部分违约主体存在多家评级机构给出评级的情况，从风险预警的角度，我们选取了各家公司对应时间节点最低的评级进行分析。

图4.4（b）展示了发行人付费评级机构在违约事件发生前的评级变动情况。带点粗实线汇报了162家违约主体违约前各个时间节点的评级中位数，在违约前24个月至2个月的时间段里，50%以上的企业都具有AA级的主体评级，这些企业的主体评级在违约前1个月才被下调到AA-，并在违约当月断崖式下调至CC。为了更好地了解发行人付费的评级变动分布，我们也分别绘制了这162家违约主体评级在违约前各时点的25分位数和75分位数所对应区域。① 从25分位数来看（阴影区域上沿），有25%的企业在违约前6个月主体评级仍然为AA+，并且在违约前一个月仍然为AA。而从75分位数来看（阴影区域下沿），有25%左右的企业在违约前5个月主体评级开始有较快的下调趋势，在违约前第4个月从AA-调整至了A+，并在违约前3个月下调至A；随后，它们的评级开始快速下调，在违约前1个月下调至BB+；最后在违约当月被下调至C。

我们在图4.4（b）中按国际标准绘制了投资级与投机级的分界线（BBB-），不难发现，国内主体评级在违约前几乎都在投机级以上，而且远高于BBB-。回顾本书第1章安然破产事件，三大评级机构在安然破产前给出的主体评级为BBB+至BBB-，即使如此，三大评级机构也因为没能较早地给出投机级评级而遭到市场的猛烈抨击。因此，市场对国内评级机构的质疑绝对不是空穴来风。

图4.4（c）展示了投资者付费评级机构（中债资信）的评级变动情况。由于中债资信评级只覆盖了77家违约主体，因此图4.4（c）是基于这77

---

① 为了计算评级的分位数，我们将字母评级按 AAA～D 转换为 1～20 的数字评级，并计算违约前各月的各家公司评级的数值分位数，但在后续汇报时，我们将数字评级转换回字母评级并汇报字母评级。

家违约主体进行绘制的。对比图 4.4（b），中债资信的主体评级起点相对更低，50% 的企业在违约前 18 个月，主体评级被从 A 降级至 A-；从 25 分位数来看（阴影区域上沿），有 25% 左右的企业在违约前 24 个月至 18 个月的评级在 A- 或 BBB+ 附近。这些企业的主体评级在违约前 9 月至 3 个月开始出现一定幅度的下调，从中位数来看，50% 的企业在违约前 3 个月被下调至 BBB+；从 75 分位数来看（阴影区域下沿），25% 的企业在违约前 8 个月被下调至 BBB。但在违约前，投资者付费的评级也存在快速下调的现象，例如在违约前 1 个月，50% 的企业，主体评级仍然高于 BBB-，也即国际标准的投资级门槛。

作为对比，图 4.4（d）绘制了标准普尔年度报告中 1981—2020 年全部违约公司的评级变动情况（其年度报告第 18 页图 10）。根据标准普尔的年度报告，这些违约公司中 90% 的首次评级在投机级当中（低于 BBB-），在违约前 7 年这些违约公司的评级中位数即为 BB-，在违约前两年这些违约公司的中位数为 B；在违约前 1 个月，这些违约公司的评级中位数已经达到 CCC+。从违约公司的标准普尔评级来看，一方面违约公司的初始评级较低，表明这些公司信用风险较高；此外，在违约前，这些公司的评级也逐渐下降至更低等级，这一结果表明标准普尔的信用评级具有较为明显的风险预警作用。

4.4.2 各评级的实际违约率

我们进一步通过实际违约率来分析各评级的违约预警功能。标准普尔在其年度报告的表 9 中披露了其各评级历年的未来一年实际违约率。因此，参照标准普尔的思路，我们统计了前述样本中各评级历年的未来一年实际违约率（也即统计了 2020 年的违约情况）。具体而言，我们将上述 162 家违约公司与前述公司截至 2020 年年末的 81 656 条评级记录进行了匹配。由于国内首次债券违约事件（11 超日债）发生于 2014 年 3 月，因此我们仅保留了 2013 年及之后的评级记录；对于各家违约公司，仅保留了首次违约日期之前的评级记录。在按年计算实际违约率时，我们首先按付费模式进行分组，然后考察了年初为各等级的观测值在年内发生违约的比率。

为便于和标准普尔评级的实际违约率进行对比，我们在表 4.5 中分析了国内评级机构 2014—2020 年的实际违约率均值和标准差。表 4.5 首先给出了标准普尔评级与实际违约率之间的关系。该数据为 1981—2020 年的各评级违约率均值和标准差。不难发现，实际违约率随着标准普尔评级的下降呈现逐渐升高的趋势，表明评级本身反映了信用风险。此外，AAA 和 AA+ 评级在未来一年的实际违约率为 0%，表明最高信用质量的公司在未来 1 年没有发生过违约；或者说发生违约的公司，其评级早在一年前就已经被下调至更低的等级。在标准普尔体系下，BB+ 及以下的评级为投机级。BB+ 企业的实际违约率为 0.49%，表明评级为 BB+ 的 10 000 家公司中平均有 49 家公司未来一年会发生违约。标准普尔并没有汇报 CCC 至 C 中细分评级的违约率，而是将之整合成 CCC/C 并进行了统一汇报，评级达到 CCC/C 的公司，基本 4 个之中就有 1 个会在一年内发生违约。

表 4.5　各评级未来一年的实际违约率　　　　单位：%

时间	标准普尔评级				发行人付费		投资者付费	
	1981—2020 年		2014—2020 年		2014—2020 年		2014—2020 年	
评级	均值	标准差	均值	标准差	均值	标准差	均值	标准差
AAA	0.00	0.00	0.00	0.00	0.21	0.28	0.00	0.00
AA+	0.00	0.00	0.00	0.00	0.41	0.40	0.00	0.00
AA	0.01	0.07	0.00	0.00	0.37	0.40	0.00	0.00
AA-	0.02	0.09	0.00	0.00	0.75	0.49	0.09	0.22
A+	0.04	0.13	0.00	0.00	1.59	2.33	0.57	0.41
A	0.05	0.11	0.00	0.00	10.57	9.98	1.19	1.45
A-	0.07	0.20	0.00	0.00	2.04	5.00	1.31	1.95
BBB+	0.12	0.28	0.00	0.00	10.14	13.95	2.84	4.12
BBB	0.21	0.34	0.02	0.06	14.56	17.95	3.44	5.68
BBB-	0.24	0.41	0.05	0.14	20.00	40.00	7.14	17.50
BB+	0.49	0.88	0.11	0.21	2.38	5.83	23.33	38.87
BB	0.68	0.81	0.07	0.12	35.97	35.39	12.50	21.65
BB-	1.21	1.62	0.47	0.78	0.00	0.00	75.00	—
B+	2.07	2.01	0.91	0.74	0.00	0.00	50.00	—
B	5.76	4.88	1.27	0.86	18.06	19.49	50.00	50.00
B-	8.73	7.35	4.71	3.09	50.00	40.82	—	—
CCC/C	24.92	11.79	29.76	9.15	19.05	34.99	0.00	—

为了与国内数据形成对比，我们进一步获取了标准普尔评级 2014—2020 年的实际违约率数据。从这一子样本区间来看，标准普尔评级为 BBB 以上的公司均没有发生过违约。而在标准普尔投机级中，除 CCC/C 以外的等级实际违约率都低于全样本下的实际违约率均值，而 CCC/C 等级的实际违约率均值则达到了 29.76%，明显高于全样本下的实际违约率均值。这在一定程度上表明标准普尔评级在近年来能够更好地反映信用风险，并更准确地给出违约预警。

表 4.5 的右侧先给出了我国发行人付费评级机构的各等级 2014—2020 年的实际违约率均值与标准差。在我国发行人付费评级中，评级为 AAA 的企业也有违约发生。从违约率来看，发行人付费模式下 AAA 企业的实际违约率与标准普尔体系下 BBB 评级相似。这也表明我国 AAA 级企业中存在一些信用风险较高的公司。值得注意的是，发行人付费模式下，评级为 AA+ 和 AA 的企业实际违约率均值分别为 0.41% 和 0.37%，这一数值已经高于标准普尔投资级（BBB-）的实际违约率，并与标准普尔评级体系中投机级（BB+）的违约率接近，这一结果表明我国 AA+ 和 AA 企业存在较高的违约风险。最后，在评级低于 AA- 的企业中，实际违约率均值已经在 1.59% 以上，按标准普尔评级的实际违约率来衡量，这些企业的信用风险实际应该在 BB- 到 CCC/C 区间。对比图 4.4 来看，这些低评级基本都在国内公司即将违约时才发布。因此，这一较高的违约率也从另一个角度反映了国内机构评级的预警能力不足。[①]

表 4.5 最右侧也汇报了国内投资者付费评级（中债资信）与违约率的关系。中债资信的评级所反映的信用风险要明显好于国内发行人付费评级所反映的信用风险，不过，中债资信体系下，根据 A+ 评级的违约率，其在标准普尔体系下也已经属于投机级。

上述分析表明，我国评级整体对违约风险的反应较为滞后，评级存在断崖式下调；对比标准普尔体系下各评级的实际违约率，我国发行人付费模式下的评级所对应的信用风险较高，且明显低估了信用风险。

---

① 我们在附录中分别给出了国内 10 家评级机构各评级的实际违约率均值。

4.5 本章小结

本章对我国信用评级与以标准普尔为代表的国际评级进行了对比,并总结出如下三方面特征:

(1)**我国评级整体分布集中且偏高,发行人付费评级随时间推移有整体变高的趋势**。我国发行人付费评级占主导,且评级较高。主体评级集中在 AAA、AA+ 和 AA 三个等级,且评级随时间推移逐渐走高:上述三个等级在 2006 年占所有评级比例约为 45%,而在 2020 年末占所有评级比例达 90% 以上。投资者付费评级在我国起补充作用,评级相对分散并略低于发行人付费评级,评级随时间推移有变低趋势,例如 AA-、A+ 和 A 三个等级在 2019 年末约占所有投资者付费评级的 60%。而标准普尔评级整体偏低,且随时间推移逐渐走低,投资级门槛 BBB(包括 BBB±)从 1985 年的占比为 16% 到 2016 年末占比达到 36%。

(2)**发行人付费评级整体上调率较高,下调率较低,且评级多向高等级迁移**。平均而言,国内评级机构每 8 个月会发布一次跟踪评级;以中位数来看,不同机构发布跟踪评级的时间为 6~12 个月。以一年后的评级变化情况来看,我国发行人付费评级机构的评级上调率远高于评级下调率,且近年来下调率均不超过 3%;投资者付费模式下,评级下调率高于上调率,与国际评级机构的评级变动情况较为一致;而标准普尔信用评级历年的评级下调率均值在 11% 以上。另一方面,我国评级向高等级迁移的比率高于向低等级迁移的比率,而标准普尔的信用评级则主要从高等级向低等级迁移。

(3)**违约前评级较高,且存在断崖式下调;从实际违约率来看,我国的评级低估了信用风险**。发行人付费模式下的主体评级较高,近 50% 的违约主体在违约前 1 个月的主体评级仍然为 AA-;投资者付费模式下,近 50% 的违约主体在违约前 1 个月的主体评级为 BBB+;而在标准普尔评级体系下,近 50% 的违约主体在违约前 1 个月的信用评级为 CCC+。从实际违约率来看,我国各评级体系均低估了信用风险:发行人付费模式下,AA+ 和 AA 评级的违约率已经接近标准普尔体系下投机级(BB+ 及以下）评级的违约率；投资者付费模式下，A+ 评级以下的违约率在标准普尔体系中也已经达到了投机级。综合来看，相较于国际评级标准，国内机构评级严重低估了信用风险。

本章关于我国评级与违约率关系的分析有助于债券市场从业人员了解我国评级所反映的信用风险。我们的发现对我国信用评级行业的监管也有政策参考价值：通过与标准普尔评级进行梳理对比，本章所总结的一些特征事实有助于监管机构了解我国评级存在的一些缺陷和不足。此外，通过直接对比国内机构评级与标准普尔国际评级的各类特征事实，本章内容也有助于逐渐增多的国际投资者了解中国信用评级市场。

需要提醒读者注意的是，评级偏高并不等于评级虚高。评级偏高可能是由于市场习惯，在同等风险下普遍使用更高的评级（例如以主权评级为基准进行分布调整）；也可能是由于我国公司信用债市场发展迅速，有越来越多的好企业开始进入债券市场所致。那么我国评级所呈现的这些特征到底是评级偏高，还是评级虚高呢？我们在下一章做进一步的探讨。

参考文献

[1] Alp, Aysun. 2013. Structural Shifts in Credit Rating Standards. *The Journal of Finance*, 68(6): 2435-2470.

[2] Baghai, Ramin P, Henri Servaes, Ane Tamayo. 2014. Have Rating Agencies Become More Conservative? Implications for Capital Structure and Debt Pricing. *The Journal of Finance*, 69: 1961-2005.

[3] S&P Global Ratings. 2019. General Description of the Credit Rating Process[R]. March 1.

[4] S&P Global Ratings. 2021. Default, Transition, and Recovery: 2020 Annual Global Corporate Default and Rating Transition Study[R].

[5] Schipke, A, Rodlauer M, Zhang L. 2019. *The Future of China's Bond Market*[M]. International Monetary Fund.

附录

附表1　国内各评级机构的评级实际违约率均值（2014—2020年）　单位：%

	远东资信	中诚信国际	上海新世纪	中证鹏元	大公国际	中诚信证评	联合资信	联合信用	东方金诚	中债资信
AAA	0.00	0.09	0.29	0.00	0.21	0.21	0.22	0.45	0.21	0.00
AA+	0.00	0.24	0.34	0.28	0.56	0.00	0.46	0.75	1.03	0.00
AA	0.00	0.19	0.08	0.13	0.54	0.43	0.46	1.11	0.37	0.00
AA-	0.00	0.67	0.80	0.46	0.78	0.55	0.00	2.52	0.50	0.09
A+	0.00	4.87	0.00	1.10	2.86	4.76	0.00	0.00	2.86	0.57
A		11.11	4.76	0.00	13.89	0.00	0.00	19.44	20.00	1.19
A-		0.00	0.00	0.00	0.00	0.00	0.00	0.00	100.00	1.31
BBB+		0.00	0.00	2.78	0.00	0.00	100.00	66.67	0.00	2.84
BBB		33.33	20.00	10.00	0.00	16.67	33.33	16.67	100.00	3.44
BBB-			0.00	0.00	0.00	50.00	0.00			7.14
BB+		100.00	0.00	0.00	0.00		0.00			23.33
BB		0.00	0.00	60.00	11.11	0.00	33.33	0.00		12.50
BB-				0.00	0.00					75.00
B+				0.00	0.00					50.00
B		0.00	25.00	25.00	0.00			100.00	0.00	50.00
B-		100.00		25.00	0.00					
CCC/C		33.33	0.00	20.00	0.00	0.00	0.00	0.00	0.00	0.00

注：空缺部分表明该评级机构在本文所用的数据内没有给出过相应等级的评级。

第 5 章　评级偏高：与企业基本面相符还是评级标准放松？

第 3、第 4 章介绍了我国公司信用债市场以及评级业的现状：一方面是我国公司信用债市场发展迅猛，截至 2020 年末，公司信用债券的存续规模已达到 25 万亿元人民币，有 7 700 余家企业通过债券市场进行了融资；另一方面，我国信用评级在违约预警上不断遭受质疑，并且自 2018 年起开始由监管机构推动行业变革。

那么，我国评级目前所呈现的偏高特征到底是因为存在评级虚高问题，还是因为债券市场逐渐发展壮大，有越来越多高质量企业开始通过发债进行融资，使得评级整体偏高？我们在本章试图回答这一问题。

本章的内容安排如下：第 5.1 节介绍本章研究涉及的数据与方法；第 5.2 节给出发行人付费模式下主体评级变松的实证分析结果，并且对比投资者付费模式下的主体评级标准变动，以及标准普尔的主体评级标准变动；第 5.3 节从具体的发行人付费评级机构、发债公司的特征以及不同的估计方法等多角度来进一步讨论我们的发现；第 5.4 节总结本章的主要内容。

5.1　数据与研究方法

延续前文，我们从 WIND 提取了拥有评级记录的 6 711 家公司的年度基本面信息，借鉴 Blume，Lim 和 Mackinlay（1998）、Alp（2013）、Baghai，Servaes 和 Tamayo（2014）、Livingston，Poon 和 Zhou（2018）以及国内评级机构选取了公司基本面控制变量，并按国内评级机构的方式进行了变量构建。① 具体变量名称及构建方式见表 5.1。

---

① 我们主要参考了中诚信国际评级中使用的公司基本面变量指标。如第 3、第 4 章的叙述，中诚信国际是国内市场份额最大的发行人付费评级机构。

表 5.1　变量构建方式

变量	变量说明及构建方法
TotDebt	**总债务比率** = 总债务 / 总资产。其中，总债务 = 长期债务 + 短期债务；长期债务 = 长期借款 + 应付债券；短期债务 = 短期借款 + 以公允价值计量且其变动计入当期损益的金融负债 + 应付票据 + 一年内到期的非流动负债
EBIT/Sales	**盈利能力** = EBIT/ 营业收入。其中，EBIT = 利润总额 + 财务费用。（注：基于国内评级机构的构建方式，EBIT = 利润总额 + 费用化利息支出。其中，费用化利息支出 =（利息支出 − 利息资本化金额）− 利息收入。由于实际数据中费用化利息支出缺失情况过多，因此统一按财务费用进行了计算）
IntCov	**利息保障倍数** = EBITDA/ 财务费用。其中，EBITDA = EBIT + 折旧 + 无形资产摊销 + 长期待摊费用摊销。鉴于国内国际评级机构均会汇报过去几年的利息保障倍数，我们参考 Blume 等（1998）、Alp（2013）对利息保障倍数取三年移动平均。由于利息保障倍数与信用风险之间具有非线性关系，在取移动平均前低于 0 的利息保障倍数被缩尾为 0；在取移动平均后大于 100 的值被设为 100；最后，利息保障倍数被进一步分解为四个连续变量，这四个利息保障倍数的数值范围分别对应为 [0,5)、[5,10)、[10,20) 和 [20,100]，分组的目的是为了更好地刻画利息保障倍数与信用风险之间的非线性关系
ROA	**总资产收益率** = EBIT/ 当期总资产与上一期总资产平均值
Vol(ROA)	**总资产收益率波动率**，参考 Baghai 等（2014），我们计算了过去四年总资产收益率的波动率（有两期以上数据才计算）
Size	**对数总资产**，参考 Blume 等（1998）和 Baghai 等（2014）构建，先将资产价格转换为以 2013 年百万元人民币为度量标准的数值，然后再取对数。选取 2013 年是因为 2013 年为 2006—2020 年中位数，选取国家统计局提供的 CPI 进行计算
Tangibility	**固定资产比率** = 固定资产 / 总资产
Cash	**现金比率** =（货币资金 + 以公允价值计量且变动计入当期损益的金融资产）/ 总资产
Capex/Assets	**资本支出率** = 资本性支出 / 总资产，其中资本性支出 = 购建固定、无形和其他长期资产所支付的现金 − 处置固定、无形和其他长期资产而收回的现金净额
RE/Assets	**留存收益率** =（盈余公积 + 未分配利润）/ 总资产
NWC/Assets	**净经营性资产比率** = 净经营性资产 / 总资产

5.1.1　数据整体情况——发行人付费评级

我们按年将公司基本面信息与公司主体评级信息（发行人付费）进行匹配。考虑到国内公司通常在 4 月底披露年报，为了确保评级与公司基本面数据的匹配，我们为每家公司匹配距离次年 4 月最近一次的主体评级信息，例如对于公司 2020 年年报，我们匹配相应公司在 2021 年 4 月时的主体评级。考虑到一家公司可能存在多个发行人付费评级机构给出的信用评级，在整体考察发行人付费评级机构的评级标准特征时，为避免信息冗余，每一家公司一年度观测值我们仅保留一条评级记录。① 如果这些评级不同，出于保守考虑，我们选取其最低的评级；如果存在相同的最低评级，那我们选取距离年报披露日期最近的一期评级及相应评级机构。② 剔除缺失数据的观测值后，我们共匹配上 6 338 家公司，从 2006 年至 2020 年有 35 044 条记录（2005 年仅有 3 条记录，因此我们没有将其纳入考察）。

我们在表 5.2 中给出了这 6 338 家公司的年末评级分布情况，按灰度标注出了历年占比最高的评级。不难发现，在 2009 年之前，AA- 评级的占比是相对较高的，但随着时间的推移，AA 评级的占比逐渐上升，例如 2014—2018 年，AA 评级的占比达到了 50% 以上，而在 2019 年和 2020 年，AAA 与 AA+ 评级的占比有所上升。整体而言，发行人付费的评级呈现逐年上升的态势，这一特征与前述章节的发现是一致的。

表 5.2　历年末主体评级分布

年份	观测值	AAA	AA+	AA	AA-	A+	A	≤A-
2006	114	18	14	19	26	20	15	2
2007	323	40	38	62	90	66	24	3
2008	394	64	68	92	98	55	11	6
2009	578	108	109	158	147	33	12	11
2010	922	161	154	320	221	38	16	12
2011	1 414	193	252	520	328	89	11	21
2012	2 038	246	347	840	455	107	12	31
2013	2 546	276	430	1 171	524	102	12	31
2014	2 947	323	519	1 483	520	65	9	28
2015	3 446	403	656	1 837	461	51	6	32
2016	3 750	483	706	2 061	432	30	13	25

---

① 我们也在 5.3.1 节中单独考察了几家较大的发行人付费评级机构的评级标准。

② 在公司一年度观测值中，共 8 279 个观测值具有多个评级机构的评级，其中 6 630 个（80.08%）公司一年度观测值对应的评级完全相同，1 596 个（19.28%）观测值的最高与最低评级差 1 级（如 AAA 与 AA+），仅 53 个观测值最高最低评级差别在 2 级或更高的水平。在未汇报的结果中，我们也按最高评级来进行稳健性检验，结果基本一致。

续表

年份	观测值	AAA	AA+	AA	AA-	A+	A	≤A-
2017	3 968	545	829	2 132	389	36	11	26
2018	4 041	637	932	2 031	345	37	8	51
2019	4 265	746	1 033	2 036	337	47	11	55
2020	4 298	817	1 097	1 943	331	57	6	47

我们在表 5.3 中给出了公司基本面数据的描述性统计。按照文献的通常做法，我们将评级转换为数值，AAA 对应 7，AA+ 对应 6，AA 对应 5，AA- 对应 4，A+ 对应 3，A 对应 2，A- 及更低评级对应 1。数值评级（Rating）的 25 分位数为 5，表明 75% 的观测值均具有 AA 或更高的评级。总债务比率（TotDebt）的样本均值为 34.36%，表明样本内公司的总负债比率为 34%，根据 Alp（2013）对标准普尔所覆盖的美国公司的统计数据来看，美国发债公司 1985—2009 年的总负债比率为 35.7%，表明我国发债主体的总负债情况与美国债务主体较为相似。利息保障倍数（IntCov）均值为 13.90，根据 Alp（2013）对标准普尔覆盖的公司所统计的情况来看，美国发债公司 1985—2009 年的利息保障倍数均值为 7.23。

表 5.3 变量描述性统计（观测值 =35 044）

变量	变量中文名	均值	标准差	P25	P50	P75
Rating	长期主体评级	5.25	1.08	5.00	5.00	6.00
TotDebt (%)	总债务比率	34.36	14.34	23.78	33.82	44.33
IntCov	利息保障倍数	13.90	22.97	2.83	5.32	12.18
EBIT/Sales (%)	盈利能力	25.26	36.50	7.48	16.41	30.65
ROA (%)	总资产收益率	3.73	3.61	1.41	2.81	5.17
Vol(ROA) (%)	总资产收益率波动率	1.38	1.78	0.36	0.76	1.64
Size	对数总资产	9.99	1.15	9.22	9.87	10.64
Tangibility (%)	固定资产比率	16.20	18.48	1.75	8.56	25.19
Cash (%)	现金比率	11.35	7.72	5.72	9.82	15.08
Capex/Assets (%)	资本支出率	3.77	4.39	0.48	2.21	5.49
RE/Assets (%)	留存收益率	9.20	9.27	3.50	6.94	12.53
NWC/Assets (%)	净经营性资产比率	26.23	26.90	5.05	20.20	45.49

图 5.1 进一步从时间序列来展示上述公司信用债发行公司特征。我们用实线绘制了历年末各公司相应指标的中位数，并用灰色区域表示历年来各指标 25 分位数和 75 分位数所覆盖的区间。

第5章 评级偏高：与企业基本面相符还是评级标准放松？

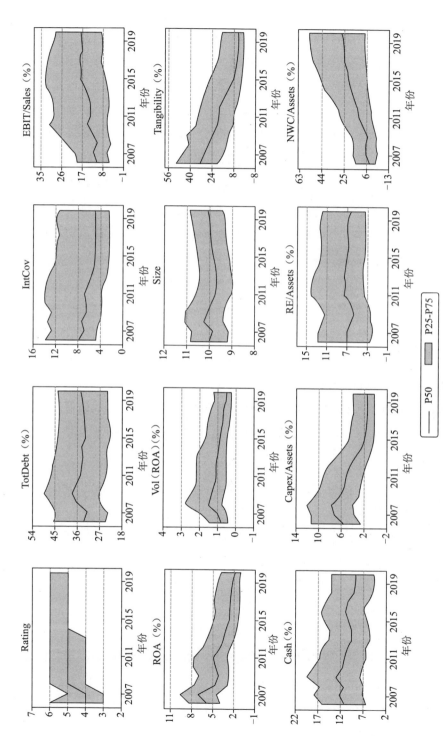

图5.1 各主要变量随时间的变化情况

从公司的基本面数据来看，公司的总债务比率（TotDebt）、对数总资产（Size）和留存收益率（RE/Assets）较为稳定；而公司的利息保障倍数（IntCov）、总资产收益率（ROA）及其波动率[Vol(ROA)]、固定资产比率（Tangibility）、现金比率（Cash）和资本支出率（Capex/Assets）都随时间推移有明显下降趋势；只有盈利能力（EBIT/Sales）和净经营性资产比率（NWC/Assets）随时间推移有上升趋势。这些结果表明，随时间推移，发行公司信用类债券的公司在总资产收益率上表现越来越差，而这些公司持有的现金、固定资产相对越来越少，这些公司的资本性支出也越来越少，而这些公司的净经营性资产呈现逐年上升的趋势。以上特征都是信用风险升高的表现。

图 5.2 进一步按评级与年份绘制了各公司变量中位数的情况。图 5.2 在"Rating#"这一子图中给出了拥有四个主要评级（AAA、AA+、AA 和 AA-）的公司总数。其中评级为 AAA 和 AA+ 的公司随时间推移递增明显，而评级为 AA 的公司数量在 2018 年以来略有下降，评级为 AA- 的公司数量相对较少，且自 2014 年以来逐渐变少。

不难发现，国内四个主要评级在财务指标上的区分度相对较低，仅在对数总资产（Size）上区分度最为明显，资产规模越大的公司评级越高。值得注意的是，随着时间的推移，四个主要评级下 Size 的中位数都呈现了一定程度的下降，换言之，一些资产规模相对较小的公司也可以获得好评级。

评级在固定资产比率（Tangibility）与净经营性资产比率（NWC/Assets）上也有一定的区分度。总体而言，固定资产比率越高的公司评级越高，这与直觉相符，因为固定资产有利于违约补偿，当公司发生信用风险时，该比率越高，则违约后可能通过资产处置获得补偿越多。而净经营性资产比率越低的公司评级越高，与直觉并不相符。

评级在总资产收益率（ROA）和资本支出率（Capex/Assets）上有一定的区分度，具体表现为 AAA 级的公司在相应指标上要明显高于其他等级的公司。但与 ROA 和 Capex 整体呈下降趋势相一致，各等级公司的这两个指标也都随着时间推移呈现明显的下降趋势。换言之，一家公司在 2010 年之前或许需要 5% 以上的 ROA 才有可能获得 AAA 评级；而在 2020 年，即使 ROA 不到 4%，这家公司也可能获得 AAA 评级。

第5章 评级偏高：与企业基本面相符还是评级标准放松？

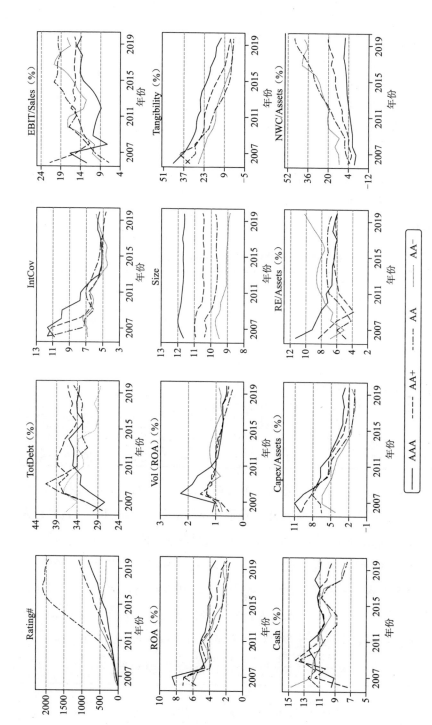

图5.2 按评级：各主要变量（中位数）随时间的变化情况

5.1.2 数据整体情况——投资者付费评级

按照相同的做法,我们也匹配了投资者付费评级机构(中债资信)的数据。在与公司基本面进行匹配后,共 2 514 家公司的 6 547 个公司—年度观测值拥有投资者付费评级,这 2 514 家公司中仅 2 家只有中债资信评级,其余均拥有发行人付费的主体评级。如本书此前章节所述,中债资信于 2010 年成立,WIND 从 2011 年开始有中债资信的评级数据,且 2020 年中债资信不再对 WIND 披露其评级数据,因此,我们的考察范围为 2011—2019 年。

表 5.4 历年末中债资信的主体评级分布

年份	观测值	AAA	AA+	AA	AA-	A+	A	≤A-
2011	119	12	6	18	33	25	15	10
2012	233	24	16	31	53	57	26	26
2013	502	88	63	62	104	77	54	54
2014	707	100	70	123	158	134	67	55
2015	778	74	58	116	172	169	114	75
2016	599	48	37	73	110	129	109	93
2017	546	33	19	51	77	107	113	146
2018	1 971	126	119	194	315	389	404	424
2019	1 092	77	91	120	196	222	199	187

表 5.4 汇报了历年末各公司的中债资信评级。不难发现,在投资者付费模式下,相应公司的主体评级呈现逐年下降的趋势。此外,对比发行人付费模式的评级分布,投资者付费模式下,评级分布相对偏低,大部分评级聚集在 AA- 和 A 附近。这一分布状态和前文中的结果也是相一致的。

表 5.5 汇报了中债资信所覆盖的公司的基本面情况。为形成对比,我们匹配了 2011—2019 年发行人付费评级机构所覆盖的公司情况,并在表 5.5 最右侧报告了两类评级机构所覆盖公司在基本面指标上的差异。

表 5.5 变量描述性统计(观测值 =6 547)

变量	变量中文名	投资者付费			比发行人付费	
		均值	标准差	P50	均值高	中值高
Rating	长期主体评级	3.51	1.82	3.00	-1.73*	-2.00
TotDebt (%)	总债务比率	36.89	14.37	37.09	2.80*	3.61*
IntCov	利息保障倍数	10.77	18.63	4.60	-3.33*	-0.66*

续表

变量	变量中文名	投资者付费			比发行人付费	
		均值	标准差	P50	均值高	中值高
EBIT/Sales (%)	盈利能力	19.97	24.85	12.88	−4.46*	−3.66*
ROA (%)	总资产收益率	4.09	3.45	3.43	0.36*	0.59*
Vol(ROA) (%)	总资产收益率波动率	1.40	1.66	0.80	0.02	0.01
Size	对数总资产	10.52	1.18	10.37	0.57*	0.55*
Tangibility (%)	固定资产比率	20.38	20.20	14.22	4.30*	5.77*
Cash (%)	现金比率	11.47	6.99	10.29	0.17	0.42*
Capex/Assets (%)	资本支出率	3.81	3.94	2.62	0.20*	0.49
RE/Assets (%)	留存收益率	9.30	9.77	6.76	−0.11	−0.35*
NWC/Assets (%)	净经营性资产比率	19.05	22.50	13.87	−7.50*	−6.89*

注：* 代表在 1% 的显著性水平上显著。

从统计角度，我们用黑体标注了均值和中值都存在显著差异的指标数据。例如，平均而言，中债资信评级比发行人付费评级低出了 1.73 级。从债务角度来看，中债资信所覆盖的公司在总债务比率上相对更高，利息保障倍数较低，表明这些公司的信用风险相对较高。从盈利角度来看，尽管中债资信覆盖的公司 EBIT/Sales 显著较低，但这些公司的总资产收益率 ROA 显著更高。从公司资产规模和固定资产比率来看，中债资信所覆盖的公司是相对较大的公司。综上，中债资信覆盖的是信用风险相对偏高的大公司。

图 5.3 从时间序列上给出了中债资信所覆盖的公司与发行人付费评级机构所覆盖的公司在各个指标上的差异。我们在以 "//" 为网格线的红色区域绘制了发行人付费评级机构所覆盖公司在历年的分布（25 分位数至 75 分位数），用红色的实线标注出了中位数；在以 "\\" 为网格线的蓝色区域，我们绘制了中债资信所覆盖公司在历年的分布（25 分位数至 75 分位数），并用虚线标注出了中位数。①

图 5.3 电子文件

两类评级公司在评级分布上的差异最为明显。从历年的中位数来看，中债资信所覆盖的公司，在总债务比率、总资产回报率、公司资产规模、固定资产比率、资本支出率等指标上都明显高于发行人付费评级机构所覆盖的公司；而在盈利能力（EBIT/Sales）和净经营性资产比率这两个指标上，则要低于发行人付费评级机构所覆盖的公司。

---

① 可从在线电子文件中看到图中颜色。

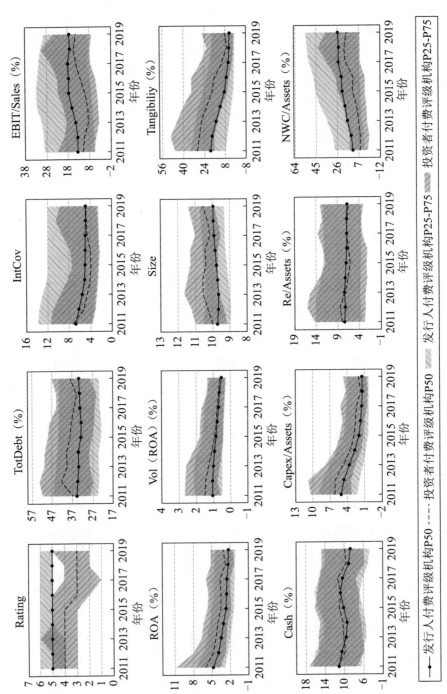

图5.3 发行人付费与投资者付费评级机构所覆盖公司在各指标上的分布情况

5.1.3 研究方法

我们采用 Blume 等（1998）和 Alp（2013）的方法来研究评级标准如何随时间变化。这一研究的思路是控制基本面信息之后，评级如果随时间推移而逐渐升高，则表明评级标准呈现变松的趋势；反之，如果评级随时间推移而逐渐降低，则表明评级标准逐渐变严。

具体而言，我们使用 Ordered Probit 模型来研究在控制基本面后，评级与时间的关系，[①] 模型设定如下：

$$\text{Prob}(R_{i,t} = r) = \text{Prob}(\mu_{r-1} < \alpha_t + \beta X_{i,t} + \varepsilon_{i,t} \leq \mu_r) \quad (5\text{-}1)$$

其中，$R_{i,t}$ 表示公司 i 在 t 年的实际数值评级；r 代表 $1 \sim 7$ 不同的数值评级；$\text{Prob}(R_{i,t} = r)$ 表示基于公司基本面信息 $X_{i,t}$（如表5.3和表5.5所示）和所处的年度变量 α_t 以及误差项 $\varepsilon_{i,t}$，公司评级 $R_{i,t}$ 等于 r 的概率。其中，β 是公司基本面信息变量的系数，而 μ 则是区分评级 r 的一系列的分割点 $\mu_0, \mu_1, \cdots, \mu_6, \mu_7$，其中当 $r=1$ 时，μ_0 对应 $-\infty$，当 $r=7$ 时，μ_7 对应 $+\infty$。

读者也可以把 $\alpha_t + \beta X_{i,t}$ 看作公司 i 在 t 年的信用质量分数，这个分数是一个连续值，由公司基本面 $\beta X_{i,t}$ 和年度变量 α_t 共同决定；而 μ_{r-1} 与 μ_r 则分别对应了评级为 r 的公司的信用分数的下界与上界。例如 2010 年，一家公司的对数资产规模为 10，总债务比率为 35%，那么公司在 2010 年的信用分数可以写作 $\alpha_{2010} + \beta_{\text{Size}} \times 10 + \beta_{\text{TotDebt}} \times 0.35$，其中 α_{2010}、β_{Size} 和 β_{TotDebt} 都是待估计的参数。我们举例假设 $\alpha_{2010} = 1$，$\beta_{\text{Size}} = 1$ 和 $\beta_{\text{TotDebt}} = -2$，那么这家公司的信用分数等于 1+10-0.7=10.3。另一方面，在估计 α_{2010}、β_{Size} 和 β_{TotDebt} 等参数的同时，我们也能估计得到 $\mu_1, \mu_2, \cdots, \mu_6$ 的数值，假设这些数值分别为 6、8、10、12、14 和 16，那么，分数为 10.3 的这家公司落在了 $\mu_3 = 10$ 和 $\mu_4 = 12$ 之间，则这家公司大概率被划分在 $r = 4$ 的区间，也即 AA- 评级。

[①] Ordered Probit 模型用来估计带顺序的因变量（例如，从 $1 \sim 7$ 的数值评级）与一系列自变量之间（例如，年度时间变量和公司基本面信息）的关系。模型根据自变量的线性方程和一系列分割点估计一个底层分值，使一个被观察到的结果（例如，某个公司的数值评级）的概率等于估计出来的（例如，年度时间变量和公司基本面）线性方程值加上随机误差项落入那个结果对应的分割点区间的概率。数学表达见式（5-1）。

在实际估计过程中，信用质量为 $\alpha_t + \beta X_{i,t}$ 的公司被划分为各信用评级的概率则主要取决于误差项 $\varepsilon_{i,t}$。根据 Ordered Probit 模型的假设，误差项 $\varepsilon_{i,t}$ 服从正态分布。那么通过式（5-2）进行极大似然估计，我们可以计算得到最优的一系列参数 α_t，β 和 μ，使公司的基本面信息 $X_{i,t}$ 所计算得到的信用分数与公司数值评级 $R_{i,t}$ 能够最好地匹配。

$$\alpha_t, \beta, \mu = \operatorname{argmax} \prod_{i=1}^{N} \prod_{t=2006}^{2020} \prod_{r=1}^{7} \operatorname{Prob}(R_{i,t} = r) \qquad (5\text{-}2)$$

在实际的模型估计中，α_t 是一系列年度虚拟变量，我们将样本中 α_{2006} 设为 0，所以我们估计出来的 α_t 代表 t 年相对于 2006 年的差异。这一差异反映的是，控制公司基本面信息之后，评级在 t 年与在 2006 年的差别。如果这一系数显著大于 0，那么其表明，具有相同基本面的公司在随后的年份获得的评级更高，也即评级标准变松了；反之，如果这一系数显著小于 0，那么其表明，具有相同基本面的公司在随后的年份获得的评级更低，也即评级标准变严了；如果这一系数与 0 的关系不显著，那么结果表明评级标准并没有随时间的推移发生显著变化。

5.2 评级标准分析

5.2.1 发行人付费评级整体情况

我们在表 5.6 中给出了基于发行人付费的信用评级的整体结果。我们主要关心的是年度虚拟变量的系数是否显著不等于 0，也即控制公司基本面之后，发行人付费的信用评级在 t 年与在 2006 年是否存在显著差异。回归结果（1）显示，这一差异随着时间单调上升，其系数从 2007 年的 0.00 上升至 2019 年的 1.94；除了 2007 年的系数不显著，其余年份的系数均在 1% 的显著性水平上不等于 0。这一结果表明，在控制公司基本面特征之后，发行人付费的信用评级随着时间推移，显著高于 2006 年的信用评级，也即发行人付费模式下，信用评级标准随着时间的推移显著放松了。

表5.6 发行人付费评级标准随时间的变化（观测值=35 044，比较基准年份=2006年）

年度虚拟变量	系数（α_t）	t值	经济含义：$\dfrac{系数}{(\mu_6-\mu_1)/5}$
2007	0.00	(0.00)	0.00
2008	0.44***	(3.17)	0.39
2009	0.90***	(6.22)	0.80
2010	1.14***	(7.83)	1.02
2011	1.23***	(8.50)	1.10
2012	1.35***	(9.27)	1.20
2013	1.45***	(9.93)	1.29
2014	1.57***	(10.73)	1.40
2015	1.67***	(11.36)	1.49
2016	1.67***	(11.34)	1.49
2017	1.75***	(11.90)	1.56
2018	1.84***	(12.45)	1.64
2019	1.92***	(12.93)	1.71
2020	1.94***	(13.09)	1.73
基本面变量	系数（β）	t值	经济含义：$\dfrac{系数\times 标准差}{(\mu_6-\mu_1)/5}$
IntCov A	0.02**	(2.39)	0.03
IntCov B	0.03***	(3.87)	0.06
IntCov C	0.00	(−0.50)	0.00
IntCov D	0.00	(−0.38)	0.00
TotDebt	−1.26***	(−11.67)	−0.16
EBIT/Sales	0.11***	(3.11)	0.04
ROA	1.17***	(2.72)	0.04
Vol(ROA)	−5.73***	(−7.35)	−0.09
Size	1.20***	(57.17)	1.23
Tangibility	1.02***	(8.78)	0.17
Cash	1.45***	(7.97)	0.10
Capex/Assets	0.41	(1.52)	0.02
RE/Assets	2.19***	(10.26)	0.18
NWC/Asses	−0.47***	(−6.95)	−0.11
信用等级分割点	系数（μ）	t值	
μ_1	10.09***	(39.14)	
μ_2	10.29***	(39.57)	

续表

μ_3	10.88***	(40.99)	
μ_4	12.14***	(44.67)	
μ_5	14.33***	(50.30)	
μ_6	15.70***	(53.05)	
行业、评级机构固定效应	√	Pseudo R^2	0.340

注：*、** 和 *** 分别代表在 10%、5% 和 1% 的水平上显著。

信用评级与公司基本面紧密相关。总债务比率（TotDebt）、总资产收益率波动率 [Vol（ROA）] 和净经营性资产比率（NWC/Assets）与信用评级呈显著负相关关系。从经济学直觉来讲，公司总债务比率越高，则信用风险越高，信用评级相应越低；总资产收益率波动率越高，则盈利稳定性越差，违约风险也相对越高。不过与此前发现一致，净经营性资产越低的公司的信用评级反而越高。

从与评级呈正相关关系的变量来看，这些结果也符合经济学直觉。例如公司总资产收益率（ROA）越高，资产规模（Size）越大，固定资产比率（Tangibility）越高，表明公司的盈利能力越强，且可供抵押的资产规模更大，抵抗信用风险的能力较强，所以对应较高的评级。值得注意的是利息保障倍数与信用评级的关系，我们参照 Blume 等（1998）的做法将利息保障倍数分割为四个区间 A、B、C 和 D，分别对应了 [0，5）、[5，10）、[10，20）和 [20，100]。IntCov A 和 IntCov B 分别对应了利息保障倍数在 0～5 与 5～10 之间的情况，其系数分别为 0.02 和 0.03，均在 5% 及更高的统计水平上显著不等于 0。这一结果表明，利息保障倍数在这一区间越大，公司的信用评级越高，这一结果符合经济直觉。值得注意的是，当利息保障倍数更大时（IntCov C 和 IntCov D 分别对应了利息保障倍数在 10～20 以及 20～100 的情况），其与信用评级之间并没有显著的关系。这一结果也验证了 Blume 等（1998）和 Alp（2013）对利息保障倍数进行分割的做法，因为利息保障倍数与信用评级并非呈现简单线性相关关系，当公司的利息保障倍数超出一定范围之后，其能提供的额外抵御信用风险能力变得非常有限。

由于 Ordered Probit 模型是非线性模型，不能直接基于其系数来分析各变量的经济含义，因此我们进一步参考 Alp（2013）的做法来衡量各变量的经济含义。根据前文的模型设定，信用质量（评级）分割点 $\mu_1, \mu_2, \cdots, \mu_6$ 将不同信用水平的公司分为了七个信用等级。平均而言，一个公司的信用质量分数（$\alpha_t + \beta' X_{i,t}$）需要提升 $(\mu_6 - \mu_1)/5$，信用等级才会提升一级。因此，如果我们把 $(\mu_6 - \mu_1)/5$ 记作平均评级距离，那么各公司基本面变量以及年度虚拟变量的变化所带来的评级水平提升，则可以用该平均评级距离作为标尺来进行度量。对于公司基本面信息等连续变量，我们用该变量的系数乘以对应变量的标准差（见表 5.3）再除以平均评级距离，来衡量其一个标准差变动对应的评级变化；对于年度虚拟变量这类零一变量，我们用该变量的系数除以平均评级距离，来衡量其对应的评级变化。我们在表 5.6 的最右侧一列中给出了这一结果。

从年度虚拟变量来看，2007 年的评级与 2006 年的评级在统计和经济意义上并没有显著差异，但从 2008 年起，控制基本面信息之后的信用评级无论在统计上还是在经济意义上，都显著高于发行人付费评级机构在 2006 年给出的信用评级。从经济含义来看，2008 年的评级比 2006 年高出了 0.39 级，而 2009 年的评级比 2006 年高出了 0.80 级；从 2010 年起，发行人付费评级机构给出的信用评级较 2006 年就已经高出了 1 级以上；而截至 2020 年，发行人付费信用评级已经较 2006 年高出 1.73 级。这些结果表明，我国发行人付费评级机构给出的信用评级变高并非是因为公司基本面变好了，而实际上是因为评级标准变松了。

在所有基本面变量中，资产规模（Size）具备的经济含义最大，其一个标准差的变动对应可以带来评级上升 1.23 级，例如从 AA 提升到 AA+ 或更高。总负债比率对于评级的负面影响最大，一个标准差的变动对应平均评级下降 0.16 级，相比于资产对于信用评级的提升，总负债对于评级的负面影响相对较小。

为了更加直观地帮助读者理解发行人付费评级标准的放松程度，我们假设存在一家公司，这家公司的基本面特征为表 5.3 中的均值，读者可以把这家公司理解为一个代表平均市场水平的公司，且不随时间发生变化；假设该公司的评级机构为中诚信国际，所属行业为房地产。那么这家公司在 2006 年、2013 年和 2020 年获得各评级的可能性如表 5.7 所示。

表 5.7 假设公司基本面不随时间变化其获得各等级评级的概率

评级	数值评级	2006	2013	2020
AAA	7	0.01%	1.38%	4.38%
AA+	6	1.10%	18.72%	32.20%
AA	5	45.10%	71.08%	60.18%
AA-	4	41.74%	8.37%	3.14%
A+	3	8.13%	0.37%	0.08%
A	2	1.41%	0.03%	0.01%
≤ A-	1	2.51%	0.03%	0.00%
预测评级		4.29	5.12	5.38

不难发现，这家公司在2006年被评为AAA或AA+的概率不到2%（0.01%+1.1%）。但随着时间推移，这家公司在2013年被评为AAA或AA+的概率则上升到了20.1%（1.38%+18.72%），而这一概率在2020年更是上升到了35%以上（4.38%+32.20%）。这家公司的基本面并没有任何变化，但其获得高等级的评级的概率却大幅上升，这直接表明国内发行人付费评级标准随着时间推移呈现大幅放松。我们在表5.7的最后一行给出了这家假想公司的预测评级，即数值评级乘以获得各评级的概率，不难发现，即使这家公司一切不变，其预测评级也从2006年的4.29（介于 AA- ~ AA 级之间，接近 AA-），上升至2020年的5.38（介于AA至AA+之间，接近AA）了，两者差值为1.09，表明对于这样一个假想公司，评级标准放松了1.09级。

5.2.2 投资者付费评级机构情况

作为对比，我们进一步考察投资者付费评级。由于中债资信于2010年成立，其有记录的评级数据开始于2011年，所以中债资信的评级标准是相对于2011年而言的。表5.8给出了针对中债资信评级的Ordered Probit模型回归结果。

在控制公司基本面后，中债资信的信用评级标准在部分年份较2011年无显著区别(如2013至2015年)，而在部分年份较2011年显著更低(2012年以及2016—2019年)。从经济含义来看，自2016年以来，对于相同基本面的公司，中债资信给出的评级较其2011年给出的评级低了0.55级以上；在2017年，中债资信的评级标准最严，在控制基本面后，其评级较

2011 年低出 0.80 级。

表 5.8 各家评级机构历年所评定的公司数（观测值 = 6 547，比较基准年份为 2011 年）

年度虚拟变量	系数	t 值	经济含义：$\dfrac{系数}{(\mu_6-\mu_1)/5}$
2012	−0.13*	(−1.89)	−0.15
2013	−0.01	(−0.18)	−0.01
2014	0.06	(0.79)	0.07
2015	−0.12	(−1.41)	−0.14
2016	−0.47***	(−5.23)	−0.55
2017	−0.68***	(−7.29)	−0.80
2018	−0.59***	(−6.93)	−0.69
2019	−0.55***	(−6.22)	−0.64
基本面变量	系数	t 值	经济含义：$\dfrac{系数 \times 标准差}{(\mu_6-\mu_1)/5}$
IntCov A	0.08***	0.08***	0.14
IntCov B	0.02	0.02	0.05
IntCov C	-0.00	-0.00	0.00
IntCov D	-0.00	-0.00	0.00
TotDebt	−2.74***	−2.74***	−0.46
EBIT/Sales	0.17*	0.17*	0.05
ROA	0.74	0.74	0.03
Vol(ROA)	−4.43***	−4.43***	−0.09
Size	1.10***	1.10***	1.52
Tangibility	1.18***	1.18***	0.28
Cash	1.22***	1.22***	0.10
Capex/Assets	−0.06	−0.06	0.00
RE/Assets	2.05***	2.05***	0.23
NWC/Assets	−0.69***	−0.69***	−0.18
信用等级分割点			
μ_1	9.70***	(25.97)	
μ_2	10.52***	(27.68)	
μ_3	11.39***	(29.43)	
μ_4	12.32***	(31.14)	
μ_5	13.16***	(32.08)	
μ_6	13.97***	(32.91)	
行业固定效应	√	Pseudo R^2	0.273

从基本面变量来看，除去总资产回报率（ROA）和资本支出率（Capex/Assets），其余控制变量均在统计上与中债资信评级显著相关，从系数的

方向来看也与经济学直觉相吻合。从各变量的经济含义来看，资产规模对数（Size）和总负债比率（TotDebt）对于中债资信评级的经济影响最大，资产规模每增加一个标准差，中债资信的评级能够提升1.52级；而总负债比率每上升一个标准差，中债资信的评级能够下降0.46级。对比此前发行人付费评级机构的回归结果，不难发现，中债资信在制定信用评级时对于不同公司特征的权重有明显的差异，例如中债资信更看重公司负债对于信用质量的影响。

为了更好地让读者直观比较中债资信与国内发行人付费评级机构的差异，我们在图5.4中绘制了两类评级机构的评级标准变动情况。由于中债资信从2010年开始运营，我们将2011年作为比较基准，重新计算了发行人付费评级机构在随后年份的评级标准相较于2011年及之前的变化情况。不难发现，两者呈现出了鲜明的差别，发行人付费评级机构在2011年之后评级标准大幅放松，在2020年的评级标准相较于2011年及之前放松了近0.9级。

图5.4　发行人付费与投资者付费评级标准变化情况（基准=2011年及之前）

与之前相似，我们仍然假设存在一家公司，所属行业为房地产，这家公司的基本面特征为表5.3中的均值，且不随时间发生变化；我们对比了中债资信和中诚信两家评级机构在2011年、2015年和2019年给出各评级的可能性，并列举在表5.9中。

因为被评对象的基本面完全不变,我们只改变了评级机构和评级估计年份,表 5.9 可以更加直接地说明投资者付费评级机构与发行人付费评级机构在评级标准上的差异。随着时间的推移,这家假想公司所获得的中债资信预期评级明显下降,其预期评级从 2011 年的 2.63(介于 A+ 和 A 之间,接近 A+),逐步下降至 2015 年的 2.51(介于 A+ 和 A 之间),再到 2019 年下降至 2.07(接近 A)。而这家假想公司的中诚信国际评级则呈现明显上升趋势,从 2011 年的 5.02(略高于 AA),上升至 2019 年的 5.36(AA 与 AA+ 之间)。两类评级机构在 2011 年的评级差异仅为 1.4 级,而在 2019 年,这一评级差异则达到了接近 2.2 级。

表 5.9 假设公司基本面不随时间变化其获得各等级评级的概率

字母评级	数值评级	中债资信			中诚信国际		
		2011 年	2015 年	2019 年	2011 年	2015 年	2019 年
AAA	7	0.04%	0.03%	0.00%	0.78%	2.39%	4.15%
AA+	6	0.52%	0.37%	0.10%	13.82%	24.56%	31.46%
AA	5	3.89%	3.06%	1.11%	72.61%	67.30%	60.96%
AA-	4	17.69%	15.39%	8.13%	11.98%	5.53%	3.33%
A+	3	31.80%	30.47%	23.17%	0.67%	0.19%	0.09%
A	2	28.16%	29.59%	31.80%	0.07%	0.02%	0.01%
≤A-	1	17.90%	21.10%	35.68%	0.07%	0.01%	0.00%
预期评级		2.63	2.51	2.07	5.02	5.23	5.36

5.2.3 中美评级标准对比

最后,与前面章节一样,我们基于标准普尔北美信用评级数据进行中外对比。我们从 WRDS COMPUSTAT 提取了标准普尔为北美公司提供的评级数据。基于 Baghai 等(2014)的模型设定(其论文中表 3 模型 2 的设定,同样使用 Ordered Probit 模型),我们重现了以标准普尔为代表的评级机构在北美市场的评级标准。回归结果与 Baghai 等(2014)基本一致,标准普尔的评级标准随着时间推移逐渐变严。出于篇幅因素,我们不再汇报基本面相关的系数结果,而主要考察年度虚拟变量的系数变化。我们在图 5.5 中绘制了我国发行人付费评级、投资者付费评级以及标准普尔评级回归中年度虚拟变量的经济数值(也即年度虚拟变量系数除以平均评级距离)。

图 5.5(a)绘制了我国评级标准变化的情况。在控制公司基本面特征

之后，发行人付费评级机构的评级标准随着时间推移放松趋势明显，相同基本面的公司在 2006 年与 2020 年的评级能够相差出 1.5 级以上。而投资者付费的信用评级随着时间推移明显地变严，相同基本面的公司在 2019 年获得的评级比其在 2011 年获得的评级平均而言低出了将近 1 级。

图 5.5（b）绘制了标准普尔评级标准变化的情况。在控制公司基本面特征之后，标准普尔的信用评级随着时间推移呈现明显的变严趋势，这一结论与 Blume 等（1998）、Alp（2013）和 Baghai 等（2014）相一致。相同基本面的公司在 2004 年以后的评级会比 1985 年的标准普尔评级低出 2 级。

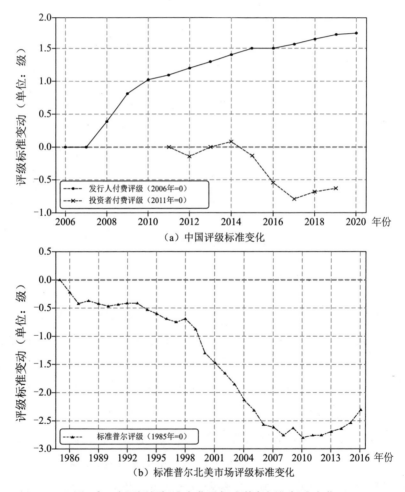

图 5.5　中国评级标准变化及标准普尔评级标准变化

综上，在考虑基本面等因素后，我国的发行人付费信用评级标准明显变松,与国内投资者付费信用评级标准以及国际评级机构的评级标准呈现出完全相反的变化趋势。这一结论是在控制公司基本面信息后得到的,表明评级偏高并非与发债公司基本面情况相符,而主要是由于评级标准放松所致。

5.3 进一步的讨论

前述结论表明,我国发行人付费评级机构的评级标准存在明显放松,为了理解这些结果的稳健性,我们在本节围绕发行人付费评级标准做进一步的探讨。我们首先考察了不同发行人付费评级机构的情况;随后,进一步考虑了评级标准在不同特征的公司上是否都存在标准放松;最后,我们考虑到评级机构可能随时间推移调整了其评级方法,因此我们不再简单通过控制公司的基本面来考察评级标准的变化,而是通过控制评级机构的评级方法,来估计评级标准的放松程度。

5.3.1 主要发行人付费评级机构

5.2节中,我们将所有发行人付费评级机构作为一个整体进行了考察。接下来,我们单独考察几家市场份额较大的发行人付费评级机构,以确认各家机构的评级标准变化情况。具体而言,我们考察了从2006年起就有评级数据的四家主要评级机构:上海新世纪、中诚信国际、大公国际和联合资信。表5.10给出了经过基本面数据匹配后的四家评级机构历年所评定的公司数。

表5.10 各家评级机构历年所评定的公司数

年度	联合资信	中诚信国际	大公国际	上海新世纪
2006	39	38	33	4
2007	115	117	81	16
2008	136	133	91	40
2009	183	184	135	70
2010	245	282	210	145
2011	350	415	325	237
2012	406	532	474	377
2013	485	628	591	482

续表

年度	联合资信	中诚信国际	大公国际	上海新世纪
2014	559	720	636	546
2015	656	799	697	632
2016	700	858	684	654
2017	733	880	684	677
2018	770	987	625	693
2019	828	1 195	537	788
2020	858	1 542	496	781
合计	7 063	9 310	6 299	6 142

我们使用与之前相同的研究方法考察了这四家机构评级标准的变化情况，由于2006年和2007年数据较少，因此，我们将2008年及之前的数据统一定义为"2008年及更早"，并以此为基准来考察随后年份评级标准的变化情况。出于篇幅考虑，我们不再汇报回归结果，而是直接计算了各家机构回归中年度虚拟变量系数的经济学数值，也即各评级机构的评级标准变动情况。我们将这四家评级机构的评级标准变动情况绘制于图5.6；作为对比，我们也重新计算了整体考察发行人付费评级机构时评级标准相较于2006年至2008年的变化情况。

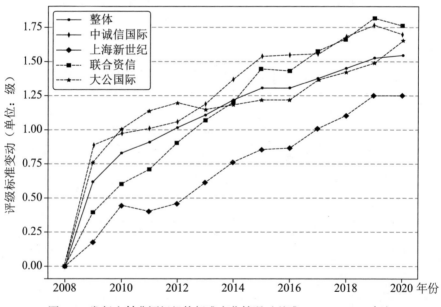

图5.6 发行人付费评级机构标准变化情况（基准=2006—2008年）

从图 5.6 可以明显看出，四家评级机构的评级标准都呈现大幅变松的趋势。除上海新世纪以外的三家机构在 2009 年的评级标准变松程度就已经显著变高，而上海新世纪自 2012 年起评级标准也开始显著高于 2008 年及更早的标准。从 2020 年的评级标准放松程度来看，即使是放松程度最低的上海新世纪，其评级标准较 2008 年之前也放松了 1.25 级；联合资信和中诚信国际无疑是评级标准放松程度较大的两家评级机构，他们的评级标准在 2020 年较 2008 年之前至少放松了 1.5 级以上。

5.3.2 不同子样本

我们考察一些可能影响结果的子样本：（1）获得评级时间的早晚；（2）是否为样本内首次评级记录；（3）是否为国有企业；（4）是否为上市公司。图 5.7 绘制了相应的结果。

图 5.7（a）分析了第一类子样本。我们将样本分为两类，一类公司在 2007 年及更早的时间就已经有评级记录，另一类则是在 2007 年之后才开始进入债券市场获得评级。我们选取 2007 年作为分割点是因为我国公司债市场于 2007 年之后才开始正式发展，而在 2007 年之前就有进入债券市场的公司，主要发行的是企业债，且几乎都是大型国有企业。那么前文发现的评级标准的变动，是否有可能是因为这些大型国有企业的评级逐渐调升导致的？而那些在 2007 年之后才进入债券市场的企业评级可能是稳定的呢？图 5.7（a）分析了两个子样本回归结果的年度虚拟变量系数的经济数值（系数除以对应的平均评级距离）。从结果来看，2007 年之前就拥有主体信用评级的 409 家公司在控制基本面之后，评级依然随着时间推移越来越高，这一评级标准变松的程度只是略低于主回归结果中评级变松的程度。而剔除掉这些早期就获得评级的公司样本，评级标准依旧显著地变松了，由于这一子样本不包含 2007 年及更早就有评级的公司，评级标准是相较于 2008 年进行比较的，从结果可以看出，自 2015 年之后，这一子样本的评级标准相较于 2008 年也放松了 1 级以上。

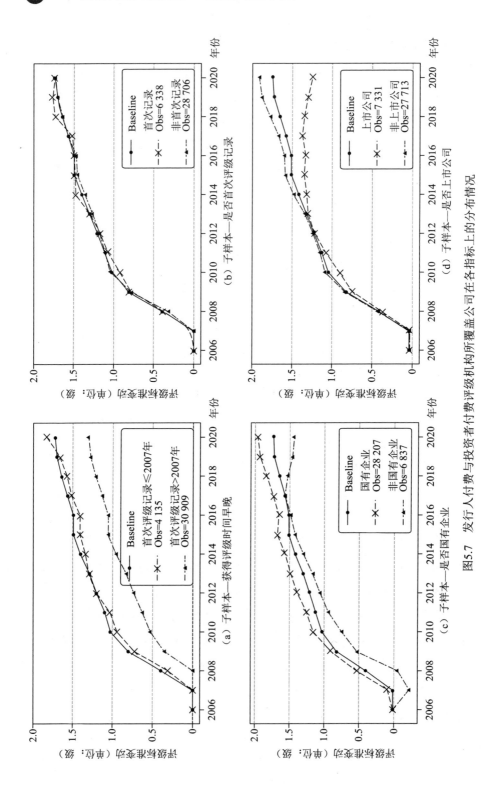

图5.7 发行人付费与投资者付费评级机构所覆盖公司在各指标上的分布情况

图 5.7（b）分析了第二类子样本：该评级是否为公司的首次评级。考虑公司首次评级的原因与第 2 章中关于影响评级的因素有关：Skreta 和 Veldcamp（2009）从理论上分析表明，当资产复杂或者缺乏历史记录时，评级可能会偏保守偏低，然后评级随着信息增加而上升。那么是否首次评级并没有放松？图 5.7（b）的结果表明即使只考察这 6 338 家公司的首次评级记录，在控制公司基本面特征之后，评级标准仍然呈现出显著放松的特征，其放松程度与基准模型几乎一致。而在剔除这些首次评级的样本中，评级标准的放松程度与基准模型几乎完全重叠。这一子样本分析的结果表明无论是否为首次评级记录，评级标准都呈现出了大幅放松的趋势。

图 5.7（c）分析了第三类子样本：公司是否为国有企业。在我们的研究样本内，共有 4 826 家中央或是地方国有企业，占 6 338 家债务主体的 76%，考虑到我国债券市场一直存在隐性担保等因素，国有企业评级标准放松可能是导致主结果的核心因素，那么是否在非国有企业的评级标准就相对稳定呢？图 5.7（c）的结果表明国有企业的评级标准确实放松程度更高，在 2020 年年末甚至接近 2 级；不过非国有企业的评级标准也有较大幅度放松，2017 年时评级标准也放松了 1.5 级以上，虽然 2017 年之后非国企的评级标准似乎轻微变严，这可能与 2018 年国企和地方政府去杠杆改革相关，但相较于 2006 年的评级标准依旧放松了接近 1.5 级。

图 5.7（d）分析了第四类子样本：公司是否为上市公司。上市公司由于其信息披露更为健全，更容易被市场校验其评级是否准确，因此它们的评级标准可能放松程度相对较低，而非上市公司由于信息披露相对较弱，可能是导致评级标准放松的主要因素。在我们的研究样本内，共有 1 307 家 A 股上市公司，占 6 338 家债务主体的 20%。结果表明，上市公司的评级标准放松程度确实相对低于非上市公司；但就绝对值而言，上市公司从 2011 年起评级标准就放松了 1 级以上，即使自 2017 年起，其评级标准有一定程度的变严，但仍较早年放松了 1.2 级。

因此，本节的结果表明，我国评级标准放松几乎不受样本选取的影响，而是一个较为普遍的现象。

5.3.3 改变估计方法

我们在 5.2 节中对评级标准的估计理念是控制住公司基本面因素，来考察评级标准随时间的变化；但在实际过程中，公司的基本面是变动的，同时，评级机构的评级模型可能也会随着时间的变动而变动，我们此前的做法可能恰好反映出了这两类变动，而非评级标准的变化。对此，我们考虑其他三种估计方法来衡量我国评级标准的变动情况。

（1）仅用 2006 年的样本来度量评级机构早年的评级标准。在这种方法下，得到参数 β^{2006}, μ^{2006}，我们基于这些参数和公司之后年度的基本面特征来推测其在历年的评级 $\hat{R}_{i,t}^{2006}$。通过比较 $\hat{R}_{i,t}^{2006}$ 与实际评级 $R_{i,t}$，我们可以计算得到实际评级与推测评级的差别 $\mathrm{Rdiff}_{i,t}^{2006} = R_{i,t} - \hat{R}_{i,t}^{2006}$。由于如前文所说 2006 年的评级标准是历年中最严的，那么 $\hat{R}_{i,t}^{2006}$ 随着时间的推移应该会明显低于 $R_{i,t}$，$\mathrm{Rdiff}_{i,t}^{2006}$ 随着时间的推移应该会大于 0。

读者可以这样理解 $\hat{R}_{i,t}^{2006}$ 这一预测评级：我们认为评级机构始终使用 2006 年的评级标准，那么公司的预测评级上升或是下降则完全由公司的基本面变动决定，而不受评级机构评级标准变动的影响。例如，随着公司基本面的提升，其评级可能从 2006 年的预期评级 4（AA-）变为 2020 年的推测评级 5（AA）；但是如果我们观察到公司的实际评级从 2006 年的 4（AA-）变为 2020 年的 6（AA+），那么我们就可以度量出这一评级标准的放松程度为 1 级。

（2）仅用 2020 年的样本来度量评级机构最新的评级标准。在这种方法下，得到拟合系数 β^{2020}, μ^{2020}，我们基于这些拟合系数和公司之前年度的基本面特征来推测其评级 $\hat{R}_{i,t}^{2020}$，通过与实际评级 $R_{i,t}$ 进行对比，我们可以计算得到 $\mathrm{Rdiff}_{i,t}^{2020} = R_{i,t} - \hat{R}_{i,t}^{2020}$。由于如前文所说 2020 年的评级标准是历年中最松的，那么在越早的年份中 $\hat{R}_{i,t}^{2020}$ 就应该越高于 $R_{i,t}$，$\mathrm{Rdiff}_{i,t}^{2020}$ 的数值应该越小。

（3）逐年（Year-by-Year）进行拟合。借鉴 Fama 和 Macbeth（1973）的做法，我们对每一年的截面数据都进行估计，一共得到 2006—2020 年共 15 组 β^t, μ^t，$t \in [2006, 2020]$。考虑到评级机构每年的评估模型都是变化的，我们生成一组平均模型，这组平均模型的拟合系数 $\beta^{\mathrm{YbY}} = \overline{\beta^t}$，

第5章　评级偏高：与企业基本面相符还是评级标准放松？

$\mu^{YbY} = \overline{\mu^t}$。我们利用这组平均模型的参数和公司的基本面特征来推测其评级 $\hat{R}_{i,t}^{YbY}$，通过与实际评级 $R_{i,t}$ 进行对比，我们可以计算得到 $\text{Rdiff}_{i,t}^{YbY} = R_{i,t} - \hat{R}_{i,t}^{YbY}$。这一类平均模型相当于对评级机构制定评级过程中存在的波动进行了平均化，可以作为一个评级机构近15年制定评级模型的一个近似。不过由于这一模型是一个平均化的模型，$\text{Rdiff}_{i,t}^{YbY}$ 的方向可能为正也可能为负，但其变化趋势或许能为我们考察评级标准的变动提供一些额外的证据。

我们将这三种方法的结果汇报于图5.8中。图5.8（a）展示了估计方法一的结果，我们在箱线图中给出了 $\text{Rdiff}_{i,t}^{2006}$ 的几个分位数值，箱体最下端和最上端的线段分别代表着 $\text{Rdiff}_{i,t}^{2006}$ 在年份 t 的1分位数（P1）和99分位数（P99），箱体本身的下端和上端线段分别代表着 $\text{Rdiff}_{i,t}^{2006}$ 在年份 t 的25分位数（P25）和75分位数（P75），箱体中心的横线对应 $\text{Rdiff}_{i,t}^{2006}$ 在年份 t 的中位数（P50）。与我们预期相一致的是，箱线图的分布随着时间的推移逐渐向0以上进行迁移。由于2006年的评级标准是历年最严的，因而基于2006年评级标准和公司基本面推测出来的评级 $\hat{R}_{i,t}^{2006}$ 要低于真实的评级 $R_{i,t}$。从箱线图的中位数来看，自2012年起超过50%的公司的 $\text{Rdiff}_{i,t}^{2006}$ 已经高于1级。为便于和前文基准模型进行比较，我们用带点实线绘制了基准模型中年度系数的经济数值（系数除以平均评级距离）。不难发现，$\text{Rdiff}_{i,t}^{2006}$ 的变化在2015年之前与基准模型的变化是相一致的，而2015年之后，基准模型的估计得到的结果表明评级标准放松程度更高，而 $\text{Rdiff}_{i,t}^{2006}$ 的分布表明评级标准放松程度相对更缓和一些。如果以 $\text{Rdiff}_{i,t}^{2006}$ 历年的均值来表征评级放松程度，那么2006年 $\text{Rdiff}_{i,t}^{2006}$ 的年度均值为0，而在2020年 $\text{Rdiff}_{i,t}^{2006}$ 的年度均值为1.37，表明在方法一下评级标准放松了1.37级。这一结果要小于主回归中的评级放松程度，这与方法一的样本量有关，由于方法一中仅涉及2006年的114个公司观测值，导致得到的预测值有较大的波动范围（从箱线图的发散程度可以看出波动范围的大小）。尽管如此，有50%以上公司的真实评级被评高了近1级，这一事实说明我们此前得到的结论是稳健的。

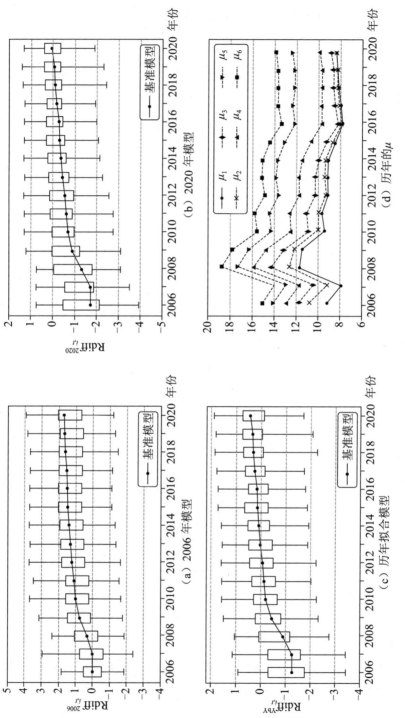

图5.8 使用不同方法计算的评级标准放松程度

图 5.8（b）展示了方法二的估计结果。方法二使用 2020 年的评级及公司基本面数据来进行拟合，实际上是试图建立评级公司最新使用的评级模型与公司基本面之间的关联。考虑到基准模型中 2020 年评级标准被极大地放松了，使用这一最新模型估计得到的 $\hat{R}_{i,t}^{2020}$ 应该高于历年真实的评级 $R_{i,t}$。从箱线图来看，2010 年及更早的年份，$\text{Rdiff}_{i,t}^{2019}$ 的 75 分位数均在 0 附近，表明评级机构最新的评级模型确实标准更松，致使大部分公司在早年间估计得到的评级 $\hat{R}_{i,t}^{2020}$ 都远高于实际评级 $R_{i,t}$。与实线绘制的基准模型相比较也不难发现，$\text{Rdiff}_{i,t}^{2020}$ 的变动趋势与评级标准放松的程度是相一致的。如果以 $\text{Rdiff}_{i,t}^{2020}$ 历年的均值来表征评级放松程度，那么 2006 年 $\text{Rdiff}_{i,t}^{2010}$ 的均值为 -1.28，而在 2019 年 $\text{Rdiff}_{i,t}^{2020}$ 的均值为 0，表明在方法二下评级标准放松了 1.28 级。

图 5.8（c）展示了方法三的估计结果。由于对历年得到的评级模型系数进行了平均，$\text{Rdiff}_{i,t}^{\text{YbY}}$ 的波动相比于前述两种方法要小，其均值在 2013 年接近于 0，表明按方法三进行估计得到的结果更接近样本这一时间范围的评级模型。从 $\text{Rdiff}_{i,t}^{\text{YbY}}$ 的变动趋势来看，我国发行人付费评级标准呈现明显的放松，在 2008 年之前有超过 75% 的公司 $\text{Rdiff}_{i,t}^{\text{YbY}}$ 小于 0，而在 2019 年和 2020 年接近 75% 的公司 $\text{Rdiff}_{i,t}^{\text{YbY}}$ 大于 0。如果以 $\text{Rdiff}_{i,t}^{\text{YbY}}$ 历年的均值来表征评级放松程度，那么 2006 年 $\text{Rdiff}_{i,t}^{\text{YbY}}$ 的均值为 -1.04，而在 2020 年 $\text{Rdiff}_{i,t}^{\text{YbY}}$ 的均值为 0.26，表明在方法三下评级标准放松了 1.30 级。

图 5.8（d）展示了方法三中，历年拟合模型里 6 个评级分割点 μ^t 的分布。我们在 5.1.3 节中已经介绍过这些分割点的经济含义：如果把公司的信用质量分数表示为一个基本面变量所对应的连续函数（也即信用质量分数等于 $\beta' X_{i,t}$），那么 $\mu_1, \mu_2, \cdots, \mu_6$ 就分别对应了六个分数分割点，并把不同信用质量分数的公司分为了七个信用等级，例如信用质量低于 μ_1 的公司 i 在年份 t 的信用等级就应该为 A- 及以下；同理，信用质量高于 μ_6 的公司 i 在年份 t 的信用等级就应该为 AAA。不难发现，自 2008 年起 $\mu_1, \mu_2, \cdots, \mu_6$ 对应的数值即开始减小，μ_6 在 2008 年达到历年最高值 18.70，而在 2020 年仅为 13.91。这一数值的大幅下降表明一个具有相同基本面的公司实际上在 2020 年更容易拿到 AAA。这一发现也间接表明我国信用评级标准出现了大幅度的放松。

5.4 本章小结

总体而言,本章的结果表明我国评级偏高并非是由于有越来越多的好企业参与到公司信用债市场,而是由评级标准放松所导致的。

在控制发债公司基本面特征后,我国发行人付费评级机构的评级标准随时间推移大幅放松。多种估计方式表明,发行人付费评级机构的评级标准在2020年较2006年放松了1.3～1.7级(AA～AA+为1级)。而且这一结论非常稳健,并不受具体发行人付费评级机构的影响;此外,无论是在国有企业、非国有企业、上市公司还是非上市公司,这一评级标准放松的结论都稳健存在。

我国发行人付费评级机构的评级标准放松与我国投资者付费评级机构(中债资信)的评级标准变严形成了鲜明对比。使用中债资信2011—2019年数据进行的分析表明,中债资信的评级标准随时间推移呈现变严趋势,2017年较2011年变严了0.8级。

此外,我国发行人付费评级机构的评级标准变化情况也与标准普尔的评级标准变化形成了鲜明的对比。我们重现了Blume等(1998),Alp(2013),Baghai等(2014)针对北美市场的评级标准的研究,并验证了他们的发现:标准普尔在北美市场的评级标准随着时间推移日趋变严,2016年的评级标准较1985年变严了2级以上。实际上,标准普尔等国际评级机构并非只在北美市场上标准变严,根据香港科技大学的洪明仪(Hung Mingyi)教授及其合作者的研究(Hung等,2019),标准普尔在27个发达国家的评级标准都呈现逐渐变严的趋势。以上研究结果为我国信用评级行业改革提供了参考。另外,我国市场为研究评级标准放松,以及可能的评级虚高、评级选购等问题提供了独特的数据环境。

参考文献

[1] Alp, Aysun. 2013. Structural Shifts in Credit Rating Standards. *The Journal of Finance*, 68(6): 2435–2470.

[2] Baghai, Ramin P, Henri Servaes, Ane Tamayo. 2014. Have Rating Agencies Become

More Conservative? Implications for Capital Structure and Debt Pricing. *The Journal of Finance*, 69: 1961–2005.

[3] Blume, Marshall E, Felix Lim, A Craig MacKinlay. 1998. The Declining Credit Quality of U.S. Corporate Debt: Myth or Reality? *The Journal of Finance*, 53: 1389-1413.

[4] Fama, Eugene F, and James D. MacBeth. 1973. Risk, return, and equilibrium: Empirical tests. *Journal of Political Economy,* 81.3 : 607-636.

[5] Livingston, Miles, Winnie P H Poon, Lei Zhou. 2018. Are Chinese Credit Ratings Relevant? A study of the Chinese Bond Market and Credit Rating Industry. *Journal of Banking and Finance*, 87: 216-232.

[6] Hung, Mingyi, Pepa Kraft, Shiheng Wang, Gwen Yu. 2019. Market Power and Credit Rating Standards: Global Evidence. Working Paper.

第 6 章　评级标准放松的原因及经济后果分析

上一章发现我国评级机构的评级标准大幅放松，本章进一步分析导致评级标准放松的原因，并探讨评级标准放松对实体经济运行所产生的不利影响。

本章内容安排如下：第 6.1 节结合第 2 章中所提及的导致评级偏高的因素，并基于中国的特点，总结导致中国评级偏高的可能原因；第 6.2 节先介绍了上述指标及公司层面评级标准放松程度指标的度量，随后给出导致评级标准放松的数据分析；第 6.3 节探讨评级标准放松的经济后果，重点考察了公司发债的价格、公司的负债情况以及公司的投资情况；第 6.4 节进一步分析了评级标准放松与公司发债目的之间的关系，以及评级标准放松和公司违约之间的关系；第 6.5 节总结本章发现。

6.1　导致中国评级偏高的可能因素

我们在第 2 章中总结了四个影响评级信息发现功能的因素，读者阅读后不难发现，这四个因素都可能解释中国评级标准的放松。例如我国存在 9 家发行人付费的评级机构，激烈的市场竞争，以及发行人付费的商业模式，使得评级机构为了获取业务更愿意迎合发行人，而给出高评级。与此同时，尽管我国公司信用类债券市场从 2005 年起开始迅速发展，但由于隐性担保等问题，我国公开发债企业的违约事件直到 2014 年才出现并逐年增长，因而缺少违约的历史数据，这也给违约估计带来了实际挑战。此外，根据我们 2019 年的一篇学术论文，国内监管机构广泛依赖信用评级来进行债券发行和审慎监管，监管套利也推高了信用评级（Liu 和 Wang，2019）。本节结合我国实际情况，总结这些潜在因素对于我国评级标准的影响。

我们主要探讨如下四类因素：隐性担保、监管因素、行业竞争、收费模式。①

6.1.1 隐性担保

市场和学界均认为隐性担保是我国债券市场上存在的一个较大问题。芝加哥大学的何治国教授与其合作者在《中国债券市场和银行间市场》一文中提到，隐性担保是导致评级偏高的一个原因，这也可能是导致我国自2005年重启短期融资券以来，尽管债务兑付危机事件常有，而债券实际违约却不常见的原因。我们用如下案例来说明我国存在的隐性担保现象。

【案例介绍：滇公路贷款违约】

云南省公路开发投资有限公司（滇公路），是云南省人民政府出资成立的国有独资企业，公司作为省政府授权的投资主体，在云南省交通运输厅的领导下，承担云南省高等级公路的投融资、建设、管理和公路沿线相关产业的经营开发任务。

2011年，由于信贷政策趋紧，部分银行在监管压力下改变了原有放贷计划，实行"只收不贷"，结果导致滇公路现金流短期出现紧张。公司于当年4月向六家债权银行发函，说明公司可能会存在只能偿还利息，不能按期偿还到期的短期贷款本金的潜在风险，希望银企共同想办法，妥善解决即将到期的短期贷款问题。由于滇公路在十几家银行贷款余额超过了900多亿元，另有几十亿元的融资租赁，加起来接近1 000亿元，对银行冲击很大。

随着云南省政府的出面协调，5月上旬，滇公路"债务危机"实际上已经提前解除。经过磋商和谈判，省政府采取了一系列有效措施：一是将公司资本金从过去的3亿元增加至6亿元；二是省财政向公司提供借款20亿元，缓解暂时的资金压力；三是将应由公司偿还的已通车公路征地

---

① 与第2章不同的是，我们不再重点探讨资产复杂性以及缺乏违约历史这一因素，这是因为在上一章中我们已经用数据表明，即使是发债公司的首次评级记录也存在评级标准放松现象。此外，我们在第9章中也证明，缺乏违约记录并不能为评级偏高进行开脱，实则利用上市公司的财务困境事件，是可以构建出具有高度预警价值的评级体系的。

拆迁费作为地方政府投入，转为地方政府股权，减少公司负担；四是将部分优质交通经营资产划拨公司，增加和改善公司现金流，帮助完成公司风险分类调整的工作，增强公司融资能力。

仅在一年之后（2012年11月），滇公路在资本市场上准备发债，大公国际作为评级机构，在当时给出了公司AA+的主体和债项评级。而公司2009年、2010年、2011年和2012的总债务比率（计算方式见5.1节）则分别为60.01%、62.23%、61.56%和58.62%，远高于相应年份样本内公司总债务比率的75分位数（见图5.1）。

滇公路所面临的潜在信用风险由于地方政府因素，得以积极妥善化解；公司在负债率较高的水平下仍然能在资本市场上以较高评级成功举债，也在一定程度上依赖于公司的地方政府背景。因此，隐性担保问题可以通过本案例得到清晰的体现。

需要注意的是，隐性担保不一定只发生在国企，大型民营企业，尤其是上市公司，也可能获得政府担保，但是相对于国有企业少之又少。实际自2005年我国债券市场发展以来，2006年即出现过一次民营企业债券兑付危机（06福禧CP01），但由于金融市场上流通的债券往往具有分散性和涉众性，债券违约所产生的社会影响和风险一般比较大，因而这些债券兑付危机最终都通过政府和银行等途径得以解决，从而避免了最终的违约（吴伟央，2014）。

6.1.2 监管依赖

我们接下来探讨监管因素对我国评级的影响。与美国等发达国家相似，我国的信用评级也发挥了重要的监管区分作用，表6.1按评级、监管机构和监管内容整理了我国与评级挂钩的监管条例。[①]

---

① 这部分的梳理源自于本书作者2019年的一篇工作论文，《What Affects Credit Rating Informativeness in China? Evidence from Upgrades in the Banking Sector》，https://papers.ssrn.com/sol3/papers.cfm?abstract_id=3222997。

表 6.1 我国与评级相关的监管条例

评级	机构	条例与相关内容
AAA	证监会	➢ **证监基金字 [2006]93 号**，《关于证券投资基金投资资产支持证券有关事项的通知》：货币市场基金投资的资产支持证券的信用评级，应不低于国内信用评级机构评定的 AAA 级或相当于 AAA 级的信用级别 ➢ **证监会令【第 113 号】(2015)**，《公司债券发行与交易管理办法》：资信状况符合以下标准的公司债券可以向公众投资者公开发行，也可以自主选择仅面向合格投资者公开发行……（三）**债券信用评级达到 AAA 级**……未达到前款规定标准的公司债券公开发行应当面向合格投资者；仅面向合格投资者公开发行的，中国证监会简化核准程序 ➢ **证监会公告 [2016]30 号**，《基金管理公司特定客户资产管理子公司风险控制指标管理暂行规定》：《附表2——基金专户子公司风险资本准备计算表》指出，信用评级 AAA 级的信用债券，风险系数为 10% ➢ **证监会公告 [2017]12 号**，《公开募集开放式证券投资基金流动性风险管理规定》：货币市场基金投资于主体信用评级低于 AAA 的机构发行的金融工具占基金资产净值的比例合计不得超过 10%，其中单一机构发行的金融工具占基金资产净值的比例合计不得超过 2%
AAA	中国结算	➢ **中国结算发字〔2017〕47 号**，关于发布《质押式回购资格准入标准及标准券折扣系数取值业务指引（2017 年修订版）》有关事项的通知：本公司接受以下产品作为回购质押品在相应市场开展回购业务：一、此次修订主要包括以下内容……2017 年 4 月 7 日（不含）后公布募集说明书的信用债券入库开展回购，**需满足债项评级为 AAA 级、主体评级为 AA 级（含）以上要求。**其中，主体评级为 AA 级的，其评级展望应当为正面或稳定。我公司另有规定的，从其规定
	发改委	➢ **发改办财金〔2013〕957 号**，国家发展改革委办公厅关于进一步改进企业债券发行审核工作的通知：一、加快和简化审核类。对于以下两类发债申请，加快审核，并适当简化审核程序。（一）项目属于当前国家重点支持范围的发债申请……（二）信用等级较高，偿债措施较为完善及列入信用建设试点的发债申请。1. 主体或债项信用等级为 AAA 级的债券……

续表

评级	机构	条例与相关内容
AA+	证监会	➢ 证监会令【第 120 号】(2015),《货币市场基金监督管理办法》: 货币市场基金不得投资于以下金融工具……(四)信用等级在 AA+ 以下的债券与非金融企业债务融资工具…… ➢ 证监会公告 [2017]12 号,《公开募集开放式证券投资基金流动性风险管理规定》: 货币市场基金拟投资于主体信用评级低于 AA+ 的商业银行的银行存款与同业存单的,应当经基金管理人董事会审议批准,相关交易应当事先征得基金托管人的同意,并作为重大事项履行信息披露程序
AA+	原保监会	➢ 保监发〔2014〕13 号,中国保监会关于加强和改进保险资金运用比例监管的通知: 四、设立风险监测比例……(三)类别资产监测。投资境内的具有国内信用评级机构评定的 AA 级(含)以下长期信用评级的债券……
AA+	发改委	➢ 发改办财金〔2013〕957 号,国家发展改革委办公厅关于进一步改进企业债券发行审核工作的通知: 一、加快和简化审核类。对于以下两类发债申请,加快审核,并适当简化审核程序。(一)项目属于当前国家重点支持范围的发债申请……(二)信用等级较高,偿债措施较为完善及列入信用建设试点的发债申请……2. 由资信状况良好的担保公司(指担保公司主体评级在 AA+ 及以上)提供无条件不可撤销保证担保的债券。3. 使用有效资产进行抵质押担保,且债项级别在 AA+ 及以上的债券。4. 资产负债率低于 30%,信用安排较为完善且主体信用级别在 AA+ 及以上的无担保债券……
AA	四部委	➢ 中国人民银行财政部国家发展和改革委员会中国证券监督管理委员会公告〔2010〕第 10 号: 第九条 国际开发机构申请在中国境内发行人民币债券应具备以下条件:(一)财务稳健,资信良好,经两家以上(含两家)评级公司评级,其中至少应有一家评级公司在中国境内注册且具备人民币债券评级能力,人民币债券信用级别为 AA 级(或相当于 AA 级)以上……
AA	中国结算	➢ 中国结算发字〔2013〕109 号,关于发布《质押式回购资格准入标准及标准券折扣系数取值业务指引》的通知: 第三条对于满足本公司多边净额结算标准的信用债券达到以下条件之一的,可作为质押品开展相应市场的质押式回购业务:……(四)经本公司认可的资信评估机构评定的主体评级和债项评级为 AA (含)级以上……
AA	证监会	➢ 证监会公告 [2016]30 号,《基金管理公司特定客户资产管理子公司风险控制指标管理暂行规定》:《附表 2——基金专户子公司风险资本准备计算表》指出,信用评级在 AAA 级以下,AA 级(含)以上的信用债券,风险系数为 15%

续表

评级	机构	条例与相关内容
AA-	原银监会	➢ **中国银行业监督管理委员会令2005年第3号，《金融机构信贷资产证券化试点监督管理办法》**：第六十二条，银监会认可资信评级机构对信贷资产证券化交易的信用评级作为确定风险权重依据的，证券化风险暴露的风险权重按照本办法附录所示的对应关系确定。附录：长期信用评级为AAA到AA-，风险权重为20%；长期信用评级为A+到A-，风险权重为50%；长期信用评级为BBB+到BBB-，风险权重为100%…… ➢ **银监发〔2009〕116号，中国银监会关于印发《商业银行资产证券化风险暴露监管资本计量指引》的通知**：第二十一条，银监会认可资信评级机构对资产证券化交易的信用评级作为确定风险权重依据的，资产证券化风险暴露和再资产证券化风险暴露的风险权重按照附件1所示的对应关系确定。附件1：长期信用评级为AAA到AA-，资产证券化风险暴露为20%；长期信用评级为A+到A-，资产证券化风险暴露为50%；长期信用评级为BBB+到BBB-，资产证券化风险暴露为100%…… ➢ **中国银行业监督管理委员会令2014年第2号，《商业银行流动性风险管理办法（试行）》**：第三十七条，流动性覆盖率旨在确保商业银行具有充足的合格优质流动性资产，能够在银监会规定的流动性压力情景下，通过变现这些资产满足未来至少30天的流动性需求。……合格优质流动性资产是指满足本办法附件2相关条件的现金类资产……附件2：……当前市场价值基础上按85%的折扣系数计入合格优质流动性资产，包括：（2）满足以下条件的公司债券和担保债券：……第三，经银监会认可的合格外部信用评级机构给出的长期信用评级至少为AA-；或者缺乏长期信用评级时，具有同等的短期信用评级；或者缺乏外部信用评级时，根据银行内部信用评级得出的违约概率与外部信用评级AA-及以上对应的违约概率相同……

通过对上述监管政策进行梳理，不难发现，与美国等发达国家相似，我国的监管机构也在债券发行过程、债券投资过程和资本计提等方面广泛运用信用评级来实行监管。

（1）债券发行。2013年发布的《国家发展改革委办公厅关于进一步改进企业债券发行审核工作的通知》对主体或债券信用等级为AAA的债券，或是为AA+但拥有担保、抵押或发行人资产负债率低于30%的债券提出可以加快和简化审核程序。此后，2015年起证监会公布实施的《公司债券发行与交易管理办法》中提出："资信状况符合以下标准的公司债券可以向公众投资者公开发行……（三）债券信用评级达到 AAA 级……"

（2）债券投资。证监会 2006 年发布的《关于证券投资基金投资资产支持证券有关事项的通知》要求："货币市场基金投资的资产支持证券的信用评级，应不低于国内信用评级机构评定的 AAA 级或相当于 AAA 级的信用级别。"2015 年证监会发布的《货币市场基金监督管理办法》中明确提出"货币市场基金不得投资于以下金融工具：……（四）信用等级在 AA+ 以下的债券与非金融企业债务融资工具；……"。保监会也在 2014 年对保险资金的投资监测过程中用到了评级，《中国保监会关于加强和改进保险资金运用比例监管的通知》规定"投资境内的具有国内信用评级机构评定的 AA 级（含）以下长期信用评级的债券……"要列入类别监测资产。

（3）资本计提。资本计提更多体现在银监会对于商业银行投资债券或是进行资产证券化等方面的影响。银监会令 [2005]3 号《金融机构信贷资产证券化试点监督管理办法》、银监发 [2009]116 号《商业银行资产证券化风险暴露监管资本计量指引》等都以 AA- 为资本计提门槛。

可以看出中国监管对于信用评级在发行和投资等方面设定的门槛大多为 AA+ 或 AAA，而这与表 2.2 所列举的美国市场基于评级的监管规定具有明显差异。在美国市场，大部分的监管规定使用 BBB（后使用 BBB-，也即投资级和投机级）来进行监管区分，而我国监管机构则更为审慎，使用了较高评级进行监管区分。

那么监管因素是否会导致我国评级偏高呢？我们给出一个实际的例子，发改委在 2013 年 5 月 23 日发布了《国家发展改革委办公厅关于进一步改进企业债券发行审核工作的通知》，随后证监会在 2014 年 12 月发布了《公司债券发行与交易管理办法（征求意见稿）》，并于 2015 年 1 月 15 日通过并施行。两份政策将发债审核程序简化以及资金募集范围与 AAA 级评级挂钩。我们利用本书第 4.3.2 节中的数据重新考察了历年年末较年初发生评级上调公司中，评级上调至 AAA 级的公司数量及比例。

我们将相应结果绘制在图 6.1 中。柱状图给出了历年年末较年初评级上调至 AAA 级的公司数量，不难发现从 2014 年末起，有更多的公司评级被调升至 AAA 级。折线表示评级调升至 AAA 级的公司占所有评级调升公司的比例。结果表明，2014 年调升至 AAA 级的公司占比较 2013

年调升至 AAA 级的公司占比大幅上升，在 2013 年年末较年初评级调升至 AAA 级的公司占比为 9.84%，而 2014 年占比为 17.93%，也即调升至 AAA 级的公司比例在 2014 年较 2013 年几乎提升近一倍。考虑到上述两个政策的出台在 2013 年至 2015 年之间，而证监会的相应政策指导 2021 年才被宣布取消，因此，如果从 2015 年之后的评级上调情况来看，评级调升至 AAA 级的公司数量几乎逐年上升。基于上述观察，监管因素很有可能是导致我国评级大幅偏高的核心因素。

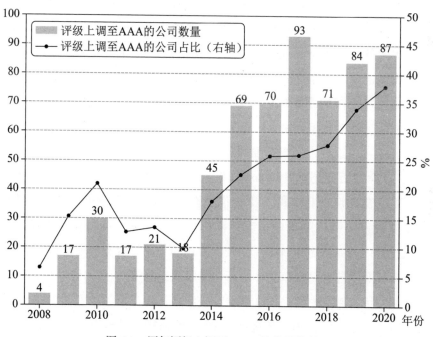

图 6.1 历年评级上调至 AAA 的公司情况

6.1.3 收费模式与行业竞争

我们在第 1 章和第 3 章中分别介绍了国外与国内发行人付费评级机构的收费模式。国外评级机构的收费与发行人行业、债券规模以及债券复杂程度挂钩，每一单业务的收费在几万至几十万美元之间；而如第 3 章所述，国内评级机构的收费采用的是按单收费，根据行业自律协定，评级单价基本在 25 万元人民币左右。因此同样是发行人付费的评级机构，国内外评级机构的实际收费模式存在较大差异，评级收费趋同使得国内评级机构在获取评级业务时面临更加激烈的竞争。

第3章介绍我国评级行业发展历史的过程中就提到,我国评级业存在以低价高评级来抢夺市场的行为(曹晋文,2002)。而从近年来的一些媒体报道来看,即使存在评级行业收费自律公约,这种以低价高评级来抢夺市场的行为仍然屡见不鲜。

据媒体报道,我国评级机构在实际运营过程中"信用评级收费皆'面谈'","有的机构价格远远低于25万元每单"。此外,由于我国评级机构最初的设立与地方监管机构存在诸多关联,这也使不同省份主导的评级机构有所不同,而这也进一步导致了评级的收费标准形成差异:对于同样一单业务,发债公司与评级机构之间的地理距离也会影响评级费用。例如,媒体记者以江苏省一家企业需要评级为由,询问了北京与上海的评级机构,就被上海的评级机构告知"江苏离上海近,公司接手这个案子的成本就低,价格会相对便宜一点"。因为记者需要募资的额度较低,最低22万元就可以给到AA评级。而北京的评级机构则表示:"募资的额度不大,因此,报价25万元还可以谈……如果给到AA,收费就不能低于30万元。"①

要综合评判收费模式以及行业竞争对评级标准放松的影响,我们就需要度量评级机构的竞争情况,而赫芬达尔-赫希曼指数(Herfindahl-Hirschman Index,简称HHI)是较为常用的一种行业竞争度量指标,它是指一个行业中各市场竞争主体占行业总收入或总资产百分比的平方和,用来计量市场份额集中度。HHI越低,表明该行业竞争越激烈,单一公司所占的市场份额越低;HHI越接近于1,表明该行业越接近于垄断,单一公司的市场份额越高。

由于我国评级机构的收费模式为按单收费,尽管各家机构的实际价格可能存在差异,但每单25万元的行业标准基本成为业界共识,因此我们利用第3章中涉及的债券发行数据来构建HHI,以进一步考察评级机构的竞争情况。具体而言,我们使用了从2005年起在发行时点有评级机构的48 368只债券,以各省每年内各家评级机构评定的公司信用类债券总数占各省每年有评级机构的公司信用类债券总数的比例来衡量评级机构的市场份额$Share_{p,t,c}$,其中p代表省份,t代表年份,c代表评级机构,

---

① 金陵晚报,《信用评级付费模式:发行人只要给钱就给"A"》,2013年7月12日。

而 $HHI_{p,t} = \sum Share_{p,t,c}^2$。

图 6.2 按年汇报了各省 HHI 的变动情况。我们在箱线图中给出了 $HHI_{p,t}$ 历年的分布，实线绘制了 $HHI_{p,t}$ 历年的中位数，灰色区域则给出了 $HHI_{p,t}$ 历年的 25 分位数至 75 分位数值。在 2016 年及之前，$HHI_{p,t}$ 呈现明显的下降趋势，表明评级机构的竞争随时间推移越发激烈。不过从 2017 年开始，评级机构的竞争似乎有所下降，表现为 $HHI_{p,t}$ 呈现出一定的上升趋势，这或许与部分评级机构遭到监管处罚有一定关联。

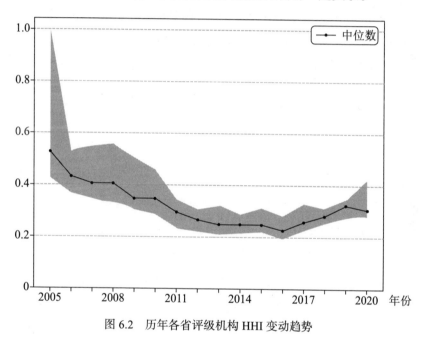

图 6.2　历年各省评级机构 HHI 变动趋势

6.2　各因素与评级放松程度的关系

上述因素都或多或少地导致了评级标准的放松，那么这些因素在多大程度上与我国评级标准的放松程度相关呢？我们试图在本节中给出一个比较分析。

6.2.1　公司层面评级放松程度的度量

我们在第 5.3.3 节使用了三种不同的方法来估计评级标准的放松程度，

而这三种方法恰好为我们提供了一种度量公司层面评级放松程度的思路。为了更好地度量公司层面评级标准的变动，我们借鉴 Baghai 等（2014）的做法，选取了样本内早期公司的基本面特征和实际评级来估计评级机构的评级标准，随后用估计得到的参数和后期的公司基本面数据，来估计在早年的评级标准下，公司基本面所隐含的评级；最后，基于实际评级与相应隐含评级之间的差值来度量各公司的评级标准放松程度。考虑到我国评级自 2008 年开始显著变松，而 2006 年的样本数据又相对较少，我们使用 2006 年、2007 年以及 2006—2008 年的数据来进行样本拟合，并用于估计各公司在后来年份的评级放松程度。具体的估计方法如下：

（1）使用 2006 年和 2007 年的样本进行早期评级标准的估计：

$$\text{Prob}(R_{i,06-07}=r)=\text{Prob}(\mu_{r-1}^{06-07}<\beta^{06-07}X_{i,2006-2007}+\varepsilon_{i,t}\leq\mu_r^{06-07}) \quad (6\text{-}1)$$

$$\beta^{06-07},\mu^{06-07}=\text{argmax}\prod_{i=1}^{N}\prod_{r=1}^{7}\text{Prob}(R_{i,06-07}=r) \quad (6\text{-}2)$$

在这种方法下，我们通过极大似然估计得到参数 $\beta^{06-07},\mu^{06-07}$，随后我们利用公司在随后年份的基本面数据 $X_{i,t}(t\in[2008,2020])$，估计得到公司在随后年份的隐含评级 $\hat{R}_{i,t}^{06-07}$，通过与真实 $R_{i,t}$ 评级进行对比，我们可以计算得到如下评级变松程度的度量指标：

$$\text{Rdiff}_{i,t}^{06-07}=R_{i,t}-\hat{R}_{i,t}^{06-07} \quad (6\text{-}3)$$

（2）使用 2006—2008 年的样本进行模型拟合，按照上述相同的步骤，我们可以得到如下评级变松程度的度量指标：

$$\text{Rdiff}_{i,t}^{06-08}=R_{i,t}-\hat{R}_{i,t}^{06-08} \quad (6\text{-}4)$$

$\text{Rdiff}_{i,t}^{06-07}$ 和 $\text{Rdiff}_{i,t}^{06-08}$ 的分布如图 6.3 所示。我们用实线绘制了两个变量的中位数，$\text{Rdiff}_{i,t}^{06-07}$ 和 $\text{Rdiff}_{i,t}^{06-08}$ 在 2020 年的中位数分别为 1.00 和 0.91，表明 50% 以上的公司评级标准放松了 1 级或是 0.9 级以上。我们用较深的灰色区域表示两个变量的 25 分位数至 75 分位数，可以看到，在两种度量方式下，从 2010 年起超过 75% 的公司评级标准放松程度都为正值，表明大部分公司的评级标准都有一定程度的放松。我们用较浅的灰色区域进一步给出了两个变量的 5 分位数和 95 分位数，可以看到，两个变量下，还是有一部分公司的实际评级低于相应公司基本面所隐含的评级。不过从整体趋势来看，上述两个指标可以很好地反映我们前文所发现的评级标准放松现象。

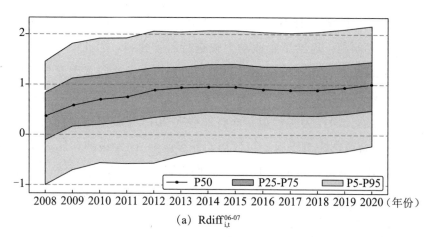
(a) $\text{Rdiff}_{i,t}^{06\text{-}07}$

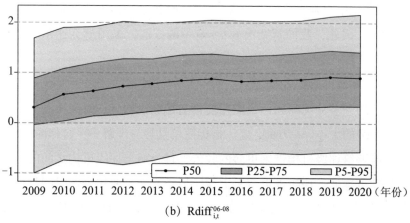
(b) $\text{Rdiff}_{i,t}^{06\text{-}08}$

图 6.3　公司层面评级放松程度的分布

6.2.2　导致评级放松的因素度量

第 6.1 节中总结了几种导致评级放松的可能因素,我们在本节中给出这些因素的度量方式。

(1)隐性担保。隐性担保是市场认为导致我国评级偏高的一个重要因素。如第 6.1.1 节所述,市场普遍认为主要是国有企业享有隐性担保,因此,我们使用国有企业(state owned enterprise,SOE)0-1 变量来度量隐性担保,当公司属于国有企业时该变量为 1,反之为 0。

(2)监管因素。如第 6.1.2 节中所示,2013 年和 2014 年发改委与证监会的两项政策,实际为研究监管因素对评级标准变化的影响构造了一个准自然实验:在这两项政策出台之前,评级上调至 AAA 的企业并不能获得监管优势；而从2015年年初起，评级上调至AAA的企业拥有了监管给予的相应便利，这给了企业动力去进行监管套利。因此，我们通过双重差分（difference-in-difference，DID）的方式来考察监管因素导致的评级标准放松。具体而言，我们将那些在2015年年初政策实施后评级才上调至AAA的公司作为实验组，而将那些在2015年政策落地前就已经达到AAA的公司作为对照组（包含初始评级就为AAA级的和那些在2015年之前调升至AAA级的公司）。① 我们设置了一个监管因素的0-1变量 $Regulation_{i,t}$，当实验组的公司在评级调升至AAA级之后设为1，在其余情况该变量始终为0。

（3）竞争因素。我们在第6.1.3节中介绍了如何度量评级机构的市场竞争情况，因此，我们延续第6.1.3节中的方法，采用赫芬达尔－赫希曼指数（HHI）来度量评级机构的市场竞争。

（4）利益冲突。我们考虑一种简单的方式来估计由于发行人付费模式所导致的利益冲突问题：我们用公司与评级机构合作时间长度来估计这种利益冲突的大小。一方面，这一指标简单且容易理解——合作时间越长，发行人能够给评级机构带来更多的收入，且公司与评级机构之间的信息不对称程度也越低，评级也更容易上偏。另一方面，使用合作时间长度与已有的学术研究发现相一致（Mahlmann，2011），也即合作时间越长评级越容易虚高。具体而言，我们用 $Relation_{i,c,t}$ 表示这一指标，结合了债券发行数据和公司主体评级数据，获取了各家公司 i 与各家评级机构 c 的首次合作时间，随后，我们则可以相应计算公司每次获得新评级时与相应评级机构的合作时间跨度。

我们将上述变量与 $Rdiff_{i,t}^{06-07}$ 和 $Rdiff_{i,t}^{06-08}$ 进行了匹配，并在表6.2中给出了这些变量的描述性统计。$Rdiff^{06-07}$ 和 $Rdiff^{06-08}$ 两个变量的均值分别为0.88和0.77，表明样本内公司的评级放松程度平均在0.8～0.9级左右，图6.3已经给出了两个指标的分布情况，因此我们不再赘述。SOE的均值为0.80，表明80%的观测值都来自国有企业。我们已经在图6.2中描述HHI的数据特征，不再另行描述。公司与评级机构合作时间长度

---

① 我们仅考虑了那些评级调升至AAA级并且截至2020年年末都稳定在AAA级的企业，而没有考虑评级先调升至AAA级随后又发生了调降的公司（仅8家公司）。

（Relation）的均值为 3.13 年，中位数为 2.40 年，表明 50% 的公司年度观测值与对应的评级机构有 2 年以上的合作关系。最后，我们描述监管因素（Regulation），在我们样本中共有 295 家公司在 2015 年之后被陆续调升至 AAA，Regulation 的均值表明，这些公司被调升之后的观测值占全样本的比例为 3%。

表 6.2　评级放松程度及理论因素的描述性统计

	单位	观测值	均值	标准差	P1	P25	P50	P75	P99
Rdiff$^{06-07}$	级	34 604	0.88	0.86	−1.39	0.34	0.90	1.44	2.82
Rdiff$^{06-08}$	级	34 212	0.77	0.86	−1.65	0.25	0.82	1.35	2.59
SOE	%	34 604	0.80	0.40	0.00	1.00	1.00	1.00	1.00
HHI	—	34 604	0.27	0.07	0.18	0.23	0.26	0.30	0.52
Relation	年	34 604	3.13	2.90	0.00	0.93	2.40	4.63	12.65
Regulation	—	34 604	0.03	0.17	0.00	0.00	0.00	0.00	1.00

注：Rdiff$^{06-08}$ 观测值略少是因为其数据的起始时间为 2009 年。

6.2.3　各因素对评级标准放松的影响程度

我们使用最简单的线性回归来估计这些理论因素对于评级放松程度的影响：

$$\text{Rdiff}_{i,p,c,t} = \alpha + \beta_1 \text{SOE}_i + \beta_2 \text{HHI}_{p,t} + \beta_3 \text{Relation}_{i,c,t} + \beta_4 \text{Regulation}_{i,t} + \varepsilon_{i,p,c,t} \quad (6\text{-}5)$$

其中 $\text{Rdiff}_{i,p,c,t}$ 代表评级放松程度，其下标对应的是公司 i，所在省份 p，评级机构 c 和时间 t。α 是模型的截距项，$\beta_1 \sim \beta_4$ 是前述四个变量的系数。我们在此处额外标注出省份 p 和评级机构 c 来和被解释变量 Rdiff 进行匹配，值得注意的是我们的被解释变量 Rdiff 仍然是公司—年度变量（面板数据），我们只是进一步按其总部所在省份和历年评级对应的评级机构进行了变量构建与匹配。我们也控制了年份 θ_t 固定效应和行业／公司—评级机构固定效应，并将标准误差聚类在公司—评级机构层面。

表 6.3 汇报了我们按式（6-5）来估计这些理论因素对于评级标准放松程度的影响。Panel A 和 Panel B 分别给出了被解释变量为 $\text{Rdiff}_{i,t}^{06-07}$ 和 $\text{Rdiff}_{i,t}^{06-08}$ 的分析结果。

表 6.3　各因素与评级标准放松程度的关系

	(1)	(2)	(3)	(4)	(5)	(6)	(1)	(2)	(3)	(4)	(5)	(6)
	Panel A: 被解释变量 = Rdiff^{06-07}						Panel B: 被解释变量 = Rdiff^{06-08}					
SOE	0.49*** (19.52)						0.47*** (19.08)					
HHI		−0.04 (−0.55)			−0.02 (−0.24)	−0.19 (−1.28)		0.06 (0.69)			0.09 (1.16)	−0.10 (−0.67)
Relation			0.06*** (4.63)		0.05*** (3.82)	0.06*** (2.65)			0.07*** (5.26)		0.06*** (4.35)	0.05** (2.27)
Regulation				0.68*** (21.14)	0.67*** (20.97)					0.72*** (22.34)	0.71*** (22.17)	
Regulation(−2,−1)						−0.01 (−0.34)						−0.03 (−1.11)
Regulation(0)						0.84*** (21.31)						0.81*** (22.26)
Regulation(1)						0.77*** (16.89)						0.74*** (16.68)
Regulation(>1)						0.70*** (12.90)						0.65*** (12.48)
Industry FE	√	×	×	×	×	×	√	×	×	×	×	×
Firm-CRA FE	×	√	√	√	√	√	×	√	√	√	√	√
Year FE	√	√	√	√	√	√	√	√	√	√	√	√
Obs	34 604	34 604	34 604	34 604	34 604	5 852	34 212	34 212	34 212	34 212	34 212	5 645
Adj R-sq	0.086	0.738	0.739	0.747	0.747	0.816	0.137	0.756	0.756	0.766	0.766	0.837

Panel A 和 Panel B 的列（1）分别汇报了隐性担保（SOE）与评级放松程度的关系，SOE 的系数在 Panel A 和 Panel B 分别为 0.49 和 0.47，均在 1% 的统计水平上显著。这一结果表明国有企业的评级标准放松程度显著高于非国有企业。考虑到 $\text{Rdiff}_{i,t}^{2006}$ 和 $\text{Rdiff}_{i,t}^{06-07}$ 的样本内均值分别为 0.88 和 0.77，国有企业所存在的隐性担保因素似乎能解释较大一部分评级放松程度。值得注意的是，我们在此处并没有考虑公司层面的因素，而只是通过控制行业固定效应[①]粗略地估计了国有企业相较于非国有企业在评级标准放松程度上的差异。上述结果只能说明隐性担保的确会使评级标准放松，但由于无法更加细致地量每一家企业的隐性担保程度，因此很难比较不同国企之间隐性担保的差异。考虑到目前的文献并没有很好的指标来衡量政府对公司层面的隐性担保，因此，隐性担保到底在何种程度上导致了评级标准的放松还有待进一步的探索。

Panel A 和 Panel B 的列（2）分别汇报了评级机构市场竞争与评级放松程度的关系，HHI 在 Panel A 和 Panel B 的系数分别为 -0.04 与 0.06，两者均在统计上不显著。这一结果表明以 HHI 来度量的评级机构市场竞争对于公司层面评级放松并无显著影响。

Panel A 和 Panel B 的列（3）汇报了公司与评级机构合作时间长度对于评级放松程度的影响，由于我们在每年均选取各公司的最低评级，其中或涉及评级机构变动，因而对自变量 $\text{Relation}_{i,c,t}$ 产生影响，为控制不随公司—评级机构变换的因素，我们控制了公司—评级机构 $\delta_{i,c}$ 固定效应。Relation 在 Panel A 和 Panel B 的系数分别为 0.06 和 0.07，均在 1% 的统计水平上显著，表明公司和评级机构合作时间越长，评级标准放松程度越高。这一结果与直觉相吻合。从经济意义来看，样本内公司与评级机构的合作时间均值约为 3.13 年（见表 6.1），而标准差为 2.90 年，因此，如果合作时间增加一个标准差，则评级放松程度会增加 0.17～0.20 级。这一结果已经具备重要的经济意义：考虑到 5.2.1 节的表 5.6 中，总债务比率（TotDebt）每变动一个标准差会让评级下降 0.16 级，不难发现，同样一个标准差的变动下，由于合作时间的延长而带来的评级上升已经足以抵消

[①] 由于公司性质不随时间变化，因此如果控制公司-评级机构固定效应，国有企业虚拟变量将被固定效应吸收。

负债率上升导致的评级下降。

Panel A 和 Panel B 的列（4）汇报了出现监管便利之后，评级上调至 AAA 的公司的评级放松程度。该虚拟变量（Regulation）的系数在 Panel A 和 Panel B 分别为 0.66 和 0.71，均在 1% 的统计水平上显著。这一结果表明这些在 2015 年之后评级上调至 AAA 级的公司，它们的评级放松程度平均上升了 0.66 ~ 0.71 级，也即这些公司在评级上调之后，基本面并没有明显改善。这一结果的经济含义也非常明显，考虑到 $Rdiff_{i,t}^{2006}$ 和 $Rdiff_{i,t}^{06-07}$ 的样本内均值分别为 0.88 和 0.77，那么监管因素至少可以解释 75% 以上的评级放松程度。

Panel A 和 Panel B 的列（5）汇报了评级放松程度与所有因素的关系，不难发现与评级机构合作时间长度以及监管套利因素都对评级放松程度有显著且稳定的影响，其中监管对高评级的偏好无疑是导致评级放松程度大幅增长的核心因素，在控制其他理论因素之后，由于监管因素发生评级上调的公司，其评级虚高出了 0.66 ~ 0.71 级。

Panel A 和 Panel B 的列（1）~（5）使用了全样本的数据来进行分析，因而也就考虑了那些评级并没有上升至 AAA 级的公司。为了更加严谨地说明监管因素是导致评级标准大幅放松的核心原因，我们在列（6）中仅包含了那些在 2015 年初政策开始实施后，评级才上调至 AAA 的公司，和那些在 2015 年初政策实施前就已经达到 AAA 的公司（包含初始评级就为 AAA 级的和那些在 2015 年政策实施前调升至 AAA 级的公司）。

我们借鉴了 Bertrand 和 Mullainathan（2003），倪骁然和刘士达（2020）的方法，在列（6）从时间趋势上做了分析。从时间趋势来看，那些在 2015 年政策实施之后，评级才被调升至 AAA 的企业：他们的评级标准放松程度在评级调升至 AAA 之前的两年里，也即 Regulation（-2,-1），与对照组企业的评级标准放松程度并无显著差异；而这些企业在获得 AAA 评级之后，其评级标准额外放松程度显著增加。在评级上调的当年，也即 Regulation（0），这些企业的评级标准的额外放松程度达到了 0.81 至 0.84 级。随着时间推移，这些企业的评级标准额外放松程度系数逐渐变小但依然显著：在评级上调一年后，也即 Regulation（1），这些企业的评级标准的额外放松程度为 0.74 至 0.77 级；在评级上调两年及之后，也即 Regulation（>1），这些企业的评级标准的额外放松程度仍为 0.65 至 0.70 级。这一结果表明，在评级调升后这些企业基本面确实有所改善，即便如此，这些企业的评级在调升两年后仍然额外虚高出了近 0.7 级。

为了让读者更加直观地了解这一变化，我们将实验组与控制组之间的差异绘制在图 6.4 中（我们仅绘制了以 $\text{Rdiff}_{i,t}^{06\text{-}07}$ 为被解释变量的结果）。图 6.4 从时间序列上给出了这些受监管套利影响而评级调升至 AAA 级的企业，与那些没有受监管套利影响而评级已经上升至 AAA 级企业的差异。实线给出了 Regulation 系数的数值，而灰色区域则给出了该系数的 95% 置信区间。不难看出，这些企业在调升前的评级放松程度实则与那些评级已经上升至 AAA 级的企业并无显著差异；而在评级调升后，这些新晋的 AAA 级企业评级标准放松程度大幅增加，尤其是在调升当年，这些企业相较于对照组企业的评级标准超额放松程度高达 0.8 级以上。

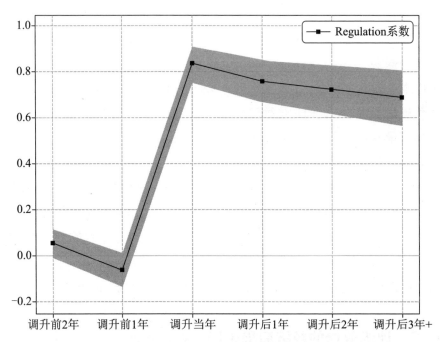

图 6.4　监管政策实施后评级调升至 AAA 级企业较政策实施前评级就已经达到 AAA 级企业在评级放松程度上的差异

上述分析比较了几类重要因素对我国评级标准放松程度的影响。本节的结果表明，监管因素是导致我国评级虚高的核心原因。我们以国家发改委与证监会在 2015 年发布《国家发展改革委办公厅关于充分发挥企业债券融资功能支持重点项目建设促进经济平稳较快发展的通知》与《公司债券发行与交易管理办法》作为准自然实验，研究了 2015 年及之后被调升至 AAA 级的企业与在政策实施前就已经达到了 AAA 级的企业，在评级标准放松程度上的差异。结果表明 2015 年之后获得 AAA 的企业，相较于对照组的企业评级放松程度大幅上升了 0.66～0.71 级。按照我们对公司层面评级标准放松程度的度量，监管因素至少能够解释 75% 以上的评级放松程度。

收费模式带来的利益冲突也显著带来评级虚高，但其经济影响要小于监管因素；而评级机构的市场竞争对于评级虚高的影响较为有限。此外，国有企业存在的隐性担保因素能够解释一部分评级放松程度。但由于无法更加细致地度量每一家企业的隐性担保程度，很难比较不同国企之间隐性担保的差异。目前的文献并没有很好的指标来衡量政府对公司层面的隐性担保，因此，隐性担保到底在何种程度上导致了评级标准的放松还有待进一步的探索。

本节的内容有重要的现实意义。我们给出了一种我国公司层面评级放松程度的度量方式，通过这种度量方式，从业人员和监管机构可以较为有效地衡量各公司的信用质量及评级虚高程度，为投研和监管工作提供参考。本章的数据分析也支持了近年来我国监管机构对评级业的改革举措，例如，2020 年 8 月证监会出台《公司债券发行与交易管理办法（征求意见稿）》删除了原办法第十九条，即"公开发行公司债券，应当委托具有从事证券业务资格的资信评级机构进行信用评级"。此外，在第十六条"资信状况符合以下标准的公开发行公司债券，专业投资者和普通投资者可以参与认购"的条件中删除了有关"债券信用评级达到 AAA 级"的条件。

6.3 评级放松的经济后果（I）

如第 2.2 节所述，信用评级对于实体经济有着重要影响，具体体现在其能影响公司的融资成本，进而影响到公司的投融资决策。那么，我国评级是否也具有相同的作用呢？本节从三个维度来考察评级放松对于实体企业的影响：发债融资成本、债券融资情况和投资情况。①

6.3.1 公司发债成本分析

为了研究公司层面评级放松程度对发债成本的影响，我们从 WIND 获取了第 3 章中的除可转债和可交换债以外的所有其他债券信息；此外，为便于计算信用利差，我们仅选取了固定利率债券。为了保证我们的评级变松程度指标能够度量发债时点的评级情况，我们找出债券发行日期对应的最新主体评级和评级机构，并与我们估计评级变松程度时点所用到的主体评级和评级机构进行匹配，最终我们匹配上 4 024 家公司发行的 16 395 只债券。我们从 WIND 获取了这些债券的发行价格、到期收益率、资金募集规模、期限和增信措施的信息，并通过三次样条插值（cubic splines）匹配了相同期限的国债到期收益率来计算这些债券发行时点的信用利差。我们在表 6.4 中给出了数据描述性统计。

这些企业债券的平均信用利差为 199 个基点，并且随时间的推移有一定的起伏。我们将资金募集规模 [Log（IssAmt）] 以亿元为单位并取对数，其样本内均值为 2.06，表明我国公司债券历年的平均资金募集规模在 7.85 亿元左右。债券的平均期限在 2～3 年，表明大部分债券期限相对较短。我们也考虑了债券存在增信情况，设置了一个虚拟变量增信措施（Credit Enhance），该变量在全样本的均值为 0.09，表明近 10% 的债券有增信措施。为了考虑发债时点债券市场宏观情况对于发债价格的影响，我们也计算了债券发行当天 1 年期国债到期利率水平（Level）和长短期国债到期利率差（Slope，10 年期与 3 月期国债利率之差）。

表 6.4　发债成本数据描述性统计

	观测值	均值	标准差	P10	P25	P50	P75	P90
Rdiff[06-07]	16 395	1.02	0.78	−3.05	0.06	0.46	1.01	1.54
Rdiff[06-08]	16 175	0.88	0.74	0.02	0.34	0.86	1.40	1.86
Rating	16 395	5.83	1.03	1.00	5.00	5.00	6.00	7.00

---

① 这一部分的经济学分析框架是由宾夕法尼亚大学的 Itay Goldstein 教授和合作者于 2020 年提出的，感兴趣的读者可以阅读这篇文章 Itay Goldstein and Chong Huang, 2020. Credit Rating Inflation and Firms' Investments. *The Journal of Finance*, 75(6), 2929-2972.。

续表

	观测值	均值	标准差	P10	P25	P50	P75	P90
Spread (bps)	16 395	199.00	115.57	-35.26	68.32	112.88	181.18	271.52
Log (IssAmt)	16 395	2.06	0.80	0.00	1.10	1.61	2.08	2.56
Term (year)	16 395	2.33	2.29	0.08	0.49	0.74	1.00	3.00
Credit Enhance	16 395	0.09	0.28	0.00	0.00	0.00	0.00	0.00
Level (%)	16 395	2.60	0.64	1.10	1.71	2.25	2.66	3.04
Slope (%)	16 395	0.92	0.42	0.04	0.46	0.66	0.84	1.15

我们使用线性回归评级来分析标准放松程度与企业发债成本之间的关系，具体的回归表达式如下：

$$\text{Spread}_{i,b,c,t} = \alpha + \beta_1 \text{Rdiff}_{i,c,t} + \beta_2 \text{Rating}_{i,c,t} + \beta \text{Controls} + \delta_{i,c} + \theta_{\text{Year}} + \varepsilon_{i,b,c,t} \tag{6-6}$$

其中，$\text{Spread}_{i,b,c,t}$是公司债券发行时的信用利差，其下标对应的是公司i、债券b、评级机构c和发行时间t；α是模型的截距项；$\text{Rdiff}_{i,c,t}$和$\text{Rating}_{i,c,t}$代表公司在发债时点的评级放松程度与评级，这两个变量前的系数β_1和β_2也是我们最关心的指标；我们也加入了表6.4中的其他控制变量，为控制不随公司—评级机构变换的因素，我们使用了公司—评级机构$\delta_{i,c}$固定效应；我们也控制了年份θ_{Year}固定效应。

表6.5给出了回归结果。列（1）和列（2）分别汇报了债券发行成本与评级以及评级放松程度$\text{Rdiff}_{i,t}^{06-07}$，$\text{Rdiff}_{i,t}^{06-08}$之间的关系。$\text{Rdiff}_{i,t}^{06-07}$和$\text{Rdiff}_{i,t}^{06-08}$的系数分别为19.82和17.22，均在1%的水平上显著，而评级（Rating）的系数为-41.23和-37.79，也均在1%的水平上显著。这一结果表明，评级每上升1级，发债成本平均会低出38～41个基点，这一结果与何平和金梦（2010）、Livingston等（2018）的发现相一致。而$\text{Rdiff}_{i,t}^{06-07}$和$\text{Rdiff}_{i,t}^{06-08}$的系数显著为正则表明，评级放松程度如果达到1级，那么发债成本平均会高出17～20个基点。我们在表6.5的最后一行汇报了两者系数相加后的F检验结果，如果企业的实际评级标准被放松了1级，那么这家企业的发债成本平均而言会下降20.79～21.41个基点。这一发现表明，评级标准放松的确能够使得企业的发债成本下降，但市场也并不完全认可企业的高评级，而会依据评级放松的程度来给出相对合理的价格。这一结果经济意义巨大，考虑历年各债券的平均资金募集规模为7亿

元左右，利率每下降 20 个基点，则意味着发债成本每年下降 140 万元；考虑到评级公司每单评级的收费才 25 万元，这一成本的下降幅度实则相当可观。

表 6.5　债券发行信用利差与评级放松程度的关系

	(1)	(2)	(3)	(4)
被解释变量 =	Spread	Spread	Spread	Spread
Rdiff=	$Rdiff_{i,t}^{06-07}$	$Rdiff_{i,t}^{06-08}$	$Rdiff_{i,t}^{06-07}$	$Rdiff_{i,t}^{06-08}$
(1) Rdiff	19.82***	17.00***	18.74***	15.59***
	(5.48)	(3.92)	(5.17)	(3.62)
(2) Rating	−41.23***	−37.79***	−43.30***	−39.10***
	(−9.92)	(−8.12)	(−10.44)	(−8.41)
Log (IssAmt)			−1.25	−1.52
			(−0.82)	(−0.98)
Term			10.37***	10.58***
			(22.53)	(22.53)
Credit Enhance			−25.02***	−24.98***
			(−4.55)	(−4.41)
Level			16.20***	16.80***
			(7.02)	(7.26)
Slope			25.90***	28.77***
			(9.55)	(10.54)
Firm-CRA FE	√	√	√	√
Year FE	√	√	√	√
Obs	16395	16175	16395	16175
Adj R-sq	0.746	0.747	0.766	0.768
(1)+(2)=	−21.41***	−20.79***	−24.56***	−23.51***

我们在表 6.4 的列（3）和列（4）中进一步考察了其他影响债券发行成本的因素。不难发现，债券的期限与信用利差呈现正相关关系，即期限越长，债券的信用利差越高，这和期限溢价理论相一致。此外，如果债券具有增信措施，信用利差平均而言会低出 25 个基点。最后，发债成本与宏观环境也有显著关系。发债时点的利率水平越高，长短期国债利差越大，表明市场资金成本整体较高，相应的发债成本也会越高。不过，即使在考虑这些因素之后，评级放松程度对于发债成本的影响仍然在统计意义和经济意义上都非常显著。

上述发现与美国的情况形成了鲜明的对比，Alp（2013）、Baghai 等（2014）的研究发现，尽管标准普尔等评级机构在美国公司债市场的评级逐年变严，但市场会考虑评级变严的程度，评级标准越严的企业，其发债成本在控制评级之后也越低，这体现了市场的信息发现能力。

6.3.2 公司债券融资情况分析

评级标准放松较多的公司在获得高评级之后，发债成本有所下降，那么这些公司是否发行了更多债券呢？这些公司的负债又是否有所上升？我们在本节做进一步的探讨。我们从两个角度考察了债券发行情况：①是否发行了债券和②债券规模净增量。

具体而言，我们将债券发行数据信息转换为公司—年度观测值，并用 $BondIss_{i,t}$ 这一变量来定义公司 i 是否在相应年份 t 有发行过公司信用类债券（包括了第 3 章所涉及的所有种类债券）。如果发行过，则 $BondIss_{i,t}$ 这一虚拟变量为 1，反之则为 0。我们也考察了公司的债券规模净增量（$NetIssAmt_{i,t}$，本年新发债券规模与到期债券规模的差除以公司上一年末的总资产），这个指标考虑了借新还旧因素。

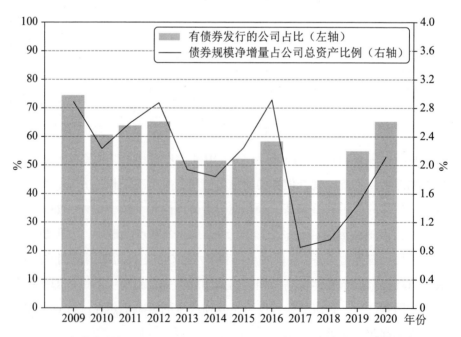

图 6.5　有债券发行公司的占比及债券规模净增量占公司总资产比例的历年均值

我们在图 6.5 给出了这两个变量的历年的平均数。$BondIss_{i,t}$ 的均值表示我们样本内公司（截至 2020 年年末发行过公司信用类债券的公司）在历年中有债券发行记录的比例，这一比例历年均在 40% 以上，部分年份高于 70%，值得注意的是，2020 年新冠肺炎疫情暴发，而有发债记录的公司比例也呈现上升趋势，这与 2020 年我国利率水平较低有一定关联。从全样本来看，$NetIssAmt_{i,t}$ 的均值为 1.85%，表明我们样本内公司债券规模净增量是在上升的；从时间维度来看，这一指标呈现出一定的波动性，不过历年均在 0.8% 以上，表明平均而言公司的未到期债券规模处于净增长状态。

我们使用了 Probit 模型来考察评级标准放松更多的公司是否发债的概率会更大，并在表 6.6 的 Panel A 中给出了相应的分析结果。列（1）和列（2）中 $Rdiff_{i,t-1}^{06-07}$ 和 $Rdiff_{i,t-1}^{06-08}$ 的系数分别为 0.09 和 0.16，均在 1% 的水平上显著。这一结果表明，企业评级标准放松越多，这些企业越可能在随后的年份发债。这一结果也符合经济直觉，因为企业在获得高评级之后，融资成本下降，因此发债倾向上升。列（1）和列（2）中 Rating 的系数分别为 0.13 和 0.08，表明评级越高，企业的发债意愿也越强。

表 6.6 评级放松程度与发债倾向

Panel A: Probit 模型回归结果		
	(1)	(2)
被解释变量 =	$BondIss_{i,t}$	$BondIss_{i,t}$
$Rdiff_{i,t-1}^{06-07}$	0.09***	
	(5.21)	
$Rdiff_{i,t-1}^{06-08}$		0.16***
		(8.92)
$Rating_{i,t}$	0.13***	0.08***
	(7.29)	(4.07)
Controls	√	√
Industry& Year FE	√	√
N	27 452	27 123
Pseudo. Rsq	0.115	0.117

续表

Panel B: Probit 模型边际效益分析（控制变量＝均值，行业＝房地产，年份＝2020年）		
评级情况	Rdiff$^{06-07}$	Rdiff$^{06-08}$
评级＝AAA，放松程度＝0级	59.71%	52.87%
评级＝AAA，放松程度＝1级	63.02%	59.45%
评级＝AA+，放松程度＝0级	54.35%	49.72%

注：由于 Rdiff$^{06-07}_{i,t-1}$ 和 Rdiff$^{06-08}_{i,t-1}$ 可以由评级和公司基本面特征进行表征，存在潜在的共线性问题，因此，我们参考 Baghai 等（2014）的做法，对两个评级放松程度指标进行了滞后处理。控制变量包括了公司对数资产规模、总债务比率、总资产回报率、总资产回报率波动率、固定资产比率、税盾、资本性支出比率、净营运资本比率。相应变量的描述性统计见附录。

由于 Probit 模型为非线性模型，为了让读者更好地理解这一结果，我们在 Panel B 中给出了一个特殊情形下的比较分析。我们假设存在一家公司，其基本面数据为我们样本数据中的均值（见本章附录1），所属 WIND 二级行业为房地产。我们考虑了3种假设：①这家公司的评级为 AAA，但不存在任何评级放松（Rdiff=0）；②这家公司评级为 AAA，但评级放松程度恰好为1级（Rdiff=1）；③这家公司的评级为 AA+，但不存在任何评级放松（Rdiff=0）。我们计算了这3种情况下该公司在2020年的发债倾向。

可以看到，由于评级放松1级而获得 AAA 级的公司，比没有任何评级放松的 AAA 级公司更可能发债，虚高的1级评级使得发债的边际概率提升了 3.3%～6.6%（63.02-59.71=3.31 或 59.45-52.87=6.58）。而对于不存在评级放松的 AAA 级公司，其发债的边际概率仅比不存在评级放松的 AA+ 级公司高出了 3.2%～5.4%（52.87-49.72=3.15 或 59.71-54.35=5.36）。因此，对于那些实际上应该为 AA+ 级但因为评级放松而获得 AAA 级的公司，它们的发债边际概率比正常的 AA+ 级公司平均提升了 8.7%～9.8%。

上述结果表明，评级标准放松的确使得样本内的公司更倾向于发行债券。那么公司的债券净发行规模增加了多少呢？我们在表6.7中通过线性回归给出了一个估计。估计的结果表明，在控制了公司基本面特征和评级后，评级放松程度每高出1级，债券净发行规模会平均上升 0.15～0.60 个百分点。考虑到样本内债券净发行规模的均值为 1.85%，评级标准放松带来的债券净增量是相当可观的。

表 6.7 评级放松程度与债券净发行规模

被解释变量 =	(1) NetIssAmt$_{i,t}$	(2) NetIssAmt$_{i,t}$
Rdiff$_{i,t-1}^{06-07}$	0.15** (2.04)	
Rdiff$_{i,t-1}^{06-08}$		0.60*** (7.35)
Rating$_{i,t}$	0.89*** (10.75)	0.70*** (8.19)
Controls	√	√
Firm & Year FE	√	√
N	27 452	27 123
Adj. R-sq	0.131	0.134

注：由于 Rdiff$_{i,t-1}^{06-07}$ 和 Rdiff$_{i,t-1}^{06-08}$ 可以由评级和公司基本面特征进行表征，存在潜在的共线性问题，因此，我们参考 Baghai 等（2014）的做法，对两个评级放松程度指标进行了滞后处理。控制变量包括了公司对数资产规模、总债务比率、总资产回报率、总资产回报率波动率、固定资产比率、税盾、资本性支出比率、净营运资本比率。相应变量的描述性统计见附录。

在未呈现的结果中，我们也分析了评级标准放松程度与公司负债率之间的关系。数据分析表明，评级标准放松程度更高的公司，无论是短期债务比率、长期债务比率还是总债务比率都显著更高。[①] 给定公司基本面特征和评级，如果评级放松程度为 1 级，那么公司的短期债务比率会平均上升 0.47%～0.59%，长期债务比率会平均上升 1.28%～1.30%，而总债务比率会平均上升 1.73%～1.88%。

6.3.3 公司投资情况分析

公司发债的重要目的是为可行的投资项目进行融资。当评级标准放松后，企业的融资成本下降，也新增了债券融资规模，那么是否投资也上升

[①] 短期债务比率 =（短期借款 + 以公允价值计量且其变动计入当期损益的金融负债 + 应付票据 + 一年内到期的非流动负债）/ 总资产；长期债务比率 =（长期借款 + 应付债券）/ 总资产；总债务比率 =（长期债务 + 短期债务）/ 总资产。

了呢？我们在表 6.8 中结合实际数据做了分析。

表 6.8 评级放松程度与企业投资

被解释变量 =	(1) Capex / Assets$_t$	(2) Capex / Assets$_t$	(3) R & D/Assets$_t$	(4) R & D/Assets$_t$
Rdiff$_{i,t-1}^{06-07}$	-0.10**		0.01	
	(-2.36)		(0.37)	
Rdiff$_{i,t-1}^{06-08}$		-0.02		0.02
		(-0.41)		(0.85)
Rating$_t$	0.19***	0.13**	-0.01	-0.01
	(3.63)	(2.51)	(-0.27)	(-0.27)
Controls	√	√	√	√
Firm & Year FE	√	√	√	√
N	27 452	27 123	3 101	3 101
adj. R-sq	0.612	0.611	0.956	0.956

注：由于 Rdiff$_{i,t-1}^{06-07}$ 和 Rdiff$_{i,t-1}^{06-08}$ 可以由评级和公司基本面特征进行表征，存在潜在的共线性问题，因此，我们参考 Baghai 等（2014）的做法，对两个评级放松程度指标进行了滞后处理。控制变量包括了公司对数资产规模、总债务比率、总资产回报率、现金比率和相应因变量的滞后项。相应变量的描述性统计见附录。

表 6.7 的列（1）与列（2）分析了评级放松程度与资本性支出占资产比例（Capex/Assets）的回归结果。Rdiff$_{i,t-1}^{06-07}$、Rdiff$_{i,t-1}^{06-08}$ 的系数分别为 -0.10 和 -0.02，其中 Rdiff$_{i,t-1}^{06-07}$ 的系数在 5% 的水平上显著。其系数的含义为，评级标准放松 1 级，企业的资本性支出下降 0.10 个百分点。而评级（Rating）的系数分别为 0.19 和 0.13，均在 5% 或更高水平上显著，表明评级越高的企业，资本性支出越高。但综合考虑高评级和企业评级放松程度，不难发现那些因为评级放松而获得好评级的企业，他们的资本性支出实际要显著更低。我们在列（3）和列（4）中进一步估计了研发支出占总资产比例（R&D/Assets）的情况。其结果表明，评级放松程度更高的企业也并没有增加研发性投入。

上述数据分析表明，企业在获得虚高的评级后债券融资成本显著下降，更愿意发债融资，债券融资也的确增加了，但从企业的实际投资来看，新增的债务融资并没有体现在企业的资本性或研发性支出上，这似乎与直觉相矛盾。那么企业发行债券的目的到底是什么呢?

6.4 评级放松的经济后果（Ⅱ）

我们在本节中首先探讨目前我国企业发债的原因，随后探讨评级标准放松和企业发债目的之间的关系，最后，我们对评级放松的潜在风险进行定量评估。

6.4.1 公司发债目的分析

本节探讨企业发债的原因。我们首先围绕这些企业债券资金募集用途进行文本分析，归纳企业发债融资的目的。我们从 WIND 获取了第 3 章所有债券的资金募集用途文本信息，并对这些文本进行了分析。图 6.6 给出了这些债券资金用途中出现频率最高的 30 个词组。

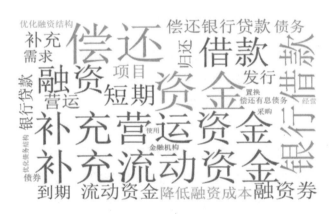

图 6.6　债券资金募集用途文本高频词云图

图中的词字号越大，则表明该词的出现频率越高。可以发现，企业发债的主要目的是补充流动资金、降低融资成本、偿还借款等。但也不难发现，在这些高频词中，也涉及"项目"这样与投资相关的词汇。因此，我们进一步使用 Latent Dirichlet Allocation（LDA）模型来对文本进行主题分类，并将分类结果绘制在图 6.7 中。①

---

① LDA 是一个广泛应用于文本分析的机器学习模型，最早由 David Blei，Andrew Ng 和 Michael Jordan 于 2003 年提出，感兴趣的读者可以阅读这篇论文 Blei，Ng 和 Jordan（2003）。

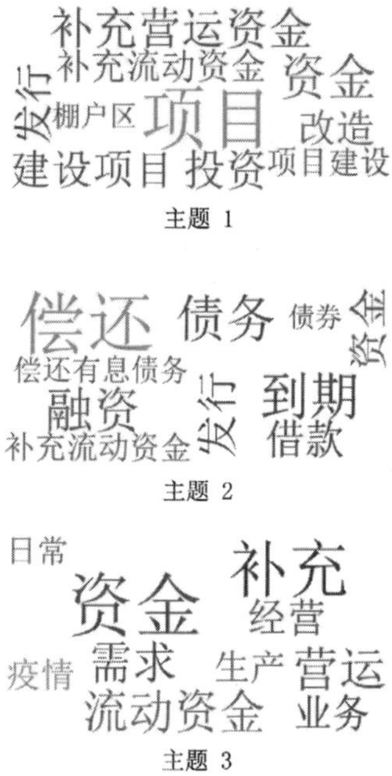

图 6.7 债券资金募集用途文本主题分类结果

LDA 模型为每一类资金募集用途提取出其相应的关键词。上述关键词可以被解读为三类用途：项目投资、债务展期和补充资金。① 这三类用途基本囊括了企业发债的主要目的。

值得注意的是，每一只债券的资金募集并非只涉及一类用途，而是有可能涉及其中两项甚至是多项，LDA 模型的优点则是可以给出该资金用途最为可能的主题。因此，我们基于 LDA 模型的文本分类，统计了样本内每一只债券发债资金用途的主题，并将结果按年汇报在图 6.8 中。图 6.8（a）展示了从 2005 年至 2020 年历年各主题债券的绝对值，以项目投资为目的的债券随着时间缓步上升；在样本内早期，以补充资金为目的的债券数值较多，而随着时间的推移，以债务偿还为目的的债券数值开始呈现指数型的增长。实际上，基于对债券文本的阅读，我们也发现，目前我国大量企业发债的目的是债务展期、借新还旧。图 6.8（b）则给出了三类主题的占比随时间的变化。在样本早期，26% 的债券资金用途为项目投资，

---

① 我们通过计算 LDA 模型的 Coherence Values 来确定最优的主题分类，根据 LDA 模型的分类结果，最优的主题分类共 3 类。我们在本章附录 2 中给出了文本分类的案例。

而补充营运资金的债券则占据近70%。而随着时间推移，截至2020年末，仅13%的债券是为项目投资募集资金，而接近80%的债券是为了偿还已有债务而募集资金。

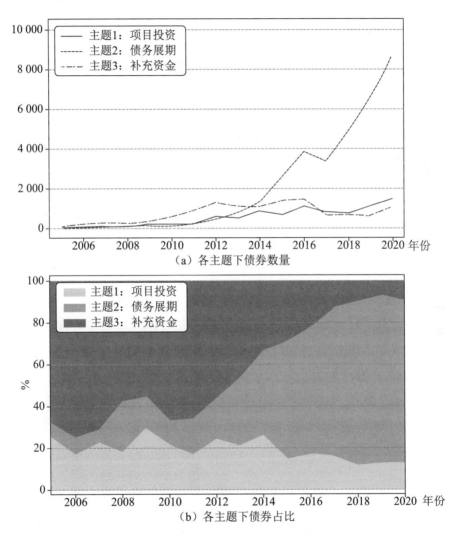

图6.8 各类主题债券随时间的变化情况

因此，从债券募集资金用途而言，目前我国大多数企业发债融资的主要目的并非是投资，更多是为了补充资金和偿还债务。这一结果显示了我国公司债市场的扭曲。由于发行门槛高，大多数公司债发行者是国企和具有一定规模的公司，这些企业扩大投资的意愿并不强烈。与此同时，小微企业急需融资扩大生产规模,但是往往很难通过发行债券进行直接融资。那么,那些评级标准更松的企业,它们是否更倾向于发行以"投资"为目的的债券?

6.4.2 评级放松与公司发债目的

我们将这些公司信用类债券的资金用途信息按年进行汇总,如果一家企业在某一年内发行过一只以"项目投资"为目的的债券,我们就认为这个企业在该年以"项目投资"为目的发行了债券,并用 InvestTopic$_{i,t}$ 这一虚拟变量来表示该企业的发债特征。如果企业在 t 年发行过一只以"项目投资"为目的的债券,那么该虚拟变量即为 1,反之为 0。

我们在图 6.9 中给出了历年发行过"项目投资"债券与"债务展期"债券的公司占比,不难发现,2009—2020 年间有债券发行记录的公司中,发行过"项目投资"债券的公司占比最高不超过 30%;而发行过"债务展期"债券的公司占比,随着时间的推移明显上升,并自 2018 年起,这一比例就超过了 80%。

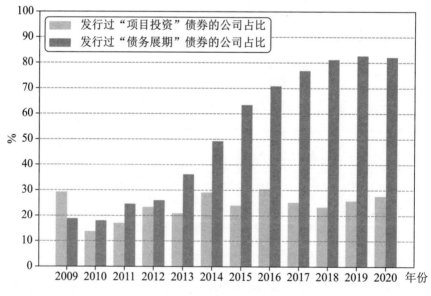

图 6.9 发行过"项目投资"和"债务展期"债券的公司比例

我们用 Probit 模型来估计公司评级标准放松程度与企业发债目的之间的关系,相应结果如表 6.9 的 Panel A 所示。

表 6.9　评级放松程度与企业发债目的

Panel A: Probit 模型回归结果				
	(1)	(2)	(3)	(4)
被解释变量 =	InvestTopic$_{i,t}$	InvestTopic$_{i,t}$	RollTopic$_{i,t}$	RollTopic$_{i,t}$
Rdiff$_{i,t-1}^{06-07}$	−0.18*** (−7.78)		0.10*** (4.14)	
Rdiff$_{i,t-1}^{06-08}$		−0.16*** (−5.82)		0.11*** (4.06)
Rating$_t$	0.06** (2.27)	0.04 (1.49)	0.04 (1.54)	0.04 (1.28)
Controls	√	√	√	√
Industry & Year FE	√	√	√	√
N	14 935	14 689	14 935	14 689
Pseudo R-sq	0.115	0.113	0.211	0.204
Panel B: Probit 模型边际效益分析（控制变量 = 均值，行业 = 房地产，年份 = 2020 年）				
评级情况	项目投资（Rdiff$^{06-07}$）		债务展期（Rdiff$^{06-07}$）	
评级 = AAA，放松程度 = 0 级	29.12%		89.03%	
评级 = AAA，放松程度 = 1 级	23.14%		90.68%	
评级 = AA+，放松程度 = 0 级	27.17%		88.09%	

注：由于 Rdiff$_{i,t-1}^{06-07}$ 和 Rdiff$_{i,t-1}^{06-08}$ 可以由评级和公司基本面特征进行表征，存在潜在的共线性问题，因此，我们参考 Baghai 等（2014）的做法，对两个评级放松程度指标进行了滞后处理。控制变量包括了公司对数资产规模、总债务比率、总资产回报率、总资产回报率波动率、固定资产比率、税盾、资本性支出比率、净营运资本比率。相应变量的描述性统计见附录。

Panel A 中，Rdiff$_{i,t-1}^{06-07}$，Rdiff$_{i,t-1}^{06-08}$ 的系数分别为 −0.18 和 −0.16，均在 1% 的统计水平上显著。这一结果表明，评级标准放松程度越高，企业以"项目投资"为目的发行债券的概率越低。根据我们对 InvestTopic$_{i,t}$ 的定义，这些企业只要在 t 年发行过一只以"项目投资"为目的的债券，那么该虚拟变量即为 1，反之为 0。那么上述结果则表明，评级放松程度越高的企业，越有可能发行债券来进行"资金补充"和"债务展期"。因此，我们也定义了 RollTopic$_{i,t}$ 这一虚拟变量，企业在 t 年只要发行过一只以"债务展期"为目的的债券，那么该虚拟变量即为 1，反之为 0。不难发现，列（3）和列（4）的结果显示，Rdiff$_{i,t-1}^{06-07}$、Rdiff$_{i,t-1}^{06-08}$ 的系数分别为 0.10 和 0.11，均在 1% 的统计水平上显著。这一数据结果表明，评级放松程度越高的公司，越有可能发债来从事债务展期活动。

Panel B 则给出了一个直观的概率分析，与前文一致，我们仍然假设存在一家公司,其基本面数据为我们样本数据中的均值,所属 WIND 二级行业为房地产。可以看到,由于评级放松 1 级而获得 AAA 级的公司,比那些没有任何评级放松的 AAA 级公司,在发行以投资为目的的债券上,边际概率低了近 6%。而对于不存在评级放松的 AAA 级公司,其发行以投资为目的债券的边际概率,比不存在评级放松的 AA+ 级公司高出了 2% 左右。因此,对于那些实际上应该为 AA+ 级但因为评级放松而获得 AAA 级的公司,相较于正常的 AA+ 级公司,它们以投资为目的发行债券的概率要低 4%。

我们也分析了这家假想企业以"债务展期"为目的的边际概率。在不存在评级放松的情况下,AAA 级企业比 AA+ 级企业的债务展期边际概率高出了约 1%;评级放松程度为 1 级的 AAA 级企业,比不存在评级放松的 AAA 级企业在边际概率上提升了 1.6%。这也表明,评级放松的边际影响甚至已经超过了评级本身。此外,如果对比这家企业在发债目的上的概率数值,不难发现,这家房地产企业更有可能发债从事债务展期活动,而非进行新项目投资。在各种评级情形下,该企业发债以进行债务展期的概率都比发债以进行投资的概率高出 60%。

在未汇报的结果中,我们也考察了评级放松程度与企业现金水平的关系。我们发现评级放松程度越高的企业,现金水平也显著更高。评级标准每放松 1 级,这些企业的现金水平会上升 0.19 ~ 0.34 个百分点。这一结果表明,评级放松程度更高的企业现金比率相对更高。这一结果也进一步肯定了这些企业确实通过发债来提升自身的现金水平。作为对比,现金比率的全样本均值为 11%,因此评级放松程度与现金比率的关系的经济显著性相对较小。

企业评级变好,融资成本下降,企业出于防御性目的而持有现金的意愿应该下降;但是,那些由于评级标准下降而获得好评级的国内企业,实则是那些基本面相对更差的公司——这些企业财务灵活度不足,需要出于防御性的因素来持有更多现金,以及依靠债券市场来进行债务展期,这也解释了为什么这些企业更不可能发债从事投资活动。上述结果意味着评级放松程度越高的企业,未来越有可能发生违约,这与企业获得更高信用评级恰好背道而驰。以上发现印证了 2021 年恒大地产及其他一些房地产公司违约或陷入财务困境的风险来源,并对我国企业未来信用风险防范提出警示。

6.4.3 评级放松与公司违约

通过匹配 2014—2020 年的公司债券违约数据（违约数据描述详见第 4 章），我们共匹配上了 119 家违约公司。我们仍然利用全样本数据估计了一个 Probit 模型来考察评级放松程度与企业违约之间的关系。我们将相应结果汇报在表 6.10 中。

表 6.10　评级放松程度与公司违约

Panel A: Probit 模型回归结果		
	(1)	(2)
被解释变量 =	Default_{t+1}	Default_{t+1}
$\text{Rdiff}_{i,t-1}^{06-07}$	0.12**	
	(2.20)	
$\text{Rdiff}_{i,t-1}^{06-08}$		0.18***
		(3.13)
Rating_t	−0.51***	−0.54***
	(−10.13)	(−10.70)
Controls	√	√
Industry & Year FE	√	√
N	20 648	20 648
Pseudo. Rsq	0.305	0.308
Panel B: Probit 模型边际效益分析（控制变量 = 均值，行业 = 房地产，年份 =2019）		
评级情况	违约年份 =2020	标准普尔违约率
评级 =AAA，放松程度 =0 级	0.0047%	AAA=0.00%
评级 =AAA，放松程度 =1 级	0.0074%	AA+=0.00%
评级 =AA+，放松程度 =0 级	0.0326%	AA=0.01%
评级 =AA+，放松程度 =1 级	0.0491%	AA−=0.02%
评级 =AA，放松程度 =0 级	0.1810%	BBB=0.21%
评级 =AA，放松程度 =1 级	0.2581%	BBB−=0.24%
评级 =AA−，放松程度 =0 级	0.7967%	BB+=0.49%
评级 =AA−，放松程度 =1 级	1.0791%	BB−=1.21%

注：Panel A 中由于 $\text{Rdiff}_{i,t-1}^{06-07}$ 和 $\text{Rdiff}_{i,t-1}^{06-08}$ 可以由评级和公司基本面特征进行表征，存在潜在的共线性问题，因此，我们参考 Baghai 等（2014）的做法，对两个评级放松程度指标进行了滞后处理。控制变量包括了公司对数资产规模、总债务比率、总资产回报率、盈利能力、总资产回报率波动率、固定资产比率、税盾、资本性支出比率、净营运资本比率。相应变量的描述性统计见附录。Panel B 中，标准普尔违约率为 1981—2020 年历年各等级实际违约率均值（S&P, 2021）。

和预期一致，Panel A 的结果显示，$\text{Rdiff}_{i,t-1}^{06-07}$、$\text{Rdiff}_{i,t-1}^{06-08}$ 的系数分别为 0.12 和 0.18，分别在 5% 和 1% 的统计水平上显著，这一结果表明，评级虚高程度较高的公司的确在未来更容易发生违约。而 Rating 的系数分别为 −0.51 和 −0.54，均在 1% 的统计水平上显著，表明评级越高的公司违约概率越低，这也和我们的直觉相一致。

为了分析评级放松的经济含义，我们在 Panel B 中给出一个假想情形的数据分析。我们仍然假设存在一家房地产公司，其 2019 年的基本面数据与我们样本数据中的均值相等，那么其在 2020 年的违约概率如 Panel B 所示。

如果其评级为 AAA 且不存在任何放松的情况，那么基于这家房地产企业在 2019 年的情况，其在 2020 年发生违约的概率为 0.0047%；而如果这家房地产企业的评级放松程度为 1 级，则其在 2020 年发生违约的概率为 0.0074%。为了评判这些数值的经济学含义，我们也给出了 S&P（2021）所发布的实际违约率，从标准普尔历年的实际违约率数据来看，这家假想的 AAA 级房企的评级放松程度为 1 级，其在 2020 年的违约概率与标准普尔的 AA 级公司的违约率相接近。

考虑到国内大部分公司的评级为 AA 级。假设这家房地产企业的实际评级为 AA，且评级放松程度为 1 级，那么这家公司在 2020 年的违约概率为 0.2581%。对比标准普尔评级下的违约概率，标准普尔的 BBB- 级——最低等级的投资级——实际违约率为 0.24%。这一结果表明，由于评级放松 1 级而获得 AA 级的这家假想房地产企业，在标准普尔体系下应该为 BBB- 级甚至更低。

基于本节的分析，读者不难发现评级放松具有非常负面的实际影响：企业更倾向于增加发债用于借新还旧和增加持有现金；由于评级的监督能力减弱，企业容易出现债务违约，为我国债券市场的信用风险埋下了较大隐患。

6.5 本章小结

本章分析了中国评级标准放松的原因及其经济影响。

我们结合实际数据给出了我国企业评级放松程度的度量指标，总结并构建了一系列导致评级放松的因素，以对比探讨何种原因导致了我国评级偏高、评级标准大幅放松。从定量的分析来看，隐性担保和监管因素是导致我国评级标准大幅放松的关键原因。其中国有企业比非国有企业的评级放松程度整体高出 0.5 级。而以国家发展改革委与证监会 2015 年发布《国家发展改革委办公厅关于充分发挥企业债券融资功能支持重点项目建设促进经济平稳较快发展的通知》与《公司债券发行与交易管理办法》作为准自然实验，我们发现 2015 年之后获得 AAA 的企业，相较于对照组的企业评级放松程度额外上升了 0.66 ~ 0.71 级。按照我们对公司层面评级标准放松程度的度量，监管因素至少能够解释 75% 以上的评级放松程度。

本章进一步探讨了评级标准放松对于实体经济的影响。与经济直觉一致，我们发现因评级标准放松而获得高评级的企业，债券融资成本显著下降，发行债券的可能性也更大，债券的净发行规模也确实更高。但评级放松程度更高的企业，资本性投资水平显著更低。

进一步的分析表明，我国企业发债目的以"补充资金"和"债务偿还"为主，而以"项目投资"为目的的债券占比则不到 20%。而评级放松程度越高的企业，越有可能借新还旧，债务展期。这些企业的违约概率也显著高于相同评级但不存在评级放松的公司，以一家假想的 AA 级房地产企业来看，如果其评级放松程度为 1 级，那么这家房地产企业在未来一年的违约概率已经超过了标准普尔评级体系下的 BBB-（最低等级投资级）的实际违约率。

本章的结果表明，评级标准放松为实体经济埋下了潜在的信用风险。一旦出现流动性冲击事件，企业难以通过债券市场借新还旧，那么，这些评级虚高的企业极有可能"爆雷"，进而引发系统性的金融风险，导致实体经济损失（Almeida 等，2012；He 和 Xiong，2012）。

本章的发现具有政策性价值。一方面，我们使用的指标可以用来度量企业评级标准放松的程度，帮助监管机构及时发现并关注那些评级虚高的企业；另一方面，本章的发现也可以帮助政策制定者更好地去规范债券市场的融资行为，为潜在的展期风险和违约风险做出防范性监管，重点关注那些评级虚高、财务杠杆高、投研比例低、借新还旧的公司，防止对实体经济产生较大的负面影响。

参考文献

[1] 倪骁然，刘士达. 2020. 金融同业活动与实体企业经营风险——来自地区层面同业存单业务的证据 [J]. 金融研究，（9）：136-153.

[2] 吴伟央. 2014. 债券违约应对处理法律机制探析 [J]. 证券法苑，13（4）：189-214.

[3] Almeida, Heitor, Murillo Campello, Bruno Laranjeira, Scott Weisbenner. 2012. Corporate debt maturity and the real effects of the 2007 credit crisis. *Critical Finance Review*, 1, 3-58.

[4] Alp, Aysun. 2013. Structural Shifts in Credit Rating Standards. *The Journal of Finance*, 68(6): 2435-2470.

[5] Ang, Andrew, Jennie Bai, Hao Zhou. 2019. The great wall of debt: real estate, political risk, and Chinese local government financing cost. Working Paper.

[6] Baghai, Ramin P, Henri Servaes, Ane Tamayo. 2014. Have Rating Agencies Become More Conservative? Implications for Capital Structure and Debt Pricing. *The Journal of Finance*, 69: 1961-2005.

[7] Bertrand, Marianne, Sendhil Mullainathan. 2003. Enjoying the quiet life? Corporate governance and managerial preferences. *Journal of Political Economy*, 111(5): 1043-1075.

[8] Blei, David M, Andrew Y Ng, Michael I Jordan. 2003. Latent dirichlet allocation. *Journal of Machine Learning Research*, 3: 993-1002.

[9] Goldstein, Itay, Chong Huang, 2020. Credit Rating Inflation and Firms' Investments. *The Journal of Finance*, 75(6), 2929-2972.

[10] Liu Shida, Hao Wang. 2019. How Do Regulations Affect Credit Ratings? Evidence from the Upgrades in the Banking Sector. SSRN Working Paper.

[11] Mählmann, Thomas. 2011. Is There a Relationship Benefit in Credit Ratings? *Review of Finance* 15(3): 457-510.

附录

附录1 主要变量统计

附表 6.1 中给出了本章所用变量的描述性统计，具体指标的构建方式与第 5 章相同，其余债券层面的指标见本章正文的描述。

附表 6.1 数据描述性统计

	观测值	均值	标准差	P10	P25	P50	P75	P90
BondIss (%)	27 452	54.41	49.81	0.00	0.00	100.00	100.00	100.00
InvestTopic (%)	14 935	25.62	43.65	0.00	0.00	0.00	100.00	100.00
RollTopic (%)	14 935	65.16	47.65	0.00	0.00	100.00	100.00	100.00
NetIssAmt (%)	27 452	1.85	4.70	−1.95	0.00	0.00	3.53	7.77
Default (%)	20 648	0.41	6.39	0.00	0.00	0.00	0.00	0.00
LongDebt (%)	27 452	20.85	12.36	5.56	11.57	19.62	28.72	37.81
ShrtDebt (%)	27 452	13.94	11.25	2.23	5.25	10.98	19.88	30.48
TotDebt (%)	27 452	34.87	14.14	16.38	24.53	34.37	44.75	53.98
Cash (%)	27 452	11.00	7.48	2.97	5.55	9.51	14.58	20.77
Capex/Assets (%)	27 452	3.47	4.06	0.03	0.46	2.05	5.03	8.97
Capex/Sales (%)	27 452	38.20	93.38	0.26	2.19	8.54	29.23	90.52
ROA (%)	27 452	3.46	3.41	0.64	1.31	2.63	4.84	7.73
Size	27 452	10.12	1.13	8.81	9.36	10.00	10.77	11.70
EBIT/Sales (%)	27 452	24.40	34.49	3.19	7.34	16.24	30.02	49.93
Vol(ROA) (%)	27 452	1.38	1.77	0.19	0.37	0.76	1.63	3.21
Tangibility (%)	27 452	16.04	18.39	0.25	1.76	8.29	24.94	44.00
Tax Shield (%)	27 452	1.34	1.51	0.03	0.16	0.73	2.13	3.53
NWC/Assets (%)	27 452	26.29	26.79	−3.60	5.12	20.33	45.68	68.06

附录2　债券资金用途文本案例

附表6.2　债券资金用途文本案例

主题1：补充资金	
1.	江苏交通控股有限公司，07苏交通CP01： （1）补充营运资金。补充交通控股公司及下属各单位在实际生产、经营和进行国内外贸易过程中对营运资金的需求，保证生产、经营和国内外贸易的顺利进行。（2）优化融资结构。目前交通控股公司系统的短期融资已经通过银行贷款及发行债券等多种渠道获得，本次短期融资券的发行将会进一步提高直接融资比例和优化融资结构。（3）降低融资成本。交通控股公司此前通过银行贷款方式获得的短期资金成本相对较高，本次通过再次发行短期融资券募集资金，可以进一步降低融资成本，优化财务结构，降低经营负担。
2.	深圳赤湾港航股份有限公司，16赤湾港MTN001： 公司发行3亿元本期中期票据募集资金将用于补充发行人本部及子公司的营运资金，以缓解公司营运资金压力。
主题2：偿还债务	
1.	深圳市裕同包装科技股份有限公司，16裕同01： 本次债券募集资金不超过8亿元。本期债券为本次债券的首期发行，发行规模为基础发行规模4亿元，可超额配售不超过4亿元。本期债券基础发行规模的募集资金扣除发行费用后，拟用于偿还借款，超额配售的募集资金拟用于偿还借款或者补充流动资金（超额配售完成后，募集资金累计不超过558 443 016元用于偿还借款）。
2.	重庆渝开发股份有限公司，16渝开发MTN001： 本期中期票据发行金额3.3亿元人民币，其中，2.56亿元用于归还银行贷款，0.74亿元用于补充营运资金。
主题3：项目投资	
1.	中国宜兴环保科技工业园发展总公司，16宜环科债： 本期债券发行募集资金11.7亿元，拟86 200万元用于中国宜兴环保科技工业园堂前人家安置房建设项目，30 800万元用于紫霞山庄二期安置房建设项目。
2.	南宁威宁投资集团有限责任公司，18威宁投资MTN001： 计划首期发行规模6.00亿元，拟全部用于"邻家广场""云景广场""综保区广场"和"会秀广场"项目建设的资本金。

第三部分 改进中国信用评级

如之前所述，我国债券市场由于存在隐性担保、监管对评级过度依赖等现象，信用评级在信息发现、违约预警等方面的表现与国际评级标准还有较大差距；另一方面，我国债券市场目前已经成为全球第二大市场，伴随债券市场逐步对外开放，越来越多的境外机构投资者开始投资中国债市（Schipke，Rodlauer 和 Zhang，2019）。因此，构建一个多样化的信用风险评价和监督体系不但符合国际潮流，也是我国经济、金融建设的实际需求。本部分主要探讨如何改进中国信用评级，共 3 章。我们分别介绍两种重要的信用风险模型：结构化模型（structural model）和简化模型（reduced-form model）。之后，我们对比两种模型在中国市场预测违约的表现，并提出对传统信用评级的改进思路。

第 7 章以 Merton 模型为例介绍结构化违约模型，并进一步检验基于 Merton 模型得到的违约概率是否适用于中国。

第 8 章探讨简化模型在中国市场的表现，内容包括简化模型的概念以及不同类型的简化模型及其估计方法。此外，本章对比了简化模型违约概率以及 Merton 模型预测的违约概率在中国市场的表现。

第 9 章基于清华大学信用风险研究中心所构建的企业违约概率，结合标准普尔评级的实际违约率（actual default rate），来为国内机构评级与标准普尔评级建立匹配关系。我们也探索了基于这一匹配关系所衍生得到的违约概率隐含评级的应用价值。我们讨论如何利用违约概率来改进中国评级，构建一套与国际接轨的评级标准来重新解读中国信用评级。这些问题备受监管机构、市场投资主体以及逐年增加的境外投资者所关注。回答这些问题对于提升我国信用评级的核心信息发现功能有着重要意义。

第 7 章 违约概率度量：结构化模型

基于 Black 和 Scholes（1973）期权定价理论的 Merton（1974）结构化模型或许是金融学术界与实务界最为成功的违约预测模型，例如基于 Merton 模型的穆迪 KMV 模型在安然破产事件期间就脱颖而出，并在业界取得了巨大的成功（Crosbie 和 Bohn，2003）。金融学术界有大量的研究表明 Merton 结构化模型在预测信用风险变化趋势和预测违约上有较好的作用（Hillegeist 等，2004；Vassalou 和 Xing，2004；Bharath 和 Shumway，2008）。因此，国外有大量学者使用 Merton 模型所隐含的违约概率来表征信用风险，例如 Vassalou 和 Xing（2004）、Bharath 和 Shumway（2008）、Chava 等（2011）、Brogaard 等（2017）。国内也有许多学者开始使用 Merton 结构化模型所计算得到的违约距离、违约概率来度量信用风险，例如孟庆斌等（2019）、许红梅和李春涛（2020）、邓路等（2021）和丁志国等（2021）。

我们在本章介绍 Merton 模型，并进一步检验基于 Merton 模型得到的违约概率是否适用于中国。本章的安排如下：第 7.1 节介绍 Merton 结构化模型；第 7.2 节描述中国市场的违约事件和 Merton 模型数据；第 7.3 节考察 Merton 模型违约概率在中美市场上的表现差异；第 7.4 节中，讨论结构化模型的表现及其优缺点；第 7.5 节总结本章。

7.1 Merton 结构化模型

我们在本节先介绍 Black 和 Scholes（1973）期权定价理论与公司违约之间的理论联系，随后介绍如何在实践中对 Merton 结构化模型的相应指标进行估计。

7.1.1 期权定价与公司违约的理论联系

Black 和 Scholes（1973）在其论文中指出他们的期权定价框架可以用

于研究公司信用风险，而 Merton（1974）则在这一框架下给出了公司违约风险的理论测度。

Merton 模型首先对公司的债务情况进行了简化假设。其假定存在一个公司，该公司在时刻 t 发行一只无息债券用于投资，该债券面值为 D，在到期时刻 $t+T$ 偿还。在 $t+T$ 时刻，如果公司经营良好，有足够的资金偿还债务，也即公司资产的市场价值（不是会计账面价值）V_A 大于 D 时，公司偿还债务，剩余的资产价值 $V_A - D$ 留存为股东所有；但是，如果公司经营不善，也即公司资产价值 V_A 小于 D 时，公司无力全额偿还债务，违约发生，股东将剩余资产（V_A）的所有权转移给债权人。简单起见，Merton 模型假设没有公司所得税，因此发债不产生税盾；违约只有在债券到期时刻才能发生，并且不产生违约损失；没有道德风险问题，也就是不存在策略性违约；当公司资产价值下降至债券面值，违约自动触发，与管理层决策无关，也就是说违约是外生的。

如图 7.1 所示，在债券到期日 $t+T$，债权人的收益分为两种情况：当债券没有违约，也就是公司资产价值大于债券面值 D 时，公司偿还债务，债权人获得 D；当债券违约，即公司的资产价值小于 D 时，债权人则会获得资产的所有权，也就是 V_A，此时，债权人的损失为 $D - V_A$。因此，债权人购买公司的债券，相当于购买了一个无风险债券，加上卖出一个欧式看跌期权（European put option）。债券违约就相当于看跌期权行权。

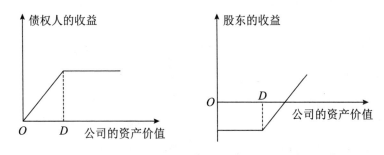

图 7.1 不同情形下债权人与股东的收益

股东的收益随着公司的资产价值 V_A 升高而上升。如果在债券到期时没有发生违约，偿还债务后的公司价值归股东所有，因此，股权的价值是 $V_A - D$；当违约发生时，基于有限责任的原则，公司剩余资产价值转移给债权人，股权价值为零。因此，对于公司的股东而言，投资股权相当于买入了一个以公司资产为底层资产（underlying asset）的欧式看涨期权（European call option）。债券在到期日没有违约就相当于看涨期权行权。

因此，基于 Black 和 Scholes（1973）的期权定价理论，Merton 把公司的股权看作以公司价值为底层资产的欧式看涨期权，这个期权的行权的价格则是债务的面值。Merton 模型假设公司的资产价值的变化遵循几何布朗运动（geometric Brownian motion）：

$$\mathrm{d}V_A = \mu V_A \mathrm{d}t + \sigma_{V_A} V_A \mathrm{d}W \tag{7-1}$$

其中，V_A 是公司资产的市场价值；μ 代表 V_A 的预期回报率；σ_{V_A} 是资产的回报率波动率；$\mathrm{d}W$ 是标准布朗运动，也叫维纳（Wiener）过程。

根据期权定价理论，假设风险中性，公司的股权价值（也即看涨期权的价值）则可以表示为

$$V_E = V_A N(d_1) - \mathrm{e}^{-rT} D N(d_2) \tag{7-2}$$

其中，

$$d_1 = \frac{\ln\left(\dfrac{V_A}{D}\right) + (r + 0.5\sigma_{V_A}^{\ 2})T}{\sigma_{V_A}\sqrt{T}}, \quad d_2 = d_1 - \sigma_{V_A}\sqrt{T} \tag{7-3}$$

式（7-2）与式（7-3）中，r 是连续时间下的无风险利率，$N(d_1)$ 和 $N(d_2)$ 是关于 d_1 和 d_2 的标准正态分布累积分布函数（cummulative distribution function）。资产定价模型假设风险中性，在此，公司资产价值的期望增长率为无风险利率。

在债务到期的过程中，即从当前时间 t 到未来时刻 $t+T$，公司的资产价值可能上升也可能下降，并存在 $V_A < D$ 的概率，也就是违约概率（probability of default，PD）。那么，只要计算出违约概率，我们就能够评估公司的信用风险。所以，给定公司当前时刻 t 的资产价值，以及资产价值的变化过程，如式（7-1），在 t 时刻公司在 $t+T$ 时发生违约的概率可以写为

$$\mathrm{PD}_t = P(V_{A,t+T} < D \mid V_{A,t}) \tag{7-4}$$

基于式（7-1）的假设，在现实应用中，人们使用实际概率（physical

probability）来度量风险①。在现实概率度量下，公司在时刻 $t+T$ 的资产价值自然对数可以表示为

$$\ln(V_{A,t+T}) = \ln(V_{A,t}) + (\mu - 0.5\sigma_{V_A}^2)T + \sigma_{V_A}\sqrt{T}\varepsilon_{t+T} \quad (7\text{-}5)$$

其中，ε_{t+T} 是一个服从标准正态分布的随机变量，式（7-4）做如下变形：

$$\begin{aligned}
\text{PD}_t &= P(V_{A,t+T} < D \mid V_{A,t}) = P(\ln(V_{A,t+T}) < \ln(D) \mid V_{A,t}) \\
&= P(\ln(V_{A,t}) - \ln(D) + (\mu - 0.5\sigma_{V_A}^2)T + \sigma_{V_A}\sqrt{T}\varepsilon_{t+T} < 0 \mid V_{A,t}) \quad (7\text{-}6) \\
&= P\left(-\frac{\ln\left(\dfrac{V_{A,t}}{D}\right) + (\mu - 0.5\sigma_{V_A}^2)T}{\sigma_{V_A}\sqrt{T}} > \varepsilon_{t+T}\right)
\end{aligned}$$

基于上述表达式以及 ε_{t+T} 服从标准正态分布的特点，公司的违约距离（distance-to-default，DTD）和违约概率则可以分别定义如下：

$$\text{DTD} = \frac{\ln\left(\dfrac{V_A}{D}\right) + (\mu - 0.5\sigma_{V_A}^2)T}{\sigma_{V_A}\sqrt{T}} \quad (7\text{-}7)$$

$$\text{PD} = N(-\text{DTD}) = N\left(-\frac{\ln\left(\dfrac{V_A}{D}\right) + (\mu - 0.5\sigma_{V_A}^2)T}{\sigma_{V_A}\sqrt{T}}\right) \quad (7\text{-}8)$$

基于对公司债务情况的简化假设，以及对公司资产价格的假设，我们可以推导出公司的违约概率。这是 Merton 结构化模型的最大优点，也即其能够清晰地阐释导致公司违约的原因，例如公司的杠杆率过大（V_A/D），又或者公司资产的回报率波动性（σ_{V_A}）过大。Merton 模型还有一个优点，就是涉及的参数可以从股票市场以及公司财务报表中获取，这也使得该模型在理论与应用上都备受推崇。那么在实际中应该如何估计该模型下的违约概率呢？

7.1.2　Merton模型的估计方法

在实际估计 Merton 模型的过程中，能够观察到的变量有公司的股权价值 V_E，公司的债务规模 D（此处为账面价值，例如，资产负债表中的

---

① 这里需要指出的是 Merton 模型是风险中性概率和无套利假设下推导出的期权定价模型。现实应用套用了 Merton 模型的形式，而忽略了其本质。

全部负债），债务到期时间 T（例如，平均债券期限）以及股权回报率的波动率 σ_{V_E}。无法直接观察到的变量为公司的资产市场价值 V_A（注意，此处不是账面价值，无法在资产负债表中获得）、资产的回报率 μ 与回报率的波动率 σ_{V_A}。

式（7-2）给出了公司股权价值与公司债务规模 D、债务到期时间 T、公司的资产价值 V_A 和资产回报率波动率 σ_{V_A} 之间的关系。在 Merton 模型的假设下，可以从数学上证明（伊藤引理，Itô's Lemma）如下关系：

$$\sigma_{V_E} = \left(\frac{V_A}{V_E}\right)\frac{\partial V_E}{\partial V_A}\sigma_{V_A} \qquad (7-9)$$

通过对资产的回报率 μ 做出一定假设（例如将 μ 等价于无风险利率或将 μ 用公司股权的回报率来进行替代），可以联立求解式（7-2）与式（7-9），进而同时解出公司的资产价值 V_A 和资产回报率波动率 σ_{V_A}。但这一联立求解方程的做法在实践中存在一些问题，例如，通过这种方法无法计算获取资产的回报率 μ；另外，Duan 和 Simonato（1998）认为，式（7-9）表示的是可观测的 σ_{V_E} 与不可观测的 σ_{V_A} 之间的非随机关系，其隐含假设就是股票波动率是一个常数，这与随机资产波动率的假设和实证观测不符。

在实践中往往需要通过迭代求解（Bohn 和 Crosbie，2003；Vassalou 和 Xing，2004）或是通过蒙特卡洛模拟的方式（Duan，1995；Duan 和 Simonato，1998）来对 Merton 模型进行计算。不过，Bharath 和 Shumway（2008）发现 Merton 模型对于违约的预警能力并非来自于求解过程，而是来自于该模型的表达形式，所以，他们创造性地提出了一种简化计算的方式，并证明了通过该方式计算得到的概率也有较好表现。

基于业界与学界的研究应用，我们在本节主要介绍迭代法与简化法。

1. 迭代法

很多实证研究，例如，Bohn 和 Crosbie（2003）、Vassalou 和 Xing（2004）使用了迭代的方式，即仅依靠式（7-2）来求解公司资产价值 V_A、公司资产价值的波动率 σ_{V_A} 和公司资产价值年度期望回报率 μ。

在迭代的过程中，需要使用公司过去一年的日度公司股权价值 V_E 来初始化公司资产价值 V_A。具体而言，V_A 的初始值被设置为 $V_E + D$，那么基于过去一年的 V_A 数值,则可以计算日度公司资产价值回报率 [$\mu_t = \ln(V_{A,t}/V_{A,t-1})$] 的波动率 σ_{V_A}。[①] 我们将这一初始的 σ_{V_A} 代入式(7-2)与式(7-3)中,重新计算得到 V_E 以及相应的 V_A 和 σ_{V_A},如果相邻两次计算得到的 σ_{V_A} 差异小于 10^{-3},我们则认为该估计收敛,并停止迭代。最后,基于收敛的 V_A 数值,可以计算出公司资产价值年度期望回报率 $\mu = E(\mu_t)$,也即过去一年中公司资产回报率的均值。[②]

在获得相应的数值后,可以计算得到公司的违约概率:

$$\pi_{\text{Merton}} = N(-\text{DTD}_{\text{Merton}})$$
$$= N\left(-\frac{\ln\left(\dfrac{V_A}{D}\right) + (\mu - 0.5\sigma_{V_A}^2)T}{\sigma_{V_A}\sqrt{T}}\right) \quad (7\text{-}10)$$

为避免上述过程过于抽象,我们在本章附录中提供了 SAS 代码和 Python 代码,感兴趣的读者可以使用相应的数据来进一步熟悉迭代法的估计过程。

2. 简化法

由于迭代法比较复杂,Bharath 和 Shumway(2008)提出了一种简化 Merton 结构化模型计算的方法,该简化方法不再涉及迭代,而只是使用公司的财务数据和股票数据进行简单的数学运算。

首先,使用公司债务的账面价值做计算:

$$D_{\text{Naïve}} = D \quad (7\text{-}11)$$

一般而言,公司在接近违约的时点都会出现非常高的债务风险,且该种债务风险与其股权风险高度相关。因此,Bharath 和 Shumway 将公司债务的回报率波动率近似设置为

$$\sigma_{D_{\text{Naïve}}} = 0.05 + 0.25 \times \sigma_{V_E} \quad (7\text{-}12)$$

其中,常数 0.05 体现了期限结构的波动性;$0.25 \times \sigma_{V_E}$ 代表通过股权

[①] 在实际的初始化过程中,我们参照 Vassalou 和 Xing(2004)、Bharath 和 Shumway(2008)要求公司至少有 50 个交易日的数据才进行计算。

[②] 现实应用中也有人考虑用资产回报率减去资产支付率,即股利收益率(dividend yield)和债券收益率的加权平均值,股利的权重为股票市值与资产市值比,债券的权重为 1 减该比值。

回报率波动率传递过来的公司经营风险。

此后，计算公司总资产回报率波动率如下：

$$\sigma_{V_{A\text{Naïve}}} = \frac{V_E}{V_E + D_{\text{Naïve}}}\sigma_{V_E} + \frac{D_{\text{Naïve}}}{V_E + D_{\text{Naïve}}}\sigma_{D_{\text{Naïve}}} \quad (7\text{-}13)$$

$$= \frac{V_E}{V_E + D}\sigma_{V_E} + \frac{D}{V_E + D}(0.05 + 0.25 \times \sigma_{V_E})$$

随后，将公司资产的年度期望回报率 $\mu_{\text{Naïve}}$ 简化为公司股票上一年的回报率：

$$\mu_{\text{Naïve}} = R_{i,t-1} \quad (7\text{-}14)$$

由上述参数可得公司的违约距离为

$$\text{DTD}_{\text{Naïve}} = \frac{\ln\left(\frac{E+D}{D}\right) + (R_{i,t-1} - 0.5\sigma_{V_{A\text{Naïve}}}^2)T}{\sigma_{V_{A\text{Naïve}}}\sqrt{T}} \quad (7\text{-}15)$$

进而，可以计算得到公司的违约概率为

$$\pi_{\text{Naïve}} = N(-\text{DTD}_{\text{Naïve}})$$

$$= N\left(-\frac{\ln\left(\frac{E+D}{D}\right) + (R_{i,t-1} - 0.5\sigma_{V_{A\text{Naïve}}}^2)T}{\sigma_{V_{A\text{Naïve}}}\sqrt{T}}\right) \quad (7\text{-}16)$$

由于这一方式简化了 Merton 模型的计算，且在美国市场上与迭代法求解得到 π_{Merton} 有较为相似的性质，因此简化后的 $\pi_{\text{Naïve}}$ 在文献上被频繁使用。国内也有较多学者使用经过简化后的 $\pi_{\text{Naïve}}$ 来度量信用（违约）风险。[①]

7.2 Merton 违约概率数据描述

我们从 WIND 和 CSMAR 数据库获取了 1998—2020 年的除金融行业外的所有 A 股上市公司数据，从 1998 年开始获取数据是因为我国 ST 制度于当年被引入市场，而 ST 制度有助于我们评估违约概率与真实信用风险事件的关系，我们在第 7.3 节对此做更详细的阐述。在本节中，我们首先介绍数据特征，随后给出 π_{Merton} 与 $\pi_{\text{Naïve}}$ 的时间序列特征及相关关系。

---

① 例如孟庆斌等（2019）、许红梅和李春涛（2020）、邓路等（2021）、丁志国等（2021）。

7.2.1 数据整体统计特征

在计算 Merton 模型时，需要用到如下参数：公司股权回报率波动率 σ_{V_E}，公司债务账面价值 D，公司股权的市场价值 E，无风险利率 r 和债务到期时间 T。在实际的估计当中，我们按公司-月的频率进行估计。此外，为与美国市场形成对比，我们也参照 Bharath 和 Shumway（2008）的方式重新估计了美国公司的相应数据。

我们的参数使用情况如下：σ_{V_E} 为公司股票过去一年的回报率波动率；r 为无风险利率，在中国市场上，我们使用 CSMAR 提供的银行一年固定利息利率；E 为公司股权的市场价值，由月末的股价乘以流通股股数进行计算；D 为公司债务账面价值，在计算中国市场的债务数据时，我们参照国内评级机构（中诚信国际）的方式对短期债务和长期债务进行了构建，其中短期债务为短期借款、以公允价值计量且计入当期损益的金融负债、应付票据及一年内到期的非流动负债之和。长期债务为长期借款与应付债券之和。

在美国市场上，我们参照 Bharath 和 Shumway（2008）使用美联储提供的 1 年期固定期限国债利率（CMT）作为无风险利率 r。在计算美国市场的债务数据 D 时，我们参照 Crobie 和 Bohn（2003）、Vassalou 和 Xing（2004）、Bharath 和 Shumway（2008），使用短期债务（debt in current liabilities, COMPUSTAT 数据字段 DLCQ）与长期债务（long-term debt-total, COMPUSTAT 数据字段 DLTTQ）。

表 7.1 展示了数据的描述性统计。Panel A 汇报了国内 A 股市场 1998—2020 年的 Merton 结构化模型数据；作为对比，Panel B 汇报了美国市场 1980—2020 年的 Merton 结构化模型数据。为了消除极端值的影响，我们对除了违约概率变量（如 π_{Merton}，$\pi_{\text{Naïve}}$ 等）之外其余变量均进行了上下 1 分位缩尾处理，因此，描述性统计中除概率变量外的最大值和最小值均为缩尾后的数值。

表 7.1 描述性统计

	均值	标准差	最小值	P25	P50	P75	最大值
Panel A：中国 Merton 结构化模型数据，1998.01—2020.12，N=499 306							
π_{Merton}（%）	1.12	6.50	0.00	0.00	0.00	0.00	100.00
$\pi_{Naïve}$（%）	1.93	8.76	0.00	0.00	0.00	0.01	100.00
E	8 412.93	13 081.64	621.49	2 353.38	4 225.87	8 402.90	90 518.55
D	2 105.83	5 852.36	0.00	100.95	404.31	1 324.86	43 032.78
$D/(E+D)$（%）	14.80	15.78	0.00	2.57	9.31	22.05	68.18
VA	10 748.22	18 375.34	794.35	2 733.94	4 966.24	10 196.85	129 109.60
r_f（%）	2.25	0.81	1.50	1.50	2.25	3.00	4.77
μ（%）	7.31	50.90	-107.30	-23.76	0.30	31.06	201.82
$R_{i,t-1}$（%）	23.85	74.70	-62.27	-22.16	1.99	42.68	372.70
ExRet（%）	-10.59	60.89	-174.92	-37.29	-15.51	6.59	274.49
σ_{V_A}（%）	40.78	16.15	10.70	29.54	38.52	49.30	93.07
$\sigma_{V_{A\text{Naïve}}}$（%）	45.49	22.62	17.02	32.01	40.60	51.98	171.72
σ_{V_E}（%）	49.80	22.75	21.25	36.37	44.57	56.33	177.96
NI/TA（%）	1.21	1.63	-2.90	0.27	0.92	1.91	7.49
TL/TA（%）	42.81	20.25	4.66	26.85	42.72	58.21	86.98
RSIZE	-0.76	0.89	-2.40	-1.40	-0.87	-0.24	1.94
Panel B：美国 Merton 结构化模型数据，1980.01—2020.12，N=2 416 693							
π_{Merton}（%）	10.82	24.79	0.00	0.00	0.00	3.21	100.00
$\pi_{Naïve}$（%）	9.24	21.98	0.00	0.00	0.00	2.21	100.00
E	15 241.02	39 510.80	1.27	52.01	1 794.87	10 310.82	272 519.77
D	1 938.42	4 560.53	0.92	10.21	191.65	1 706.70	33 280.10
$D/(E+D)$（%）	25.18	25.01	0.02	5.33	16.83	37.68	97.22
VA	18 022.30	44 306.86	3.10	77.75	2 656.10	14 516.61	307 201.37
r_f（%）	4.56	3.32	0.11	1.61	4.82	6.27	14.57
μ（%）	2.76	61.10	-224.67	-21.67	5.14	30.73	192.59
σ_{V_A}（%）	50.33	36.57	6.46	25.68	39.92	63.30	210.56
$\sigma_{V_{A\text{Naïve}}}$（%）	48.23	32.37	10.69	25.58	39.10	60.85	180.20

续表

Panel C：本文美国数据与 Bharath 和 Shumway 论文美国数据比对结果，1980.01—2003.12							
π_{Merton}(%)	11.90	25.70	0.00	0.00	0.00	5.45	100.00
$\pi_{\text{Merton}}^{\text{BS}}$(%)	10.95	23.32	0.00	0.00	0.01	6.41	100.00
$\pi_{\text{Naïve}}$(%)	9.86	22.23	0.00	0.00	0.00	3.73	100.00
$\pi_{\text{Naïve}}^{\text{BS}}$(%)	8.95	20.57	0.00	0.00	0.00	3.46	100.00

我们首先考察违约概率变量。Panel A 中，π_{Merton} 与 $\pi_{\text{Naïve}}$ 的均值（标准差）分别为 1.12%（6.50%）和 1.93%（8.76%）；通过求解得到的 π_{Merton} 在均值和标准差上均低于参照 Bharath 和 Shumway 的方式计算得到的 $\pi_{\text{Naïve}}$。两个违约概率变量均呈现明显的偏态分布，两者的 75 分位数均不超过 0.01%，而两者的最大值均为 100%。而对比 Panel B 中美国数据来看，π_{Merton} 与 $\pi_{\text{Naïve}}$ 的均值（标准差）分别为 10.82%（24.79%）和 9.24%（21.98%），中国市场 π_{Merton} 的均值与标准差都低于美国市场。

我国市场 π_{Merton} 较低与用于构建该指标的数据有关。首先中国市场的无风险利率 r_f 的均值为 2.25%，低于美国的无风险利率 r_f 的均值（4.56%）。此外，中国市场的杠杆率数据 $D/(E+D)$ 也略低于美国市场的相应数据，在本文样本区间内 $D/(E+D)$ 的均值（标准差）为 14.80%（15.78%），而在美国数据中该均值（标准差）为 25.18%（25.01%）。最后，中国公司的平均资本回报率波动率 σ_{V_A} 也明显低于美国的相应数据。如果我们把以上数据代入违约概率公式中，可以理解美国公司的平均违约概率要远远高于中国公司的平均违约概率，需要指出的是，这些关于中美市场的比较和解释都是比较粗略和浅显的，因为上述差异可能是不同经济环境和市场惯例所导致的，并不能说明中国公司的违约风险较美国公司更小。

由于构建 π_{Merton} 与 $\pi_{\text{Naïve}}$ 相关的指标在中美市场上存在差异，在实际求解中 Merton 模型的一些中间变量也存在较大的差异，例如：①总资产回报率 μ，在本文样本区间的标准差为 50.90%，而在 Bharath-Shumway 和本文得到的美国数据区间内，μ 的标准差分别为 57.17% 和 61.10%，这也使得 π_{Merton} 与 $\pi_{\text{Naïve}}$ 的波动相对较低；②通过迭代法求解得到的公司总资产波动率 σ_{V_A}，在本章样本区间内的标准差为 16.15%，而 Bharath-Shumway

和本章得到的美国数据区间内，σ_{V_A} 的标准差分别为 36.83% 和 36.57%，这也使得 π_{Merton} 与 $\pi_{Naïve}$ 的波动相对较低。

几项重要指标的中美对比表明，中国市场和美国市场的相应数据在量级上是接近和可比的，但由于国内指标的标准差相对较低，导致中国市场 π_{Merton} 与 $\pi_{Naïve}$ 的一阶矩和二阶矩低于美国市场的对应值。

最后，我们也在 Panel C 给出了一个我们参照 Bharath-Shumway 论文计算的美国市场 π_{Merton} 与 Bharath-Shumway 论文中 π_{Merton} 结果的对比，对比结果表明本文的数据处理结果与 Bharath-Shumway 的结果是大致吻合的。

7.2.2 数据时间序列特征

本节首先在时间序列上考察中美市场上 π_{Merton} 的变化情况。我们从 1998 年 1 月至 2020 年 12 月，按月计算了中国 A 股市场上 π_{Merton} 的均值，并将其绘制在图 7.2（a）中。

从时间序列来看，π_{Merton} 与 $\pi_{Naïve}$ 两者的均值较为接近。两者在 2005 年、2008 年、2016 年和 2018 年均有明显的凸起，而在其余时间则较为平缓。上述几个年份，中国 A 股市场均经历较大的动荡，例如 2005 年的股权分置改革，2008 年全球金融危机，2016 年初股市熔断以及 2018 年熊市等。值得注意的是，2020 年初新冠肺炎疫情暴发，对于国内和全球资本市场都产生了较大的信用冲击，但 π_{Merton} 和 $\pi_{Naïve}$ 似乎变化并不明显。

图 7.2（b）给出了 1980 年 1 月至 2020 年 12 月美国市场上 π_{Merton} 均值的变化情况，作为对比，我们用虚线绘制了中国市场上的 π_{Merton} 均值。由于美国数据上 π_{Merton} 的均值更高，波动率更大，从时间序列来看，π_{Merton} 在美国市场的变化程度要强于中国市场；此外，π_{Merton} 在美国市场的时间序列均值也整体高于中国市场。我们用灰色阴影区域绘制了美国国家经济研究局（National Bureau of Economic Research, NBER）定义的美国经济衰退期。不难发现，在美国经济处于明显衰退的期间，π_{Merton} 有较为明显的上升。值得注意的是，在 2020 年新冠肺炎疫情暴发后，π_{Merton} 在美国市场上有明显的上升，表明 π_{Merton} 在美国市场能够一定程度地反映出

企业的信用风险上升;而在相同期间 π_{Merton} 在中国市场的表现却较为不足,上升幅度并不明显。这一对比结果表明,Merton 结构化模型或许在中国适用性相对较弱。

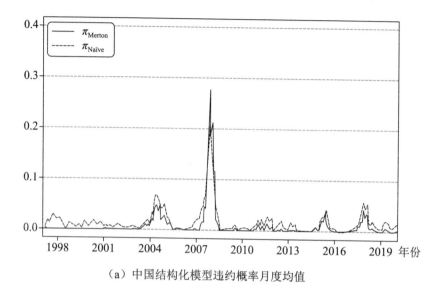

(a)中国结构化模型违约概率月度均值

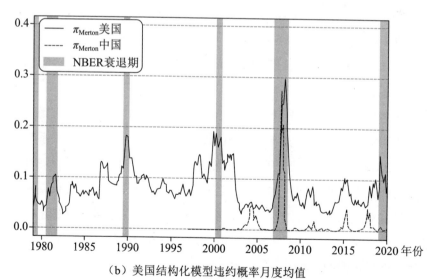

(b)美国结构化模型违约概率月度均值

图 7.2　结构化模型违约概率随时间的变化

7.2.3 相关系数分析

表 7.2 汇报了 π_{Merton} 与 $\pi_{\text{Naïve}}$ 的相关系数。从中国 A 股市场来看，1998 年至 2020 年，π_{Merton} 与 $\pi_{\text{Naïve}}$ 的相关系数为 0.63，相关系数整体较高，表明 Bharath-Shumway 方式在中国市场上具有一定的适用性。作为对比，我们也计算了相同时间区间，π_{Merton} 与 $\pi_{\text{Naïve}}$ 在美国市场的相关系数：同一时间区间下，两者的相关系数为 0.87，远高于中国市场。这一结果表明，Merton 结构化模型和 Bharath-Shumway 方式简化后的模型在美国市场上相关性高且稳定。

表 7.2　$\text{Corr}(\pi_{\text{Merton}}, \pi_{\text{Naïve}})$

	中国	美国
1998.01—2020.12	0.63	0.87
1980.01—2020.12		0.87
1980.01—2003.12（Bharath-Shumway）		0.86
1980.01—2003.12（本文）		0.87

图 7.3 按时间序列报告了 π_{Merton} 与 $\pi_{\text{Naïve}}$ 的相关系数。具体而言，我们采用滚动窗口的方式，分别计算了 π_{Merton} 与 $\pi_{\text{Naïve}}$ 在过去 1 年、3 年和 5 年的相关系数。

图 7.3（a）和图 7.3（b）分别绘制了 π_{Merton} 与 $\pi_{\text{Naïve}}$ 在中国市场与美国市场的相关系数。可以发现，在中国市场上 π_{Merton} 与 $\pi_{\text{Naïve}}$ 的相关系数不稳定，在 2002 年 12 月之前，两者的相关关系基本低于 0.3。随着时间的推移，两者的相关系数有一定的上升，但是起伏明显，在全球金融危机期间有大幅下降。对比来看，美国市场上 π_{Merton} 与 $\pi_{\text{Naïve}}$ 的相关系数非常稳定，基本都在 0.85 左右，这也进一步说明 Bharath-Shumway 方式在美国资本市场的适用性是较强的。

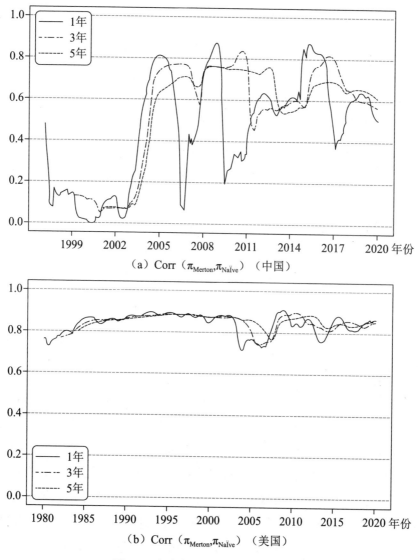

(a) Corr($\pi_{Merton}, \pi_{Naïve}$)（中国）

(b) Corr($\pi_{Merton}, \pi_{Naïve}$)（美国）

图 7.3　滚动窗口相关系数时间序列

7.3　Merton 违约概率的表现

为了检验 Merton 结构化模型计算得到的违约概率是否适用于中国市场，我们整理了中国 A 股市场的违约以及财务困境事件，并分析了 π_{Merton} 和 $\pi_{Naïve}$ 与这些事件之间的关系。

7.3.1 信用风险事件的定义

关于信用风险事件,我们考虑了债券违约,上市公司因财务因素退市、特殊处理(special treatment, ST)事件,我们将这几类事件称为广义违约。① 将因财务因素退市和ST事件纳入广义违约的原因如下:

(1)上市公司ST或因财务因素退市符合理论文献对违约状态的描述。具体而言,一家公司主要会因如下异常情况被ST:①上市公司经审计两个会计年度的净利润为负值;②上市公司最近一个会计年度经审计的每股净资产低于股票面值。根据Cheng等(2014)的研究,有90%以上的公司都是因为这两个异常因素而被ST;根据经典的信用风险理论文献(Black和Scholes,1973;Merton,1974;Leland,1994;Goldstein等,2001),当公司资产价值低于股权价值时,这些公司实际上也处于资不抵债的状态,可以被视为违约或至少是严重的财务困境。

(2)使用ST或因财务因素退市来定义广义违约也符合实践做法。在中国市场,诸如陈晓和陈治鸿(2000)、吴世农和卢贤义(2001)、Zhang等(2010)和Altman等(2017)都将ST事件等同于违约。国外文献,例如,Beaver(1966)、Altaman(1968)、Chava和Jarrow(2004)以及Campbell等(2008)都考虑了更广义的财务困境,如因财务因素导致的退市、公司盈余连续为负值、公司未支付优先股股息等。

表7.3按年给出了1998—2020年A股除金融行业外上市公司的广义违约事件。其中上市公司数量为历年末仍处在上市状态的非金融行业公司数量。我们在广义违约事件下分别汇报了债券违约、因财务因素退市和被ST的公司数量。由于上市公司可能先后发生债券违约、ST以及退市,我们对广义违约事件的界定遵循孰早原则;对于违约债券偿付完成、ST摘帽的情况,我们按孰晚原则对公司进行重新编码,并将公司重新视为正常。② 例如,2014年上海超日(股票代码002506)所发行的11超日债成

---

① 我们剔除了因吸收合并、私有化和证券置换因素退市的公司。

② 采用这种做法主要是基于以下两个考虑:①中国存在借壳上市的情况,新公司与旧公司虽然使用相同的股票代码,但基本面已经发生了较大变化;②使用这种做法可以让我们将所有ST事件和债券违约事件都纳入使用。由于借壳上市等因素,我们只使用公司从正常状态开始的数据来进行违约概率估计。

为首只公募违约债券，但由于上海超日在 2013 年年初即被 ST，因此上海超日的广义违约事件实则为 ST。而本文样本中首次因债券违约而被视为违约的公司实则为中科云网（股票代码 002306），其在 2015 年 4 月发生债券违约。①

表 7.3　截至 2020 年广义违约事件的分布情况　　　　单位：家

年份	上市公司#	广义违约#			
		违约	退市	ST	总数（占比）
1998	796	0	0	25	25(3.14%)
1999	891	0	0	30	30(3.37%)
2000	1 023	0	0	26	26(2.54%)
2001	1 096	0	0	22	22(2.01%)
2002	1 159	0	0	47	47(4.06%)
2003	1 220	0	0	54	54(4.43%)
2004	1 310	0	0	39	39(2.98%)
2005	1 315	0	0	32	32(2.43%)
2006	1 367	0	0	61	61(4.46%)
2007	1 474	0	0	56	56(3.80%)
2008	1 547	0	0	25	25(1.62%)
2009	1 638	0	0	29	29(1.77%)
2010	1 974	0	0	37	37(1.87%)
2011	2 249	0	0	16	16(0.71%)
2012	2 398	0	0	26	26(1.08%)
2013	2 394	0	0	22	22(0.92%)
2014	2 517	0	0	35	35(1.39%)
2015	2 731	1	0	40	41(1.50%)
2016	2 946	0	0	54	54(1.83%)
2017	3 375	2	1	53	56(1.66%)
2018	3 466	14	0	51	65(1.88%)
2019	3 646	15	0	72	87(2.39%)
2020	4 020	8	3	92	103(2.56%)
合计	—	40	4	944	988

① 实际上，本文样本中共有 46 家处在上市状态的公司发生过 49 次债券违约（3 家公司在清偿首次违约债券之后再次违约）。在考虑广义违约事件后，这 46 家上市公司发生过 23 次 ST 事件和 41 次债券违约事件，即有 8 次债券违约事情发生之前，其发行公司已经处在 ST 状态了。

7.3.2 生存性分析

π_{Merton}与$\pi_{\text{Naïve}}$数值越大,则表明公司的违约概率越高,公司也越可能违约。那么现实中应该如何去检验呢?由于公司从正常经营到经营不善,再到违约破产的过程可以近似看作个体的生命周期与生存活动,因此,Shumway(2001)提出的生存性分析模型(hazard model)实际上能很好地考察公司特征(例如π_{Merton}、$\pi_{\text{Naïve}}$以及公司财务指标等)与公司从正常运营到违约破产之间的关系。

我们参考Shumway(2001)、Bharath和Shumway(2008),使用Cox比例风险回归模型(Cox proportional hazard model),来实证检验π_{Merton}与$\pi_{\text{Naïve}}$是否能够用于解释A股上市公司的经营状态变动(也即从正常到广义违约)。由于不涉及事前预测,并且使用了1998—2020年的全部数据来进行考察,因此这一部分是一个典型的样本内分析(in-sample analysis)。从1998年1月至2020年12月,本文样本内共覆盖了4 057家公司及981次广义违约事件,公司触发违约事件占所有观测值的比率为981/499 306=0.20%,我们将相应结果汇报在表7.4中。①

表7.4列(1)~(3)使用生存性分析模型考察了π_{Merton}和$\pi_{\text{Naïve}}$对于广义违约事件的解释力。无论单独使用π_{Merton}或$\pi_{\text{Naïve}}$,还是同时使用两者,其回归系数均在1%的统计水平上显著为正,表明违约概率越高,公司越有可能实际违约。值得注意的是,列(1)的Pseudo R-squared为0.022,列(2)的Pseudo R-squared为0.015,表明π_{Merton}对实际违约的预测力要相对强于$\pi_{\text{Naïve}}$;而列(3)的Pseudo R-squared为0.025,相较于列(1)和列(2)都有上升,表明尽管π_{Merton}和$\pi_{\text{Naïve}}$相关系数较高,但两者还是存在一定的差异。

列(4)的结果单独考察了用于构建π_{Merton}和$\pi_{\text{Naïve}}$的变量对于违约事件的解释能力,这些变量的系数都在统计意义上显著,系数方向也符合直觉,如公司的负债越多($\ln D$)越可能发生违约。值得注意的是,列(4)

---

① 表7.4中共涉及988次广义违约,其中7次广义违约事件前,公司由于在违约前1个月处于停牌状态而缺少相应数据。Bharath和Shumway(2008)论文表3的结果,共涉及15 018家公司1 449次违约事件,公司触发违约事件占其生存性分析样本中所有观测值比率为1 4491/016 552=0.14%。

表 7.4 生存性分析（Cox 比例风险回归模型）

	(1)	(2)	(3)	(4)	(5)	(6)	(7)	(8)	(9)	(10)	(11)
π_{Merton}	4.572*** (0.177)		3.513*** (0.249)		1.542*** (0.229)		0.706** (0.306)	0.654** (0.334)	1.257*** (0.379)	1.875*** (0.359)	
$\pi_{Naïve}$		3.020*** (0.158)	1.670*** (0.229)			1.745*** (0.215)	1.348*** (0.283)	1.009*** (0.304)	0.669** (0.330)	−0.263 (0.323)	
lnE				−1.213*** (0.062)	−1.123*** (0.062)	−1.120*** (0.062)	−1.101*** (0.062)	−0.603*** (0.061)	−0.602*** (0.066)		
lnD				0.309*** (0.023)	0.268*** (0.024)	0.236*** (0.024)	0.234*** (0.024)	0.115*** (0.022)	0.105*** (0.023)		
$1/\sigma_{V_E}$				−1.284*** (0.065)	−1.116*** (0.070)	−1.128*** (0.067)	−1.087*** (0.069)	−0.851*** (0.077)	−0.886*** (0.082)		
ExRet				−0.014*** (0.001)	−0.011*** (0.001)	−0.013*** (0.001)	−0.012*** (0.001)	−0.005*** (0.001)	−0.005*** (0.001)	−0.005*** (0.001)	−0.006*** (0.001)
NI/TA								−0.808*** (0.022)	−0.835*** (0.025)	−0.804*** (0.026)	−0.811*** (0.026)
TL/TA										2.297*** (0.195)	2.494*** (0.185)
RSIZE										−0.571*** (0.059)	−0.565*** (0.059)
σ_{V_E}										1.572*** (0.211)	1.830*** (0.194)
Industry	X	X	X	X	X	X	X	X	Y	Y	Y
N	499 306	499 306	499 306	499 306	499 306	499 306	499 306	499 306	499 306	499 306	499 306
Pseudo R−sq	0.022	0.015	0.025	0.080	0.083	0.084	0.084	0.175	0.276	0.282	0.279

的 Pseudo R-squared 为 0.080，相较于列（1）～（3）中的变量，列（4）中的变量对违约事件的预测能力有较大幅度的上升。这一结果表明，用于构建 Merton 模型的财务指标本身也对于违约事件有解释力度，并且这些变量的解释力度并不弱于 π_{Merton} 和 $\pi_{\text{Naïve}}$。

列（5）～（7）在列（4）的基础上增加了 π_{Merton} 和 $\pi_{\text{Naïve}}$ 作为变量。π_{Merton} 和 $\pi_{\text{Naïve}}$ 的系数尽管在统计上仍然显著，但系数有一定程度的下降。值得注意的是，列（5）～（7）的 Pseudo R-squared 较列（4）仅有小幅提升，表明 Merton 结构化模型违约概率指标在中国市场对于解释违约的边际贡献实则较小。

列（8）额外添加了盈利能力（NI/TA）作为控制变量，而列（9）则基于 Chava 和 Jarrow（2004）的发现，进一步考察了控制行业效应后对违约的解释力。Bharath 和 Shumway（2008）发现，在控制了净利润率指标后，同时控制 π_{Merton} 和 $\pi_{\text{Naïve}}$，仅 $\pi_{\text{Naïve}}$ 的系数显著，而 π_{Merton} 的系数并不显著。他们认为 Merton 结构化模型对于违约的预测能力并非来源于该模型计算求解，而实则来源于该模型的方程形式。但列（8）与列（9）的实证结果表明，在中国市场上，采用求解得到的 π_{Merton} 与通过 Bharath-Shumway 方式简化得到的 $\pi_{\text{Naïve}}$ 系数均显著，因而他们的结论并不适用于中国市场。更值得关注的是，在额外添加了盈利能力净利率这一指标后，列（8）的 Pseudo R-squared 相较列（7）提升了 1 倍，而考虑了行业效应后，列（9）的 Pseudo R-squared 更是提升到了 0.276，这也表明考虑行业因素对于解释违约有较强的作用。

列（10）和列（11）参照 Campbell 等（2008）考察了其他对于违约有解释力的变量来进一步评估 π_{Merton} 和 $\pi_{\text{Naïve}}$ 的作用。列（10）的结果表明，在控制了公司股票过去一年的超额回报率 ExRet、净利润率 NI/TA、杠杆率 TL/TA、股票回报率波动率 Sigma 和公司资产规模 RSIZE 后，仅 π_{Merton} 的系数仍然显著；而采用 Bharath-Shumway 方式简化后的 $\pi_{\text{Naïve}}$ 系数不再显著。这也进一步地表明，Bharath-Shumway 的方法并不适用于中国市场。此外，对比列（10）与列（11）的结果：不控制 Merton 结构化模型，而仅依赖于公司基本面特征与行业特征，列（11）的 Pseudo R-squared

达到了 0.279；而将 π_{Merton} 和 $\pi_{\text{Naïve}}$ 作为额外控制变量的列（10）的 Pseudo R-squared 仅提升到了 0.282。这一结果表明 π_{Merton} 和 $\pi_{\text{Naïve}}$ 相较于其他公司特征，对违约的解释力度实际是较弱的。这一发现与 Campbell 等（2008）在美国市场上的发现相一致。

综合表 7.4 的分析，无论是 π_{Merton} 还是 $\pi_{\text{Naïve}}$，都对中国市场的违约事件有解释力度。但是，它们的解释力明显弱于公司基本面以及其他市场指标，在考虑公司其他特征后，无论是 π_{Merton} 还是 $\pi_{\text{Naïve}}$ 对于解释违约的边际贡献均较小。此外，在考虑了公司基本面因素和市场指标后，π_{Merton} 相较于 $\pi_{\text{Naïve}}$，对违约事件有更为显著的解释力。这些证据表明，我们不能把 Merton 模型，特别是通过 Bharath-Shumway 方式简化后的 Merton 模型，简单地照搬至中国。

7.3.3 预测公司违约

生存性分析考察了 π_{Merton} 和 $\pi_{\text{Naïve}}$ 是否能够用于解释公司经营状态的变化，但还没有告诉我们 π_{Merton} 和 $\pi_{\text{Naïve}}$ 能否对公司违约起到预警作用。我们在本节中进一步考察 π_{Merton} 和 $\pi_{\text{Naïve}}$ 在公司发生违约事件前的变化情况。

1. 违约概率在违约前的变化

图 7.4 绘制了 1998—2020 年间所有广义违约事件发生前 36 个月，π_{Merton} 和 $\pi_{\text{Naïve}}$ 的中位数（由于违约概率呈现偏态分布，均值易受极端值影响）随时间的变动情况。作为对比，我们也考察了 π_{Merton} 和 $\pi_{\text{Naïve}}$ 在美国市场上的表现。

图 7.4（a）汇报了中国市场上 π_{Merton} 与 $\pi_{\text{Naïve}}$ 在广义违约前 36 个月的变化情况。结果表明，两个违约概率指标均有上升，其数量级由 10^{-8} 左右上升到了 10^{-4} 左右；但从绝对值角度来看，其实际变化相对较小，即使在违约前 1 个月，π_{Merton} 与 $\pi_{\text{Naïve}}$ 的中位数也仅为 0.00007% 和 0.0002%。这一结果表明对于超过 50% 的中国违约公司，π_{Merton} 与 $\pi_{\text{Naïve}}$ 实际是非常低的。

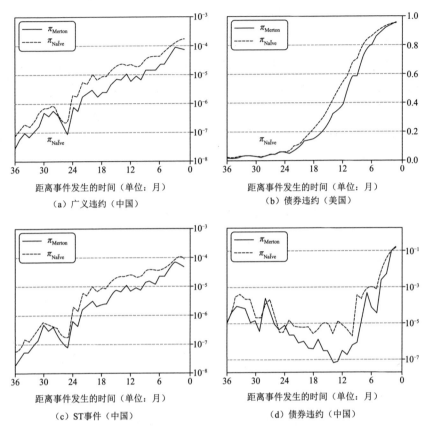

图 7.4 不同违约概率在不同违约事件前的变动情况

图 7.4（b）汇报了美国市场上 π_{Merton} 与 $\pi_{\text{Naïve}}$ 在公司标准普尔评级首次达到"D"（违约）或"SD"（选择性违约）前 36 个月的变化情况。[①] 可以发现，一方面 π_{Merton} 与 $\pi_{\text{Naïve}}$ 变化幅度较大，其数值在违约前 36 个月时分别为 1.15% 和 2.03%，而在违约前 1 个月时分别为 96.94% 和 95.99%；另一方面，这一结果表明 π_{Merton} 与 $\pi_{\text{Naïve}}$ 从绝对值角度反映出了公司的高违约风险。

图 7.4（c）与图 7.4（d）分别绘制了 π_{Merton} 与 $\pi_{\text{Naïve}}$ 在 ST 事件和债券违约发生前 36 个月的变动情况。由于 ST 事件是广义违约事件中的主要

[①] 我们从 COMPUSTAT Ratings 数据库中获取了标准普尔公司 1985 年至 2017 年 2 月的评级数据（该数据库自 2017 年 2 月停止更新），并以标准普尔长期主体评级首次达到"D"（违约）或"SD"（选择性违约）作为公司债务违约的标志。经过数据匹配后，共 542 家美国公司在违约前拥有 π_{Merton} 和 $\pi_{\text{Naïve}}$ 数据。

组成部分，图 7.4（c）与图 7.4（a）中的情形高度相似，因此不再赘述。根据图 7.4（d），在债券违约事件前 36 个月，π_{Merton} 与 $\pi_{\text{Naïve}}$ 在债券违约事件前的变化不再是单调上升，而是在债券违约前呈现出先降后升的情况。例如在公司发生债券违约前 30 个月至 12 个月期间，π_{Merton} 的中位数从 10^{-4} 下降到了 10^{-7}，随后在违约前 12 个月内发生快速的上升；在违约前 1 个月，其中位数达到了 15% 左右。

这一对比结果表明，π_{Merton} 与 $\pi_{\text{Naïve}}$ 在美国市场的确能够较好地反映公司信用风险；而在中国市场上，很难通过 π_{Merton} 与 $\pi_{\text{Naïve}}$ 的绝对值来判断公司的违约风险。可能的解释原因包括中美公司之间财务透明度、数据披露准确性和及时性的差异，以及股票市场信息有效性、价格发现能力的差异。

看到 π_{Merton} 和 $\pi_{\text{Naïve}}$ 在中美市场的整体分布存在差异，或许有读者会质疑图 7.4 不能较好地反映出 π_{Merton} 和 $\pi_{\text{Naïve}}$ 在违约前的预警能力，我们进而从如下两个角度进一步评估他们的预警能力。

2. 分组法

Bharath 和 Shumway（2008）使用了分组的方式来考察 π_{Merton} 和 $\pi_{\text{Naïve}}$ 在事前对违约事件的区分能力。具体而言，他们按每个季度初（也即前一季度月末）的 π_{Merton}（或 $\pi_{\text{Naïve}}$）数值大小，从高至低将公司等分为 10 组；随后，按简单的单调关系将风险从高至低划入 1~10 的十分组（Decile），例如 π_{Merton} 和 $\pi_{\text{Naïve}}$ 各季度的第一组（也即违约概率最大的组）则属于十分组 1；最后，统计每个十分组在未来一个季度内发生违约事件的总数占所有违约事件的比率。

这一做法实则是统计所有发生违约的公司中，有多少公司在违约前 1 个季度被划分在了风险最高的十分组，这一比例越高，则表明相应变量对于违约的预测能力越强。表 7.5 报告了检验结果。①

---

① 表 7.5 的 Panel A 中共涉及 988 次广义违约，其中 6 次广义违约事件前公司由于在违约前一个季度停牌而缺少相应的 π_{Merton} 与 $\pi_{\text{Naïve}}$ 数据。

表 7.5 样本外预测力

Decile	（高风险）1	2	3	4	5	（低风险）6～10
Panel A：中国市场，1998—2020 年，Obs=167 629，违约 #=982①						
π_{Merton}	34.11%	20.06%	8.76%	6.62%	6.01%	24.44%
$\pi_{\text{Naïve}}$	27.80%	20.37%	11.30%	7.33%	7.54%	25.66%
E	31.36%	14.36%	12.32%	11.61%	8.35%	22.00%
ExRet	30.45%	15.89%	10.29%	7.54%	6.92%	28.92%
NI/TA	68.02%	14.26%	4.28%	4.07%	2.44%	6.92%
σ_{V_E}	19.45%	20.16%	17.01%	12.63%	8.04%	22.71%
TL/TA	36.66%	14.36%	9.78%	9.27%	6.11%	23.83%
RSIZE	29.94%	14.46%	12.93%	11.81%	8.66%	22.20%
Panel B：美国市场，1980—2003 年，Obs=350 662，违约 #=1 449						
π_{Merton}	64.90%	15.10%	6.00%	4.60%	2.90%	6.50%
$\pi_{\text{Naïve}}$	65.80%	14.30%	6.70%	4.10%	2.40%	6.70%
E	35.70%	17.50%	14.30%	9.10%	6.10%	17.30%
ExRet	44.40%	25.10%	9.20%	5.40%	2.90%	13.00%
NI/TA	46.80%	23.80%	10.60%	5.90%	4.20%	8.70%

Panel A 展示了 π_{Merton} 和 $\pi_{\text{Naïve}}$ 在中国市场对违约的区分能力：对于 982 家违约公司，仅有 335 家（34.11%×982）和 273 家（27.80%×982）公司在季度初属于 π_{Merton} 和 $\pi_{\text{Naïve}}$ 最高的组别（十分组 1）；而有近 25% 的公司在季度初的 π_{Merton} 和 $\pi_{\text{Naïve}}$ 十分组为 6～10。

为了对比美国市场，Panel B 报告了 Bharath-Shumway 的相应结果。可以看到，π_{Merton} 和 $\pi_{\text{Naïve}}$ 在美国市场对违约的区分能力明显更强：对于 1 449 家违约公司，有 941 家（64.9%×1449）和 954 家（65.8%×1449）公司在季度初属于 π_{Merton} 和 $\pi_{\text{Naïve}}$ 最高的十分组（Decile 1）；仅 6.5% 的公司在季度初的 π_{Merton} 和 $\pi_{\text{Naïve}}$ 十分组值为 6～10。

除去 π_{Merton} 和 $\pi_{\text{Naïve}}$，我们也参照 Bharath-Shumway 的结果，考察了公司市值（E）、过去一年的超额收益（ExRet）和净利润率（NI/TA）对于违约的区分能力。就公司市值（E）而言，其在中美两国市场上对违约的区分能力较为相似。就公司过去一年的股票超额收益（ExRet）而言，中国市场的该指标在违约区分能力上要弱于美国市场：在发生违约的中国公司中，仅 45% 的公司在违约前一个季度被划分为 ExRet 最低的两个十分组中；而在发生违约的美国公司中，有 70% 的公司在违约前一个季度被划分在 ExRet 最低的两个十分组。这个结果显示出在中国应用股票信息预测违约可能受到局限。

与美国市场不同的是，净利润率（NI/TA）对违约的区分能力在中国市场上表现更好。在发生违约的中国公司中，68% 的公司在违约前一个季度被划分在净利润率最低的十分组；而在发生违约的美国公司中，仅 46.8% 的公司在违约前一个季度被划分在净利润率最低的十分组。①

上述的结果确认，使用 Merton 结构化模型所得到的违约概率 π_{Merton} 和 $\pi_{Naïve}$ 在中国市场对于违约的区分能力要明显弱于美国市场，而这或许与构建 π_{Merton} 和 $\pi_{Naïve}$ 的变量预测违约的信息质量较差有关。与美国市场不同的是，净利润率这样的财务指标在违约区分能力上要明显强于结构化模型计算得到的违约概率指标。因此，净利润率应该成为中国公司信用风险的重点关注指标。

3. ROC曲线

除去分组法，我们也参考了国际评级机构常用的接收者操作特征曲线（receiver operating characteristics curve，ROC 曲线）与准确率（accuracy ratio，AR）来评价 π_{Merton} 和 $\pi_{Naïve}$ 在事前对违约的区分能力。

ROC 曲线是由一系列分割点所对应的真阳性比率（true positive rate，TPR）和假阳性比率（false positive rate，FPR）在 TPR-FPR 坐标系上连接而成的一条曲线。其绘制的过程为：先要将违约概率从高到低进行排序，随后将这一系列违约概率依次作为好坏样本的分割点，计算以该分割点为界的两侧样本中，真实发生违约的观测值占比（TPR）与未发生违约的观测值占比（FPR），最后将每一个分割点对应的 TPR-FPR 坐标系上的值相连接。

举例而言，假设我们有 10 000 个观测值，共 50 个违约观测值在未来 1 年发生了违约。如果以 π_{Merton} 等于 0.9 作为分割点，假设 π_{Merton} 大于等于 0.9 的观测值有 100 个，其中未来 1 年内发生违约的观测值有 40 个，那么该分界点对应的真阳性比率 TPR 为 40/50=0.8，而假阳性比率 FPR 则等于 π_{Merton} 大于等于 0.9 但未来 1 年内没有发生违约的观测值（60）占所

---

① 除去上述指标，我们也考察了用于构建 π_{Merton} 和 $\pi_{Naïve}$ 的其他指标：公司的负债水平（D），求解得到的总资产回报率（μ），以及不同的波动率指标（$\sigma_{A_{Merton}}$、$\sigma_{A_{Naïve}}$ 和 σ_E）。这些指标都没有表现出较好的违约区分能力。具体而言，那些季末发生违约的公司，只有 8%～22% 的公司被划分至各指标最差的十分组中。

有未发生违约的观测值（9 950）的比例，也即60/9 950=0.009。因此，以 π_{Merton} 等于0.9作为分割点所对应的FPR与TPR则分别为0.009与0.8。以此类推，相应计算各 π_{Merton} 值下的FPR与TPR，并在坐标系上连接这些FPR-TPR点，就得到了 π_{Merton} 的ROC曲线。

在ROC曲线中，如果一个模型（或变量）能更好地区分违约与非违约，那么该变量的ROC曲线将会向左上角凸起，也即随着 π_{Merton} 数值的下降，FPR的增大速度较慢，而TPR的增大速度更快。那么一个完美的模型所具有的ROC曲线则如图7.5（a）的实线所示，也即该模型存在一个阈值，高于这一阈值的观测值在未来都发生了违约，而低于这一阈值的观测值在未来全都没有发生违约。而如果一个模型对违约事件完全没有区分能力，就好比掷骰子，在每一个阈值上总是以50%的概率正确判断违约事件——这个模型被称为随机模型，其ROC曲线为图7.5（a）中灰色45度角斜率的虚线。随机模型的TPR始终等于FPR。

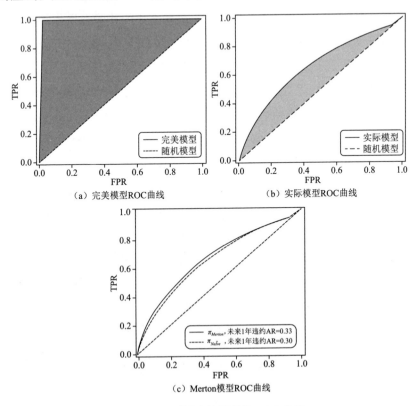

（a）完美模型ROC曲线　　（b）实际模型ROC曲线

（c）Merton模型ROC曲线

图7.5　不同违约概率的ROC曲线

图 7.5（b）绘制了一个对于违约事件有区分能力的模型的 ROC 曲线，显然该曲线应该介于完美模型 ROC 曲线与随机模型 ROC 曲线之间。那么，如何确定一个模型比另一个模型对违约有更强的区分能力呢？直观上来讲，一个实际模型越向完美模型逼近（越向左上角凸起），那么这个实际模型对违约的区分能力则越强。

如果要量化这一区分能力，则需要用到准确率（accuracy ratio，AR）这一概念。AR 的数值定义也比较简单，即图 7.5（b）中浅色阴影区域的面积除以图 7.5（a）中深色阴影区域的面积，这一数值越接近 1，则表明该模型对违约的区分能力越强；而越接近于 0，则表明该模型的违约区分能力越差。

图 7.5（c）展示了中国市场下，Merton 模型的 ROC 曲线。π_{Merton} 和 $\pi_{\text{Naïve}}$ 两者的 ROC 曲线均向左上角凸起，表明两者均对违约事件有区分能力。由于 π_{Merton} 和 $\pi_{\text{Naïve}}$ 在构建过程中是用于表征公司未来 1 年内发生违约的概率，因此，按公司是否在未来 1 年内发生违约，π_{Merton} 和 $\pi_{\text{Naïve}}$ 的准确率分别为 0.33 和 0.30，其中 π_{Merton} 的准确率要略高于 $\pi_{\text{Naïve}}$，表明 π_{Merton} 在事前对违约的区分能力相对更强。

根据 Vassalou 和 Xing（2004），在美国市场上，1971—1999 年间使用 π_{Merton} 判断公司在未来 5 年内发生违约的准确率为 0.59。为与美国市场形成对比，我们也按公司是否在未来 5 年内发生违约，计算了 π_{Merton} 和 $\pi_{\text{Naïve}}$ 在中国市场的准确率。由于预测跨度的延长，π_{Merton} 和 $\pi_{\text{Naïve}}$ 的假阳性比率上升更快，使得准确率明显下降，两者预测公司未来 5 年内发生广义违约的准确率仅为 0.21 和 0.19。这一对比结果表明，π_{Merton} 在美国市场的表现明显优于在中国市场的表现。

综上所述，无论是通过绘制 π_{Merton} 和 $\pi_{\text{Naïve}}$ 在违约前的变化趋势，还是基于分组或是 ROC 曲线来考察 π_{Merton} 和 $\pi_{\text{Naïve}}$ 在样本外对违约的预测能力，结果都表明在中国市场上，基于 Merton 结构化模型所得到违约概率指标要显著差于其在美国市场的表现。本节的发现再次表明，Merton 模型，特别是通过 Bharath 和 Shumway（2008）简化后的 Merton 模型，并不能简单照搬至中国。

7.4 关于结构化模型的讨论

上述研究系统地探讨了 Merton 模型在中美两国市场的表现，不难发现模型在不同市场的表现差异较大。因此，也有必要进一步对结构化模型的优点与不足进行讨论。

结构化模型最大的优点在于，它能够清晰地阐述"内生"变量（例如违约）与解释变量（例如公司杠杆率）之间的因果逻辑。尽管真实世界中的情况较为复杂，但通过一些必要的假设（例如资产价值变化符合几何布朗运动），可以简化变量之间复杂的关系，并能够清晰地阐释出不同变量之间相互影响的逻辑（例如，资产价值波动引发公司无力偿还债务）。

结构化模型能够简洁地表达出不同变量之间的经济学关系，是因为其建立在必要的经济学假设之上，而在现实世界中，一些假设往往无法轻易满足。例如，在实际的公司运营中，债务到期的时间节点不尽相同；此外，公司的股东可能会通过发行股份来偿还债务以避免违约；又如公司在违约破产时会产生例如法律纠纷等各类成本。因此，简化的假设虽然能带来简洁的结果，但也让该模型的现实应用性受到限制。

由于股票信息通常具有前瞻性，而 Merton 结构化模型实则包含了股票市场信息，这也是其能够较好反映违约风险的一个重要原因。但是通过对比中美市场，不难发现 Merton 模型在中国市场的表现相对较差，这也与中国股市的特征有关，例如涨跌停板限制、噪声交易者比例高等。如果股票市场的信息有效性和价格发现能力较差，那么 Merton 模型的有效性也会大打折扣。另外，Merton 结构化模型需要依赖于股票市场的数据才能进行求解，但如前面章节所述，我国有债券融资的公司中仅 20% 为上市公司，也即不能使用结构化模型评估大量公司的信用风险。这也成了该模型运用的局限。

Merton 结构化模型的一大优势在于其能够计算得到一个公司信用风险的量化指标——违约概率。但这一概率是否为真实的违约概率呢？例如如图 7.2 所示，在金融危机期间，π_{Merton} 的均值能达到 40% 以上，那是否能表明 10 家公司中有 4 家公司在未来一年间会发生违约？如果该数值并非真实的违约概率，又应该如何对其进行转换？这些问题都需要依靠金融实践来做进一步的探索。

7.5 本章小结

我们在本章中结合 Merton 结构化模型分析了公司违约机制，并实证检验了 Merton 结构化模型所推导得到的违约概率在表征信用风险和预测违约上的能力。

尽管众多国际研究发现 Merton 结构化模型能够很好地表征信用风险（Crosbie 和 Bohn，2003；Vassalou 和 Xing，2004；Hillegeist 等，2004；Bharath 和 Shumway，2008），也有国内学者直接使用该指标来表征国内公司的信用风险水平（孟庆斌等，2019；许红梅和李春涛，2020；邓路等，2021；丁志国等，2021）。但本章的发现表明，基于 Merton 模型所构建得到的违约概率，在中国市场的适用性较差，在样本内 Merton 违约概率对信用风险的表征能力弱，在样本外 Merton 违约概率对信用风险的区分能力差。基于中美实证结果的比对，我们发现 Merton 违约概率在中国市场上的表现要远差于其在美国市场上的表现。

我们探讨了 Merton 结构化模型的优缺点，并对其应用的局限性做了分析。由于 Merton 结构化模型的核心优势来源于纳入了股票市场信息，我们认为 Merton 结构化模型之所以在中国市场表现较差，与中国股票市场的信息有效性和价格发现能力有关联，例如中国股票市场存在的涨跌停板限制和噪声交易者比例高等特点。

参考文献

[1] 陈晓，陈治鸿，2000. 我国上市公司的财务困境预测 [J]. 中国会计与财务研究，2(3)：55-92.

[2] 邓路,刘欢,侯粲然,2020. 金融资产配置与违约风险：蓄水池效应,还是逐利效应？[J]. 金融研究，(7)：172-189.

[3] 丁志国，丁垣竹，金龙，2021. 违约边界与效率缺口：企业债务违约风险识别 [J]. 中国工业经济，(4):175-192.

[4] 孟庆斌，侯粲然，鲁冰，2019. 企业创新与违约风险 [J]. 世界经济，42(10):169-192.

[5] 吴世农，卢贤义，2001. 我国上市公司财务困境的预测模型研究 [J]. 经济研究，6：46-55.

[6] 许红梅，李春涛，2020. 劳动保护、社保压力与企业违约风险——基于《社会保险法》实施的研究 [J]. 金融研究，2020(3)：115-133.

[7] Altman, Edward I. 1968. Financial ratios, discriminant analysis and the prediction of corporate bankruptcy. *The Journal of Finance*, 23: 589-609.

[8] Altman, Edward I, Iwanicz-Drozdowska, Małgorzata, Laitinen, Erkki K, Suvas, Arto. 2017. Financial Distress Prediction in an International Context: A Review and Empirical Analysis of Altman's Z-Score Model. *Journal of International Financial Management & Accounting*, 28: 131-171.

[9] Beaver, William H. 1966. Financial ratios as predictors of failure. *Journal of Accounting Research*, 71-111.

[10] Bharath, Sreedhar T, Tyler Shumway. 2008. Forecasting default with the Merton distance to default model. *Review of Financial Studies*, 21: 1339-1369.

[11] Black, Fischer, and Myron Scholes, 1973. The pricing of options and corporate liabilities. *Journal of Political Economy*, 81: 637-654.

[12] Brogaard, Jonathan, Dan Li, Ying Xia. 2017. Stock Liquidity and Default Risk. *Journal of Financial Economics*, 124(3): 486-502.

[13] Campbell, John Y, Jens Hilscher, Jan Szilagyi. 2008. In search of distress risk. *The Journal of Finance*, 63: 2899-2939.

[14] Chava, Sudheer, Robert A Jarrow. 2004. Bankruptcy prediction with industry effects. *Review of Finance*, 8: 537-569.

[15] Chava, Sudheer, Catalina Stefanescu, Stuart Turnbull. 2011. Modeling the loss distribution. *Management Science*, 57.7: 1267-1287.

[16] Cheng, Enoch, Fan Xia, George Yungchih Wang. 2014. The effect of special treatment designation on information transmission in the Chinese stock market. *International Journal of Economics and Statistics*, 1, 294-305.

[17] Crosbie, Peter, Jeff Bohn. 2003. Modeling portfolio risk, Technical report, Working Paper, Moody's KMV.

[18] Duan, Jin-Chuan. 1995. "The GARCH option pricing model." *Mathematical finance* 5.1: 13-32.

[19] Duan, Jin-Chuan, Jean-Guy Simonato. 1998. Empirical martingale simulation for asset prices. *Management Science* 44.9 : 1218-1233.

[20] Goldstein, Robert, Nengjiu Ju, and Hayne Leland, 2001. An EBIT-based model of dynamic capital structure. *The Journal of Business*, 74, 483-512.

[21] Hillegeist, Stephen A, Elizabeth K Keating, Donald P Cram, Kyle G Lundstedt. 2004. Assessing the probability of bankruptcy. *Review of Accounting Studies*, 9, 5-34.

[22] Leland, Hayne E. 1994. Corporate Debt Value, Bond Covenants, and Optimal Capital Structure. *The Journal of Finance*, 49: 1213-1252.

[23] Merton, Robert. 1974. On the Pricing of Corporate Debt: The Risk Structure of Interest Rates. *The Journal of Finance*, 29(2): 449-470.

[24] Vassalou, Maria, Yuhang Xing. 2004. Default Risk in Equity Returns. *The Journal of Finance*, 59, 831-868.

[25] Zhang, Ling, Edward I Altman, Jerome Yen. 2010. Corporate financial distress diagnosis model and application in credit rating for listing firms in China. *Frontiers of Computer Science in China*, 4: 220-236.

附录

附录1　美国市场Merton PD计算——SAS代码

我们参考了 Bharath 和 Shumway 提供的 SAS 代码，并且利用本段代码计算了从 1980 至 2020 年每个月各家公司的 Merton DTD 和 PD。

```
/*--------------------------------------------------------------------
```
本代码包含两个数据集：

MERTON.COMP：公司基本面月频数据，其中

公司主键字段 GVKEY（COMPUSTATA 数据库中公司识别码）

公司主键字段 PERMNO（CRSP 数据库中公司识别码）

时间字段 Year（年，从 1980 至 2020）

时间字段 Month（月，1 至 12）

基本面数据 DLCQ（Debt in Current Liabilities 季度数据）

基本面数据 DLTTQ（Long-Term Debt-Total 季度数据）

无风险利率 R（美联储提供的 1 年期固定期限国债利率作为无风险利率）

MERTON.STK_DAILY：公司日频股票数据，其中

公司主键字段 PERMNO（CRSP 数据库中公司识别码）

时间字段 Date

价格字段 PRC

流通股字段 SHROUT

---*/

```sas
LIBNAME MERTON 'C:\MERTON.DIR';

DATA SAMPL; SET MERTON.COMP;
    CDT = 100*YEAR(DATE) + MONTH(DATE); /* 生成年 - 月 */
    F = 1000*(DLCQ + 0.5* DLTTQ); /* 生成债务规模 F */
    IF DLCQ < 0 OR DLTTQ < 0 THEN DELETE; /* 剔除异常值 */
    KEEP PERMNO GVKEY CDT F R;
PROC SORT; BY PERMNO CDT; RUN;

/* 生成结果存储数据集 */
DATA MERTONPD; CURDAT = 0;

/* 定义 Merton PD 计算宏命令 */
%MACRO ITERA(Y,M);

DATA ONE; SET MERTON.STK_DAILY;
IF (100*(&Y-1)+&M)<(100*YEAR(DATE) + MONTH(DATE))<=(100*&Y + &M);
E = ABS(PRC)*SHROUT;
CDT = 100* YEAR (DATE) + MONTH(DATE);
KEEP PERMNO DATE CDT E;
PROC SORT; BY PERMNO CDT; RUN;

DATA ONE;
    MERGE ONE SAMPL;
    BY PERMNO CDT;
    IF E NE AND F > 0;
    A= E+ F;
    IF A = . OR PERMNO = . OR E = 0 THEN DELETE;
PROC SORT;  BY PERMNO DATE; RUN;

/* 生成公司资产日度回报率 */
DATA ONE; SET ONE; L1P = LAG1(PERMNO); L1A = LAG1(A);
DATA ONE; SET ONE; IF L1P = PERMNO THEN RA = LOG(A/L1A);
```

```
PROC MEANS NOPRINT DATA ONE; VAR RA F E; BY PERMNO;
OUTPUT OUT = BOB;

/* 生成公司资产日度回报率波动率 */
DATA BOB1; SET BOB;
IF _STAT_ = 'STD'; IF_FREQ_ < 50 THEN DELETE;
VA = SQRT(252)*RA; IF VA <.01 THEN VA =.01;
KEEP PERMNO VA;

/* 对于数值较大数据按比例进行缩小 */
DATA BOB2; SET BOB;
IF _STAT_ = 'MEAN'; IF F > 100000 AND E > 100000 THEN LARGEV = 1;
ELSE LARGEV = 0;
KEEP LARGEV PERMNO;

DATA ONE; MERGE ONE BOB1 BOB2; BY PERMNO;
IF VA =.THEN DELETE;
IF LARGEV = 1 THEN DO; F= F/10000; E = E/10000; A = A/10000; END;
DROP RA LIA L1P;

DATA CONV; PERMNO = 0;

/* 循环计算 */
%DO J = 1%TO 15;
    PROC MODEL NOPRINT DATA = ONE;
    ENDOGENOUS A;
    EXOGENOUS R F VA E;
        E = A*PROBNORM((LOG(A/F)+(R+VA*VA/2))/VA)-
        F*EXP(-R)*PROBNORM((LOG(A/F)+(R-VA*VA/2))/VA);
        SOLVE A/OUT=TWO;
    DATA TWO; SET TWO; NUM = _N_; KEEP A NUM;
    DATA ONE; SET ONE; NUM = _N_; DROP A;
    DATA TWO; MERGE ONE TWO; BY NUM;
    LIP = LAG1(PERMNO); L1A = LAG1(A);
    DATA TWO; SET TWO; IF L1P PERMNO THEN RA = LOG(A/LIA);
    PROC MEANS NOPRINT DATA = TWO; VAR RA; BY PERMNO;
            OUTPUT OUT = BOB;
    DATA BAR; SET BOB; IF _STAT_ = 'MEAN'; MU = 252*RA;
            KEEP PERMNO MU;
    DATA BOB; SET BOB; IF _STAT_ = 'STD'; VA1 = SQRT(252)*RA;
            IF VA1 < 0.01 THEN VA1 = 0.01;
            KEEP PERMNO VA1;
    DATA ONE; MERGE TWO BOB BAR; BY PERMNO; VDIF = VA1-VA;
```

```
                    IF ABS(VDIF) < 0.001 AND VDIF NE.THEN CONV = 1;
      DATA FIN; SET ONE; IF CONV = 1; ASSETVOL = VA1; PROC SORT;
                BY PERMNO DESCENDING DATE;
   DATA FIN; SET FIN; IF PERMNO NE LAG1(PERMNO);
                CURDAT = 100*&Y +&M; ITER =&J;
       DATA CONV; MERGE CONV FIN; BY PERMNO; DROP VA RA LIP L1A CONV CDT
NUM;
      DATA ONE; SET ONE; IF CONV NE 1; VA = VA1; DROP VA1;%END;

/* 输出结果 */
DATA MERTONPD;
   MERGE MERTONPD CONV;
   BY CURDAT;
   IF PERMNO = 0 OR CURDAT = 0 THEN DELETE; DROP VA1;
   EDF = PROBNORM(-((LOG(A/F)+(MU-(ASSETVOL**2)/2))/ASSETVOL));
   LABEL EDF = 'EXPECTED DEFAULT FREQUENCY';
   LABEL CURDAT = 'DATE IN YYYYMM FORMAT';
   LABEL E = 'MARKET EQUITY';
   LABEL ITER = 'ITERATIONS REQUIRED';
   LABEL ASSETVOL ='VOLATILITY OF A';
   LABEL F = 'CURRENT DEBT + 0.5LTD';
   LABEL VDIF = 'ASSETVOL-PENULTIMATE VA';
   LABEL A = 'TOTAL FIRM VALUE';
   LABEL R ='RISK-FREE RATE';
   LABEL LARGEV = 'ONE IF ASSETS, EQUITY AND F DEFLATED';
   LABEL MU = 'EXPECTED ASSET RETURN';
RUN;

%MEND ITERA;

/* 定义 Merton PD 计算循环宏命令 */
%MACRO LOOP;
    %DO Y = 1960 %TO 2020;
        %DO M = 1 %TO 12;
            %PUT WORKING ON YEAR: &Y MONTH: &M;
            %ITERA(&Y, &M);
        %END;
    %END;
%MEND LOOP;
```

附录2　中国市场Merton PD计算——Python代码

我们参考了 Bharath 和 Shumway 提供的 SAS 代码，并用这段代码计

第7章 违约概率度量：结构化模型

算了中国 A 股上市公司的 Merton 模型违约距离（DTD）和违约概率（PD）。这一部分所用到的数据来自 CSMAR 数据库。

```
import os
import numpy as np
import pandas as pd
from pandas.tseries.offsets import MonthEnd
from scipy.stats import norm
import warnings
warnings.filterwarnings('ignore')

# Load Fundamental, Risk-free and Stock Daily Return Data
path = r'C:\Merton'
os.chdir(path)
fund = pd.read_csv('Fundamental.csv',parse_dates=['YM'])
rf = pd.read_csv('Riskfree.csv',parse_dates=['Trddt'])
ret = pd.read_csv('Stk_Daily_Ret.csv',parse_dates=['Trddt'])

# Calculate the Face Value of Debt
tmp1 = pd.merge(fund,rf,how='left',left_on=['YM'],right_on=['Trddt'])
sampl = tmp1[['Stkcd','YM','ShrtDebt','LongDebt','rf']]
sampl['D'] = (sampl['ShrtDebt']+\
              0.5*sampl['LongDebt'])/1000000
sampl.dropna(subset=['D'],inplace=True)

# Define the Function to Calculate Merton Model
def cal_Merton(YM):
    end = YM
    beg = end - MonthEnd(12)
    tempstk = ret[(ret['Trddt']>beg)&(ret['Trddt']<=end)]
    tempstk.insert(1,'YM',YM)
    
    # Calculate the Equity and Asset Value of Firm
    temp1 = pd.merge(tempstk,sampl,on=['Stkcd','YM'])
    temp1['E'] = temp1['Dsmvtll']/1000
    temp1['A'] = temp1['E'] + temp1['D']
    
    # Calculate Asset Return and Volatility
    temp1.sort_values(by=['Stkcd','Trddt'],inplace=True)
    temp1['L_A'] = temp1.groupby(['Stkcd'])['A'].shift(1)
    temp1['ra'] = np.log(temp1['A']/temp1['L_A'])
    cnt = temp1.dropna(
```

```python
            subset=['ra']
        ).groupby(['Stkcd'])['ra'].agg(['size'])
std = temp1.dropna(
        subset=['ra']
        ).groupby(['Stkcd'])['ra'].agg(['std'])*np.sqrt(252)

# Keep Firms with at Least 50 Trading Days in the Past Year
temp2 = pd.merge(cnt,std,left_index=True,
                            right_index=True)
temp3 = temp2[temp2['size']>=50]
temp3['std'] = np.where(temp3['std']<0.01,
                        0.01,temp3['std'])
temp3.reset_index(inplace=True)
va_ini = temp3[['Stkcd','std']]

# Prepare the Data for Calculation
temp4 = pd.merge(temp1,temp3,on=['Stkcd'])
cal = temp4[['Stkcd','YM','rf','D',
            'E','A','L_A','ra','std']]

# Prepare the Data for Output
temp4.sort_values(by=['Stkcd','Trddt'],inplace=True)
temp5 = temp4.groupby(['Stkcd']).last().reset_index()
temp6 = temp5[['Stkcd','YM','D','E','A','rf']]

# Solve the Model through Iteration
for j in range(15):
    cal['tmpD1'] = (np.log(cal['A']/cal['D'])+\
                    cal['rf']+0.5*cal['std']*cal['std'])/
                    cal['std']
    cal['tmpD2'] = (np.log(cal['A']/cal['D'])+\
                    cal['rf']-0.5*cal['std']*cal['std'])/
                    cal['std']

    cal['tmpND1'] = norm.cdf(cal['tmpD1'])
    cal['tmpND2'] = norm.cdf(cal['tmpD2'])

    cal['tmpE'] = cal['A']*cal['tmpND1']-\
                    cal['D']*np.exp(-
cal['rf'])*cal['tmpND2']
    cal['tmpA'] = cal['tmpE'] + cal['D']
    cal['L_tmpA'] = cal.groupby(['Stkcd'])['tmpA'].shift(1)
    cal['tmp_ra'] = np.log(cal['tmpA']/cal['L_tmpA'])
```

第8章 违约概率度量：简化模型

上一章中我们介绍了 Merton 结构化模型，并探讨了其在中美两国市场的适用性，结果表明 Merton 模型的确对公司违约有解释能力，但在预测违约上的表现差强人意，且其在中国市场的表现明显不如其在美国市场的表现。与此同时，我们也发现一些简单的财务指标，例如净利润率等，在事前对违约有较好的区分能力。基于这些线索，我们在本章探讨另一类信用风险度量工具——简化模型（reduced-form model）——在中国市场的表现。

本章的安排如下：第 8.1 节介绍简化模型的概念以及不同类型的简化模型；第 8.2 节详细介绍基于 Shumway（2001）、Chava 和 Jarrow（2004）以及 Campbell 等（2008）所提出的简化模型及其估计方法；第 8.3 节对比了简化模型违约概率以及 Merton 模型预测的违约概率在中国市场的表现；第 8.4 节总结本章内容。

8.1 简化模型

从经济学角度而言，简化模型是与结构化模型相对的模型，简化模型可以被称为非结构化模型（non-structural model）。上一章提到，结构化模型展示不同经济学变量之间的因果逻辑，例如：Merton 结构化模型清晰地阐明公司违约的机理是由于资产价值的变化，在债务到期时，存在资产价值小于债务规模的情况，导致公司无力偿还债务，进而发生违约。而简化模型则是纯粹的数学和统计模型，金融理论和违约逻辑不是简化模型所关心的，其关心的是统计关系。实际上，我们经常使用的线性回归模型就是一种简化模型。

实际上，使用简化模型对公司违约/破产进行识别与预测要早于 Merton 结构化模型，在 20 世纪 60 年代就已经有学者开始进行了相关的探索。接下来，我们按简化模型的发展脉络对其进行梳理。

8.1.1 判别分析

Beaver（1966）最早开始运用判别模型来分析公司破产与财务指标之间的关系。他发现在公司破产前，公司的现金流、利润率、负债率等财务指标都与同行业且相近资产规模的公司有显著的差异。但 Beaver 只是单一考察了各变量在违约前的变化情况，而 Altman（1968）则正式构建出了基于多变量的判别模型（multiple discriminant analysis），也即 Altman Z-Score：

$$Z = 0.012X_1 + 0.014X_2 + 0.033X_3 + 0.006X_4 + 0.999X_5 \quad (8\text{-}1)$$

其中，X_1 是营运资金/总资产（流动性），X_2 是留存收益/总资产（内在成长性），X_3 是 EBIT/总资产（利润率），X_4 是股票市值/总负债（财务杠杆率），X_5 是营业收入/总资产（经营效率）。

根据这一线性关系，Altman 发现，对于美国市场来说，当公司的 Z-Score 低于 1.81 时，这些公司都陷入财务困境；而当公司的 Z-Score 高于 2.99 时，这些公司财务状况良好。因此，使用 Z-Score 能够很好地评价一个公司的信用风险水平。

由于 Z-Score 的出色表现以及计算简单，其迅速在学界和业界被推广使用，而为了适用于非上市公司，Altman（1983）又开发出了 Z''-Score：

$$Z'' = 3.25 + 6.56X_1 + 3.26X_2 + 6.72X_3 + 1.05X_4 \quad (8\text{-}2)$$

其中，$X_1 \sim X_3$ 与式（8-1）中定义相一致，X_4 则由原来的股票市值/总负债，改为了所有者权益/总负债。

此外，Altman 基于行业因素的考虑而删去了 X_5 营业收入/总资产。得益于数据的易得性，Altman 等（2017）基于 31 个国家（28 个欧洲国家和美国、哥伦比亚以及中国）的上市公司与非上市公司数据评价了 Z''-Score 的表现。他们发现，式（8-2）中的 Z''-Score 在不同国家都有较好的适用性。

8.1.2 二元响应模型

Beaver 和 Altman 的模型尽管可以运用于非上市公司，但他们的模型只是一个判别模型，也即基于这些财务指标和 Z-Score，我们只能判断公司的信用风险水平是高还是低，但却无法用于计算违约概率，进而为信用风险定价。因此，学界随后开始从 Logit 和 Probit 模型上探索违约概率的构建。

例如 Ohlson（1980）基于 Logit 模型开发出来的 O-Score 就是较为成功的例子。在 Logit 模型中，违约概率可以表示为：

$$P(\text{Def}=1) = \frac{1}{1+e^{-\sum_j \beta_j X_{i,j}}} \tag{8-3}$$

其中，$X_{i,j}$ 表示公司 i 的第 j 个指标；β_j 则是待估计的系数。

Ohlson 一共选取了 9 个指标：（1）SIZE，公司资产规模与国民生产总值 GNP 指数的比值的自然对数值；（2）TLTA，总负债比上总资产；（3）WCTA，营运资金比上总资产；（4）CLCA，流动负债比上流动资产；（5）OENEG，0-1 虚拟变量，如果公司总负债超出了总资产则为 1，反之为 0；（6）NITA，净利润比上总资产；（7）FUTL，经营活动现金流比上总负债；（8）INTWO，0-1 虚拟变量，如果净利润连续两年为负则为 1，反之为 0；（9）CHIN，相邻两期净利润的差值比上相邻两期净利润绝对值之和。在 Ohlson 模型下，O-Score 的表达式如下：

$$\begin{aligned}\text{O}-\text{Score} = &-1.32-0.41\times\text{SIZE}+6.03\times\text{TLTA}-1.43\times\text{WCTA}+\\&0.08\times\text{CLCA}-2.37\times\text{NITA}-1.83\times\text{FUTL}+\\&0.29\times\text{INTWO}-1.72\times\text{OENEG}-0.52\times\text{CHIN}\end{aligned} \tag{8-4}$$

相应地，公司的违约概率则可以表示为

$$P = \frac{1}{1+e^{-(\text{O}-\text{Score})}} \tag{8-5}$$

与 Ohlson 类似的还有 Zmijewski（1984）。Zmijewski 使用了 Probit 模型来估计公司的违约概率。Ohlson 与 Zmijewski 使用的 Logit 模型和 Probit 模型被后续的学者称为二元响应模型，这是因为他们主要考虑了公司的状态是否为破产/违约，并用这一状态和公司在事前的基本面信息来估计参数。

他们较早地给出了基于简化模型的违约概率估计方法，但囿于 20 世纪 80 年代的计量方法局限，他们的估计方法是静态的：他们针对破产公司只选取了破产前的财务数据；而针对非破产公司，他们则随机选取了他们样本内的任意一年数据。因此，他们在估计参数的过程中，每一家公司实际只贡献了一个观测点。

8.1.3 生存性分析

Ohlson 和 Zeijewski 的研究没有考虑公司的经营状态是时变的，因此学术界又逐渐提出了考虑公司时变特征的简化模型——基于生存性分析的风险回归模型（hazard model）。

Hazard 模型是由英国统计学家 David R. Cox 在 1972 年提出的，其最早用于医学分析，主要是为了考察病患的特征与最终存活状态之间的关系，该模型的优势在于可以考察时变特征与存活状态之间的关系。Shumway（2001）较早给出了 Hazard 模型在分析公司破产上的应用，他使用 Hazard 模型比较了 Altman Z-Score 以及 Zejewski 所使用的变量在预测违约上的表现，在考虑时变因素后，他发现有一半的财务指标都不再对违约有显著的预测力。

基于 Shumway 的论证，有越来越多的学者开始使用生存性分析来进行模型比较。例如 Hillegeist 等（2004）使用 Hazard 模型比较了 Altman Z-Score、Ohlson O-Score 和 Black-Scholes-Merton（BSM）违约概率在预测违约上的表现，他们发现 BSM 违约概率的表现要远好于 Z-Score 和 O-Score。

而 Campbell 等（2008）则基于 Shumway 的研究，使用了 Hazard 模型来估计公司的财务困境程度（违约概率）。① 他们发现在同时考虑基本面信息、市场信息与 Merton 模型违约概率时，Merton 模型违约概率对于解释违约/财务困境的边际贡献较小。

我们在本章的随后小节也主要基于生存性分析的方式来构建了违约概率。因此，我们在后续对 Hazard 模型的具体估计方式做更详细的介绍。

8.1.4 违约强度模型

与 Hazard 模型同时代的还有违约强度模型（default intensity model）。在违约强度模型中，公司违约不再如结构化模型那样取决于公司杠杆率和资产价值变化波动，而是可以被假设为一个随机事件。

---

① Shumway（2001）证明了 Hazard 模型等价于估计面板 Logit 模型，因此，如 Shumway（2001）、Campbell 等（2008）在估计 Hazard 模型时基本采用的是面板 Logit 模型。

违约强度 λ 是描述违约概率的核心指标。例如，当违约强度为常数时，违约概率可以通过泊松分布来刻画。在研究信用违约的框架下，随机事件第一次发生即视为违约，如果我们认为违约强度 λ 是一个常数，那公司在 t 年内不发生违约的概率则等于：

$$P(\text{Def} > t) = e^{-\lambda t} \quad (8\text{-}6)$$

基于上述假设，如果我们考虑一个简单的情况，例如有一只有风险的零息公司债券在 $t=1$ 到期，并将偿还 100 元，这只债券当前的交易价格为 95 元；而一只无风险的零息国债也在 $t=1$ 到期，并将偿还 100 元，而当前的价格为 97 元。那么基于当前的价格，公司债券的收益率为 100/95-1=5.26%，而国债的收益率为 3.09%，公司债收益率之所以高于国债，是因为其存在 $1-P(\text{Def}>1)$ 的概率在 1 年内违约。假设在违约后债券投资者的回报为 0，如果在风险中性的情况下，投资者购买公司债券的期望收益率则应该等于投资者购买国债的期望收益率，也即

$$1+3.09\% = P(\text{Def}>1) \times (1+5.26\%) + (1-P(\text{Def}>1)) \times 0 \quad (8\text{-}7)$$

根据式（8-7），我们可以计算得到 $P(\text{Def}>1)=97.94\%$，相应地，我们可以计算得到 $\lambda=0.02$。在得到 λ 后，我们可以计算出 $P(\text{Def}>t)$ 的概率，例如该公司在两年内都不违约的概率为 96.08%，那么，我们也可以相应地计算出一只两年期的零息公司债券应该被如何定价。当然，更贴近现实的违约强度模型还考虑了时变的（time varying but deterministic）或随机的 (stochastic) 违约强度。

Jarrow 和 Turnbull（1995）最早介绍了违约强度模型，从上述简要的推导不难发现，违约强度模型实则是一个定价模型，其需要通过真实的信用风险证券交易信息来反推违约强度，进而给同一发行人的其他债券或信用衍生品定价。因此，该模型的侧重与前述的简化模型有较为明显的差异。不过，由于债券的信用利差实则不仅仅反映信用风险（Huang 和 Huang，2012），还包含了诸如流动性溢价、税收效应等诸多因素，因此，基于信用利差来反推违约概率（信用风险）是否准确也有待商榷。

尽管存在一些潜在的问题，该模型由于可以用于信用产品定价，因此也得到了长足发展，例如 Jarrow 等（1997）、Duffie 和 Singleton（1999）都在违约强度模型上进行了拓展；此外，由于该模型也可以计算违约概率，

Duffie 等（2007）和 Duan 等（2012）也通过真实违约事件，结合公司特征和宏观特征，对 λ 进行了估计，进而计算出相应的违约概率。他们发现基于违约强度模型所得到的违约概率比评级机构给出的评级在预测公司违约上有更好的表现。

8.1.5　简化模型的最新发展

在违约概率的计算上，简化模型与结构化模型最大的区别在于是否需要使用真实的违约事件。结构化模型把违约概率表达成了公司资产价值、负债、资产价值波动性以及公司债务到期时间的函数，并通过这些数据来计算违约概率；而简化模型则可以依靠实际的违约事件来建立违约与公司特征、行业特征以及宏观因素之间的联系。

因此，从这个角度讲，所有的简化模型实则都是统计模型，而时下最热门的统计模型便是机器学习模型。随着数据量的累积和统计方法的快速发展，基于机器学习的违约概率估计也开始迅速发展。例如神经网络、决策树、集成学习等各式各样的统计工具都被快速地应用于违约预测之中。例如 Alfaro 等（2008）、Tinoco 和 Wilson（2013）使用了集成学习和神经网络，Guo 等（2017）则从更一般性的角度探讨了机器学习在不平衡样本（例如违约公司占比极少）中的应用。

由于我国债务违约事件近年来才逐渐出现，因而相应预测方法和模型在国内的探索也在逐渐发展之中。例如，陈晓和陈治鸿（2000）、吴世农和卢贤义（2001）基于 ST 公司研究了如何使用简化模型对财务困境公司进行预测，吕长江等（2004）则研究了对公司财务困境与财务破产的预测。生柳荣等（2019）、周荣喜等（2019）基于企业债券财务数据，分别采用 Logit 模型和 XGBoost 算法构建了风险预警模型。

那么，在我国市场上，简化模型是否能够比结构化模型有更好的表现呢？我们在接下来的小节中做进一步的探讨。

8.2　基于简化模型的违约概率

在前一个章节的研究中，我们发现以净利润率（NI/TA）为代表的基本面变量在用于解释违约以及预测违约时有更好的表现。因此，使用简化模型构建一个违约概率或许能更好地用于表征中国市场的信用风险。我们在本章实证检验这一猜想。

我们主要使用第 8.1.3 节中提及的 Hazard 模型来构建违约概率，我们首先介绍使用 Hazard 模型估计违约概率的方法，随后我们仅使用净利润率来计算公司的违约概率，并给出了相应的数据特征分析。为了更全面地让读者了解简化模型在违约预测上的表现，我们还使用了由清华大学信用风险研究中心通过机器学习方式构建的违约概率做进一步分析。

8.2.1　Hazard模型

我们参考 Shumway（2001）来介绍 Hazard 模型。假设公司违约/破产仅发生在离散的时刻 $t = 1, 2, 3, \cdots, n$（在实际的估计中，读者可以理解为 1 天、1 个月或是 1 年，例如在后文中，我们以月为单位进行估计）。在我们的样本内一共有 I 家公司，并且我们从 $t = 1$ 时刻起一直观察到当下时刻 $t = T$。在这样一个样本区间内，有的公司可能从 $t = 1$ 就一直存活至今，有的公司则可能在 $t = 20$ 的时候才设立，有的公司可能在 $t = T - 10$ 的时候破产，也有公司在 $t = T - 20$ 的时候因为兼并收购而不再存续。

每家公司 i 在观测期内都会有最终观测时点 t_i，这个日期或等于 T（表明该公司存续至今），或早于 T（表明该公司或因破产退出，或因其他原因不再存续）；与此同时，我们使用 y_i 来表示公司在最终观测时点 t_i 的状态，如果公司在 t_i 由于违约/破产等因素而退出，则我们记 $y_i = 1$，反之，我们记 $y_i = 0$。

从一般化的角度看，我们可以假定公司违约/破产的概率密度函数为 $f(t, x_{i,t}; \theta)$，其中 $x_{i,t}$ 是公司 i 在时刻 t 的状态变量，例如净利润率；而 θ 则是用于连接公司状态 x_i 与公司违约/破产概率的参数，也即我们需要估计的对象。那么，考虑到公司状态存在时变的特性，我们需要进一步定义如下两个概率指标：

$$S(t, x; \theta) = 1 - \sum_{s<t} f(s, x_{i,s}; \theta), \phi(t, x_{i,t}; \theta) = \frac{f(t, x_{i,t}; \theta)}{S(t, x_i; \theta)} \quad (8\text{-}8)$$

其中，$S(t, x; \theta)$ 表示公司存续运营至时刻 t 的概率；$\phi(t, x_{i,t}; \theta)$ 则表示

了公司存续运营至时刻 t 并且在 t 时刻违约的条件概率。

那么，要如何基于公司的违约/破产事件来建立公司特征与违约概率的关系呢？在计量经济学上，我们通常使用极大似然估计的方式来建立两者之间的联系。也就是说我们可以求解出最优的参数 $\hat{\theta}$ 来表征两者之间的关联，也即

$$\hat{\theta} = \operatorname{argmax} \prod_{i=1}^{I} \phi(t, x_{i,t}; \theta)^{y_i} S(t, x; \theta) \tag{8-9}$$

上式的表达相对抽象，而在实际的估计中，我们参照 Shumway（2001）、Campbell 等（2008）假设公司 i 在时刻 t 的违约概率 $f(t, x; \theta)$ 服从 Logistic 分布，并且该违约概率仅与公司在时刻 $t-1$ 的特征 $x_{i,t-1}$ 相关：

$$P(y_{i,t} = 1) = \frac{1}{1 + \exp(-\theta x_{i,t-1})} \tag{8-10}$$

Shumway 证明了使用面板数据和 Logistic 分布假设来估计式（8-9）中的 $\hat{\theta}$ 等价于离散时间状态下的 Hazard 模型，因此，式（8-9）又可以写作：

$$\hat{\theta} = \operatorname{argmax} \prod_{i=1}^{I} \{P(y_{i,t} = 1)^{y_i} \prod_{s<t}[1 - P(y_{i,s} = 1)]\} \tag{8-11}$$

为了更加动态地反映违约/破产与公司特征之间的关系，我们参考 Hillegeist 等（2004）、Liu 和 Wang（2021）的做法，使用滚动扩充窗口的方式来动态估计 $\hat{\theta}$。具体而言，对于每一个月份 t，我们仅使用在这一估计时点可得的 $y_{i,t}$ 信息和此前的 $x_{i,s(s<t)}$ 来估计 $\hat{\theta}_t$，并基于当月的 $x_{i,t}$ 来计算公司未来的违约概率：

$$P = \frac{1}{1 + \exp(-\hat{\theta}_t x_{i,t})} \tag{8-12}$$

在实际的估计中，为了与 Merton 结构化模型的违约概率进行对比，我们按月估计了公司在未来一年内（12 个月）发生违约的概率。与前一章相同，当公司发生 ST、因财务原因退市和债券违约等事件（具体的定义与说明可参考第 7.3.1 节）时，我们记 $y_i = 1$，反之，我们记 $y_i = 0$。如第 8.1 节中所述，简化模型需要使用真实数据来构建违约事件与公司特征之间的关系，而我国 ST 制度从 1998 年开始引入，所以我们将 1998 年 1 月定为月度时点 1，也即每一个月份 t 的估计中，我们均利用从 1998 年 1 月至月份 $t-1$ 之间的面板数据对 $\hat{\theta}_t$ 进行估计。为避免前瞻性问

题，在每次估计时，我们均使用估计时点各家公司最新可得的数据来进行估计。

我们参照 Liu 和 Wang（2021）的做法，从 t 等于 2005 年 1 月开始按月计算式（8-10）中的违约概率，并一直计算至 t 等于 2020 年 12 月。从 2005 年 1 月开始估计是因为市场普遍认为公司信用类债券市场是从 2005 年开始快速发展。2004 年国务院发布国发〔2004〕3 号文件《国务院关于推进资本市场改革开放和稳定发展的若干意见》，提及积极稳妥发展债券市场，许多债券产品，如短期融资券、资产抵押证券都于 2005 年被（重新）引入公司信用类债券市场。

8.2.2 数据特征对比

我们将按上述方法使用公司净利润率（NI/TA）计算的违约概率记为 π_{NI}，并将清华大学信用风险研究中心计算的违约概率记为 π_{THU}。清华大学信用风险研究中心所计算的违约概率使用了机器学习工具，并主要用到了公司的基本面特征和股市信息。

表 8.1 给出了 2005—2020 年相同样本区间下，违约概率变量的数据特征。不难发现，π_{Merton}、π_{NI} 和 π_{THU} 在分布上已经呈现出了不同的特征。尽管三个违约概率值都呈现偏态分布，但简化模型估计的违约概率在分位数上已经与结构化模型违约概率有了明显差异：π_{Merton} 的 75 分位数为 0.01%，而 π_{NI} 和 π_{THU} 的 75 分位数已经为 3% 左右。由于分布差异，π_{NI} 和 π_{THU} 的标准差也相对较低。

表 8.1 违约概率数据描述性统计，2005.01—2020.12, N=420 803

	均值	标准差	最小值	P25	P50	P75	最大值
π_{Merton} (%)	1.30	6.98	0.00	0.00	0.00	0.01	100.00
π_{NI} (%)	2.74	4.99	0.00	1.10	1.98	3.04	99.90
π_{THU} (%)	2.73	5.85	0.00	0.34	1.17	3.01	100.00
ExRet (%)	−9.76	62.09	−177.51	−37.07	−15.63	7.40	284.30
σ_{V_E} (%)	50.23	19.08	21.44	37.54	45.93	58.34	131.77
NI/TA (%)	1.09	1.47	−2.75	0.24	0.86	1.76	6.58

续表

	均值	标准差	最小值	P25	P50	P75	最大值
TL/TA (%)	42.95	20.83	4.58	26.12	42.83	58.99	87.90
RSIZE	-0.84	0.90	-2.43	-1.49	-0.99	-0.34	2.00

表 8.2 给出了变量之间的相关系数，π_{Merton} 与 π_{NI} 和 π_{THU} 的相关系数分别为 0.10 和 0.16，均较低。统计表明 Merton 结构化模型与简化模型得到的违约概率所度量的违约信息是不相同的。而 π_{NI} 和 π_{THU} 的相关系数相对较高，达到了 0.52，这与清华大学信用风险研究中心在其模型构建中使用了净利润等指标有较为直接的关系。此外，π_{NI} 和 NI/TA 呈负相关关系，其相关系数为 -0.49，这是因为净利润率越低，公司的信用风险越高，根据净利润率预测的违约概率则越大。值得注意的是，π_{THU} 在构建违约概率时使用到了公司净利润率等指标，但 π_{THU} 和 NI/TA 的相关系数为 -0.39，表明 π_{THU} 还是包含了与净利润率不完全相同的信息。

表 8.2 数据相关关系，2005.01—2020.12, N=420 803

		(1)	(2)	(3)	(4)	(5)	(6)	(7)	(8)
π_{Merton}	(1)	1.00							
π_{NI}	(2)	0.10	1.00						
π_{THU}	(3)	0.16	0.52	1.00					
ExRet	(4)	-0.05	-0.08	-0.16	1.00				
σ_{V_E}	(5)	0.14	0.05	0.02	0.29	1.00			
NI/TA	(6)	-0.11	-0.49	-0.39	0.20	0.03	1.00		
TL/TA	(7)	0.17	0.15	0.30	-0.11	-0.09	-0.31	1.00	
RSIZE	(8)	-0.05	-0.13	-0.19	0.15	-0.12	0.27	0.12	1.00

图 8.1 则从时间序列上考察了 π_{Merton} 与 π_{NI} 和 π_{THU} 的变化情况。我们计算了三种违约概率每个月的均值，由于 π_{Merton} 与 π_{NI} 和 π_{THU} 在分布上不尽相同，我们在右轴绘制了 π_{Merton} 的刻度，在左轴绘制了 π_{NI} 和 π_{THU} 的刻度。我们用灰色阴影区域标注了两个全球经济衰退的时段（金融危机与新冠肺炎疫情）。

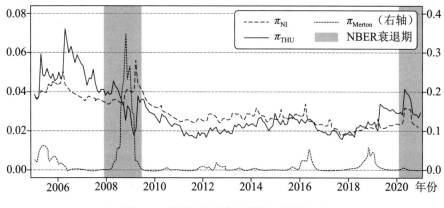

图 8.1　不同违约概率均值随时间的变化

三种违约概率在实际序列上呈现出了比较鲜明的特点，π_{Merton} 在金融危机的后期出现了较大幅度的跃迁，而在新冠肺炎疫情期间却并没有明显的变化。π_{NI} 和 π_{THU} 在金融危机期间的表现不完全相同，π_{NI} 在金融危机的末期出现了一定幅度的上升，而 π_{THU} 在金融危机前处在较高水平，随着金融危机的暴发呈现出先升后降的情况，在金融危机的末期与 π_{NI} 一样出现了一定程度的抬升。值得注意的是，在新冠疫情暴发前，π_{THU} 出现了较为明显的提升，并在新冠肺炎疫情暴发后进一步地上升，而仅使用净利润率估计得到的违约概率 π_{NI} 仅在新冠肺炎疫情暴发后出现一定程度的上升。似乎 π_{THU} 有更好的前瞻性。

8.3　简化模型违约概率的表现

我们在本节考察简化模型的表现，与上一章相同，我们从生存性分析和事前对违约的预测能力两个方面来进行研究。与此同时，我们与 π_{Merton} 进行了比对。

8.3.1　生存性分析

我们首先使用生存性分析来考察几种违约概率与违约事件的关系。实证样本共涉及 2005 年 1 月至 2020 年 12 月的 4 017 家非金融行业 A 股上市公司及 738 次广义违约事件，公司触发违约事件占所有观测值的比率为

738/420 803=0.18%，我们将相应结果汇报在表8.3中。

我们使用列（1）作为结构化模型与简化模型的比较基准，列（1）的结果与此前的发现是一致的，π_{Merton} 的系数显著为正，表明 π_{Merton} 越大公司越可能发生违约。此外，单独控制 π_{Merton}，且考虑行业因素，生存性分析回归结果中 Pseudo R-squared 为 0.040。

列（2）和列（3）则单独考察了 π_{NI} 与 π_{THU} 对于违约事件的解释力，结果表明两者的系数均正向显著，说明基于简化模型得到的违约概率也能够很好地用于解释违约。对比列（1）~（3）的 Pseudo R-squared，不难发现，只考虑 π_{Merton} 的生存性分析 Pseudo R-squared 最低；而仅使用净利润率这一单一指标构建的违约概率 π_{NI}，在生存性分析的结果中 Pseudo R-squared 为 0.052，表明 π_{NI} 相较于 π_{Merton}，能够更好地解释中国市场违约；而如果按照清华大学信用风险研究中心的方法使用更为全面的公司信息所构建的违约概率 π_{THU}，在生存性分析的结果中 Pseudo R-squared 为 0.141。这一结果表明，基于简化模型方式得到的违约概率指标能够更好地解释中国市场的违约现象，即使是基于净利润率这一单一指标所构建得到的违约概率，表现也强于 Merton 结构化模型所计算得到的违约概率。如果使用更为全面的公司信息，简化模型得到的违约概率能够更好地解释违约。

列（4）~（7）考察了在控制一系列公司基本面变量后，不同违约概率对于违约事件的解释能力是否有所改变。相较于列（1）~（3），列（4）的结果表明，在考虑更多的基本面信息后，模型对违约的解释能力（Pseudo R-squared）会有大幅提升。而列（5）~（7）的结果表明，在控制公司其他变量后进一步控制违约概率变量只能让模型解释力小幅上升，但使用 π_{THU} 相较于 π_{Merton}，仍然能带来模型更多的解释力提升。另一方面，如果对比模型（3）、模型（4）与模型（7）的 Pseudo R-squared，不难发现，尽管模型（7）组合了模型（3）与模型（4）的变量，但 Pseudo R-squared 却与模型（4）较为接近。这表明 π_{THU} 中使用的信息和模型（4）中的基本面信息实则存在重叠。

值得注意的是，由于 π_{NI} 是基于净利润率这一指标所构建的，在列（6）的实证模型中，由于同时考虑了净利润率（NI/TA）和 π_{NI}，这使得 π_{NI} 的系数变为负显著，在未汇报的结果中，我们剔除净利润率指标后，π_{NI} 的

表 8.3 生存性分析，2005.01—2020.12，$N=420\ 803$

	(1)	(2)	(3)	(4)	(5)	(6)	(7)	(8)	(9)	(10)
π_{Merton}	4.667***				1.531***			1.541***	1.381***	1.313***
	(0.226)				(0.298)			(0.297)	(0.305)	(0.310)
π_{NI}		3.973***				-1.046***		-1.065***		-2.374***
		(0.158)				(0.288)		(0.290)		(0.329)
π_{THU}			6.058***		w		1.679***		1.613***	2.634***
			(0.167)				(0.224)		(0.226)	(0.262)
ExRet				-0.006***	-0.004***	-0.006***	-0.004***	-0.004***	-0.003***	-0.003***
				(0.001)	(0.001)	(0.001)	(0.001)	(0.001)	(0.001)	(0.001)
NI/TA				-0.840***	-0.833***	-0.929***	-0.737***	-0.923***	-0.736***	-0.886***
				(0.031)	(0.031)	(0.039)	(0.034)	(0.039)	(0.034)	(0.040)
TL/TA				2.373***	2.136***	2.331***	1.948***	2.094***	1.767***	1.408***
				(0.200)	(0.205)	(0.200)	(0.206)	(0.205)	(0.210)	(0.214)
RSIZE				-0.534***	-0.542***	-0.525***	-0.477***	-0.532***	-0.486***	-0.419***
				(0.064)	(0.064)	(0.064)	(0.064)	(0.064)	(0.065)	(0.065)
σ_{v_E}				2.839***	2.436***	2.891***	2.432***	2.485***	2.072***	1.893***
				(0.278)	(0.299)	(0.280)	(0.293)	(0.301)	(0.314)	(0.330)
Industry	Y	Y	Y	Y	Y	Y	Y	Y	Y	Y
N	420 803	420 803	420 803	420 803	420 803	420 803	420 803	420 803	420 803	420 803
Pseudo R-sq	0.040	0.052	0.141	0.265	0.269	0.267	0.273	0.271	0.276	0.285

系数变为正显著。

列（8）至列（10）则同时控制了结构化模型违约概率与简化模型违约概率。结果表明，各违约概率的系数都显著，表明不同的违约概率包含着不同的信息，都能够显著解释中国市场的违约事件。

综上所述，基于简化模型所构建的违约概率在中国市场能够更好地解释违约，即使只使用净利润率这一单一指标所构建的违约概率，其在解释违约的能力上也要强于基于 Merton 结构化模型所构建的违约概率变量。

8.3.2 预测公司违约

我们在本节进一步对比考察简化模型和 Merton 结构化模型违约概率在预测违约上的表现。我们首先从时间序列上考察了不同违约概率在公司发生违约事件前的变化情况，随后，我们参照前文通过十分组和 ROC 曲线进行实证检验。

1. 违约概率在违约前的变化

我们在图 8.2 中绘制了 2005—2020 年间 745 次广义违约事件发生前 36 个月，几种违约概率的中位数（由于违约概率呈现偏态分布，均值易受极端值影响）随着时间的变动情况。

图 8.2（a）汇报了 π_{Merton} 在广义违约前 36 个月的变化情况。π_{Merton} 在违约前有明显上升，其数量级由 10^{-6} 左右上升到了 10^{-4} 左右；但从绝对值角度来看，其实际变化相对较小，即使在违约前 1 个月，π_{Merton} 的中位数也仅为 0.038%。而如果考察违约前 1 个月 π_{Merton} 的均值，其数值则为 7.18%。这一结果表明超过 50% 的公司在违约前的 π_{Merton} 实际是非常低的。

图 8.2（b）汇报了简化模型在广义违约前 36 个月的变化情况，作为对比，我们也绘制了 π_{Merton}。不难发现，π_{NI} 与 π_{THU} 在广义违约事件前均有较明显的上升：两者的违约概率中位数在违约前 36 个月均在 3% 左右；而在违约前 1 个月，π_{NI} 与 π_{THU} 的中位数分别上升至 6% 和 12%。而 π_{Merton} 在相同时间段内的变动几乎无法被明显观测。

图 8.2（c）与图 8.2（d）分别绘制了结构化模型与简化模型下违约概率在 ST 事件发生前 36 个月的变动情况。由于 ST 事件是广义违约事件中的主要组成部分，图（c）和图（d）与图（a）和图（b）中的结构高度相

似，因此我们不再赘述。

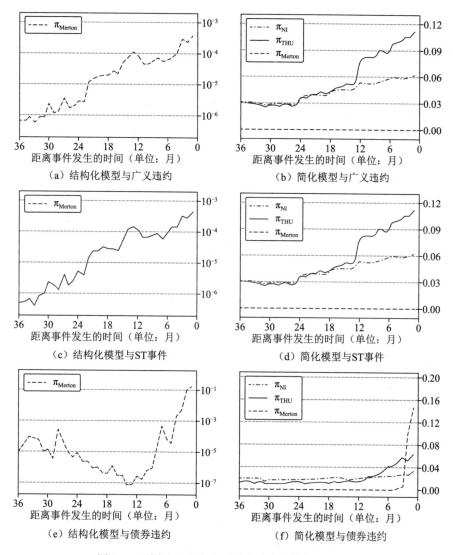

图 8.2 不同违约概率在不同违约事件前的变动情况

图 8.2（e）绘制了结构化模型违约概率在债券违约事件前 36 个月的变动情况。π_{Merton} 在债券违约事件前的变化不再明显呈现单调上升的情况，而是在债券违约前呈现出先降后升的情况。例如在公司发生债券违约前 30 个月至 12 个月期间，π_{Merton} 的中位数从 10^{-4} 下降到了 10^{-7}，随后在违约前 12 个月内发生快速的上升，在违约前 1 个月，其中位数达到了 17.8%。

图 8.2（f）绘制了简化模型违约概率在债券违约事件前 36 个月的变动情况。在债券违约事件下，仅基于 NI/TA 计算得到违约概率 π_{NI} 变化相对平缓，而违约概率 π_{THU} 仍有较明显的上升趋势。值得注意的是，作为对比绘制的 π_{Merton} 在违约前 3 个月出现了较大幅度的上升，其中位数在违约前 3 至 1 个月分别为 0.5%、9.9% 和 17.8%。图（f）的对比结果表明，π_{Merton} 的数值在预测违约上与简化模型得到的违约概率是可比的；但这一对比结果也表明，π_{Merton} 预测 A 股市场上违约事件的能力出现得相对较晚，仅在违约前 3 个月内才发生较大幅度的变化。

2. 分组法

我们以季为频率考察了 π_{Merton}、π_{NI} 和 π_{THU} 对违约事件的区分能力，相应结果汇报在表 8.4 中。

表 8.4 样本外预测力，2005—2020 年，Obs=142 414，违约 #=739[①]　　单位：%

Decile	（高风险）1	2	3	4	5	（低风险）6～10
π_{Merton}	33.29	21.11	7.85	7.44	6.22	24.09
π_{NI}	67.12	13.94	4.87	4.19	2.57	7.31
π_{THU}	71.58	10.55	5.95	3.25	2.84	5.82
σ_{V_E}	19.76	18.27	16.51	11.91	8.12	25.44
ExRet	31.39	14.88	10.28	6.90	6.90	29.63
NI/TA	67.12	13.94	4.87	4.19	2.57	7.31
TL/TA	37.35	14.07	9.20	7.98	6.77	24.63
RSIZE	27.88	15.70	12.72	12.58	8.39	22.73

相较于第 7 章中的样本区间，π_{Merton} 在 2005—2020 年间对违约的区分能力并没有明显的变化。例如，在当前样本内，那些当季内发生违约的公司仅 33.29% 被划分在 π_{Merton} 风险最高的十分组；而在 1998—2020 年间，有 34.11% 的公司划分在 π_{Merton} 风险最高的十分组。

基于简化模型构建的 π_{NI} 和 π_{THU} 则明显表现更佳，对于那些当季内发生违约的公司，67.12% 和 71.58% 都在季初被划分在了 π_{NI} 和 π_{THU} 最高的 Decile 中。这一比例基本是 Merton 模型的两倍以上。这一结果表明，使

---

① 表 7.3 中共涉及 2005—2020 年 745 次广义违约，其中 6 次广义违约事件前公司由于停牌而缺少相应的数据。

用简化模型在中国市场上能够更好地预测违约。

值得注意的是,由于 π_{NI} 是 NI/TA 的线性变化,因此,两者在违约事件的区分能力完全相同。除去净利润率这一变量,其余基本面或市场变量并没有表现出更强的违约事件预测能力,这也表明,仅仅依赖基本面信息或是市场信息是无法较好对违约预警的,而基于这些信息,通过简化模型对违约概率进行估计,能够得到更好的信用风险表征变量。

3. ROC曲线

我们在图 8.3 中对比绘制了 π_{Merton}、π_{NI} 和 π_{THU} 的 ROC 曲线,并计算了相应的准确率 AR 数值(关于 ROC 曲线和 AR,见 7.3.3 节)。如前所述,由于 π_{Merton} 在计算的过程中实则是用于表征公司未来 1 年内发生违约的概率,因此 π_{NI} 和 π_{THU} 也均是按公司未来 1 年内发生违约的概率进行的估计。我们按公司是否在未来 1 年内发生违约来考察三种违约概率的 ROC 曲线,不难发现,简化模型的 ROC 曲线要更加向左上角凸起,如果以 AR 来表示相应指标对违约的区分能力,π_{NI} 和 π_{THU} 的表现则明显优于 π_{Merton},其中 π_{THU} 的 AR 为 0.75,是 π_{Merton} 的 2 倍有余。

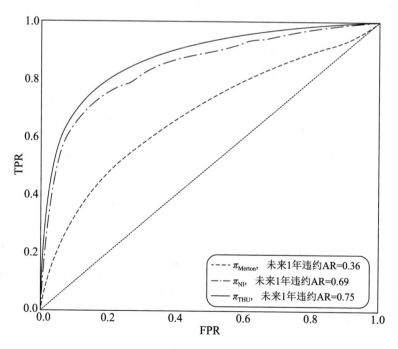

图 8.3 不同违约概率的 ROC 曲线

值得注意的是，仅用单一净利润率指标构建得到的 π_{NI} 已经在违约区分能力上有较好表现；而 π_{THU} 通过更为全面地使用公司信息和市场信息，使得简化模型的违约概率能够更好地反映公司层面的信用风险，并更好地用于区分违约事件。

8.4 结论

我们在本章中介绍了简化模型，并梳理了从 20 世纪 60 年代以来简化模型在预测公司违约中的演变与发展。简化模型与结构化模型的主要差异在于，简化模型的侧重不在于分析违约的逻辑，而在于建立违约与相关因素的相关统计关系，而结构化模型则更加注重违约与解释变量之间的逻辑因果关系。

在实际的估计过程中，结构化模型把违约概率表达成公司资产价值、负债、资产波动性以及公司债务到期时间的非线性函数，因而并不需要使用真实的违约事件来计算违约概率；而简化模型则需要依靠实际的违约事件来建立违约与公司特征、行业特征以及宏观因素之间的联系。

基于对简化模型的介绍，我们使用了 Shumway（2001）、Chava 和 Jarrow（2004）以及 Campbell 等（2008）等所提出的生存性分析方法，构建了一个仅基于净利润率的违约概率简化模型；此外，我们也从清华大学信用风险研究中心获取了基于机器学习工具所开发出来的违约概率来进行对比分析。

本章的结果表明，基于简化模型所构建得到的违约概率指标能够更好地表征中国市场的信用风险，并能够更加及时地提供信用风险预警。无论是样本内对违约事件的解释能力，还是样本外对违约事件的预测能力，简化模型都比 Merton 结构化模型有更好的表现。

综上，简化模型比 Merton 结构化模型更适合度量中国市场的信用风险。

参考文献

[1] 陈晓，陈治鸿，2000. 我国上市公司的财务困境预测 [J]. 中国会计与财务研究，2(3): 55-92.

[2] 吕长江，徐丽莉，周琳，2004. 上市公司财务困境与财务破产的比较分析 [J]. 经济研究，8: 64-73.

[3] 生柳荣，陈海华，胡施聪，彭雁，于天祥，2019. 企业债券信用风险预警模型及其运用 [J]. 投资研究，38(06):25-35.

[4] 吴世农，卢贤义，2001. 我国上市公司财务困境的预测模型研究 [J]. 经济研究，6: 46-55.

[5] 周荣喜，彭航，李欣宇，闫宇歆，2019. 基于XGBoost算法的信用债违约预测模型 [J]. 债券， 10: 61-68.

[6] Alfaro, Esteban, Noelia García, Matías Gámez, David Elizondo. 2008. Bankruptcy forecasting: An empirical comparison of AdaBoost and neural networks. *Decision Support Systems* 45, no. 1: 110-122.

[7] Altman, Edward I. 1968. Financial ratios, discriminant analysis and the prediction of corporate bankruptcy. *The Journal of Finance*, 23: 589-609.

[8] Altman, Edward I. 1983. *Corporate Financial Distress: A Complete Guide to Predicting, Avoiding, and Dealing with Bankruptcy*. Hoboken: Wiley Interscience, John Wiley and Sons.

[9] Altman, Edward I, Iwanicz-Drozdowska, Małgorzata, Laitinen, Erkki K, Suvas, Arto. 2017. Financial Distress Prediction in an International Context: A Review and Empirical Analysis of Altman's Z-Score Model. *Journal of International Financial Management & Accounting*, 28: 131-171.

[10] Beaver, William H. 1966. Financial ratios as predictors of failure. *Journal of Accounting Research*, 71-111.

[11] Bharath, Sreedhar T, Tyler Shumway. 2008. Forecasting default with the Merton distance to default model. *Review of Financial Studies*, 21: 1339-1369.

[12] Campbell, John Y, Jens Hilscher, Jan Szilagyi. 2008. In search of distress risk. *The Journal of Finance*, 63: 2899-2939.

[13] Chava, Sudheer, Robert A Jarrow. 2004. Bankruptcy prediction with industry effects. *Review of Finance*, 8: 537-569.

[14] Duan, Jin-Chuan, Jie Sun, Tao Wang. 2012. Multiperiod corporate default prediction—A forward intensity approach. *Journal of Econometrics*, 170: 191-209.

[15] Duffie, Darrell, Kenneth J Singleton. 1999. Modeling term structures of defaultable bonds. *The Review of Financial Studies* 12.4: 687-720.

[16] Duffie, Darrell, Leandro Saita, Ke Wang. 2007. Multi-period corporate default prediction with stochastic covariates. *Journal of Financial Economics*, 83: 635-665.

[17] Guo, Haixiang, Yijing Li, Shang Jennifer, Mingyun Gu, Yuanyue Huang, Bing Gong. 2017. Learning from class-imbalanced data: Review of methods and applications. *Expert Systems with Applications*, 73: 220-239.

[18] Hillegeist, Stephen A, Elizabeth K. Keating, Donald P Cram, Kyle G Lundstedt. 2004. Assessing the probability of bankruptcy. *Review of Accounting Studies*, 9:5-34.

[19] Huang, Jing-Zhi, Ming Huang. 2012. How much of the corporate-treasury yield spread is due to credit risk?. *The Review of Asset Pricing Studies* 2.2: 153-202.

[20] Liu, Shida, Hao Wang. 2021. Comprehending China's Domestic Ratings: A Perspective from Default Probability-Implied S&P Ratings. Available at SSRN 3792687.

[21] Jarrow, Robert A, Stuart M Turnbull. 1995. Pricing derivatives on financial securities subject to credit risk. *The Journal of Finance* 50.1: 53-85.

[22] Jarrow, Robert A, David Lando, Stuart M. Turnbull, 1997. A Markov model for the term structure of credit risk spreads. *The Review of Financial Studies* 10.2: 481-523.

[23] Ohlson, James A. 1980. Financial Ratios and the Probabilistic Prediction of Bankruptcy. *Journal of Accounting Research*, 18: 109-131.

[24] Tinoco, Mario Hernandez, Nick Wilson. 2013. Financial Distress and Bankruptcy Prediction among Listed Companies Using Accounting, Market and Macroeconomic Variables. *International Review of Financial Analysis*, 30: 394-419.

[25] Zmijewski, Mark E. 1984. Methodological issues related to the estimation of financial distress prediction models. *Journal of Accounting Research*, 22, 59-82.

第9章　改进信用评级：基于违约概率的隐含评级

随着中国债券市场违约逐渐增加，监管机构、市场主体对评级的预警作用越发关注。前文的结果表明，我国评级标准逐年放松，且评级虚高的企业借新还旧的现象普遍，财务情况逐渐紧张，更容易违约。这些证据说明，国内机构评级在信用风险预警上表现欠佳。

那么是否有可能基于我们介绍的违约概率来改进信用评级？是否可以构建一套与国际接轨的评级标准来重新解读中国信用评级？回答这些问题一方面对于理解我国信用评级的核心信息发现功能有着重要意义；另一方面，这些问题也备受监管机构、市场投资主体以及逐年增加的境外投资者所关注（Schipke 等，2019）。

我们在本章则基于清华大学信用风险研究中心所构建的违约概率，以及标准普尔评级的实际违约率（actual default rate），来为国内机构评级与标准普尔评级建立一个匹配关系。在此基础上，本章探索了基于这一匹配关系所衍生得到的违约概率隐含标准普尔评级的应用价值。

本章的安排如下：第9.1节介绍标准普尔评级的实际违约率，以及如何通过违约概率与实际违约率来构建国内机构评级与标准普尔评级之间的匹配关系；第9.2节分析国内机构评级与违约概率隐含的标准普尔评级的匹配情况；第9.3节从违约预警和债券定价方面考察了隐含评级的应用性；第9.4节总结本章。

9.1　从违约概率到评级

本节主要介绍如何将违约概率匹配至信用评级。我们首先介绍穆迪KMV的做法，随后我们介绍本书的做法。

9.1.1 穆迪KMV公司的做法

穆迪 KMV 在其 2007 年发布的《EDF™ 8.0 Model Enhancements》中介绍了他们是如何将违约概率匹配至评级的，我们在这里为读者做一下简单介绍。

穆迪 KMV 介绍到，由于违约概率在实际应用的过程中并不直观，对于市场的使用者而言，0.56% 的违约概率无法对接大多数信用风险监管规则，因而，为了适应市场的习惯和使用方便，KMV 也将违约概率转换为评级并为市场提供。KMV 介绍到，在被穆迪收购前，他们的评级是按标准普尔体系提供，而随着 KMV 被穆迪收购，他们也开始使用穆迪的评级体系。在违约概率转换后，预期违约频率（expected default frequency, EDF）评级下的 Baa3 级所对应的（例如一年内）违约概率与穆迪评级下 Baa3 级公司所对应的违约概率是可比的。

那么他们具体是如何匹配的呢？KMV 的做法是计算穆迪评级下 Aaa、Aa、A、Baa、Ba、B、Caa、Ca 和 C 评级公司的违约概率中位数，随后，他们去寻找 EDF 的分割点来确保穆迪评级下某一等级（如 Baa2 级）公司的违约概率与 EDF 评级下该等级公司的违约概率相等。为了动态地反映市场变化，KMV 对这一映射关系按月进行更新。纽约大学的 Anthony Saunders 和 Linda Allen 教授在他们所编写的《远离金融危机的信用风险计量与控制》（Credit Risk Measurement: In and Out of the Financial Crisis）一书中给出了截至 2009 年 1 月穆迪 KMV 违约概率与穆迪评级的映射关系（77 页表 4.2），我们在表 9.1 中复现了该关系。

表 9.1 穆迪 KMV 违约概率与评级的映射关系（2009 年 1 月）　　单位 %

	中位数	下限	上限
Aaa	0.042	0.010	0.046
Aa1	0.049	0.046	0.051
Aa2	0.052	0.051	0.063
Aa3	0.076	0.063	0.091
A1	0.109	0.091	0.131
A2	0.157	0.131	0.181
A3	0.209	0.181	0.241
Baa1	0.278	0.241	0.321

续表

	中位数	下限	上限
Baa2	0.370	0.321	0.466
Baa3	0.586	0.466	0.737
Ba1	0.926	0.737	1.165
Ba2	1.465	1.165	1.884
Ba3	2.423	1.884	3.116
B1	4.006	3.116	5.151
B2	6.624	5.151	8.498
B3	10.902	8.498	13.986
Caa1	17.942	13.986	23.018
Caa2	29.530	23.018	29.952
Caa3	30.379	29.952	31.251
Ca	32.149	31.251	35.000
C	35.000	35.000	35.000

这一映射关系是动态调整的。Sauders 和 Allen 教授在他们的书中提到，2009 年 1 月投资级和投机级预期违约频率 EDF 的分割点为 0.74%，而在 2006 年末金融危机爆发前，EDF 的分割点仅为 0.10%，这一变动实则反映出了 EDF 是随着宏观环境变化而变化的。

9.1.2 基于标准普尔实际违约率的映射

相信读者通过了解穆迪 KMV 的做法，可以知悉 KMV 公司所构建的 EDF 评级实则是利用违约概率之间的等同关系来链接 EDF 评级和穆迪评级。但这样的做法是建立在穆迪评级能够很好地衡量公司的实际违约率这一前提假设之下的。因此，为了保证违约概率所隐含的信用评级能够反映实际的违约率，我们选择将模型估计的违约概率直接与实际违约率进行挂钩。

在实践过程中，我们选择使用标准普尔提供的实际违约率。之所以选取标准普尔，是因为标准普尔每年都发布一份评级报告，并详细地披露了其各信用等级从 1981 年至今历年的实际违约率。因此，我们的目标是让各等级的违约概率隐含评级的实际违约率与标准普尔评级的实际违约率相匹配。

我们采取与穆迪 KMV 类似的做法，对违约概率设置了相应的分割区间；此外，考虑到标准普尔评级在不同年份的违约情况存在差异，为了让隐含评级更加动态地反映各评级实际违约率的变化，我们也采用了动态映射的方式，也即我们在生成相应时点的公司隐含评级时，始终让隐含评级的预期违约概率与标准普尔最新可得的实际违约率数据进行挂钩。例如在构建 2005 年 1 月的隐含评级时，我们使用标准普尔在 2004 年发布的评级报告中的实际违约率数据。这样我们构建了基于国内公司违约概率的隐含标准普尔评级。我们在下文称之为违约概率隐含评级。

图 9.1 展示了我们构建的隐含评级从 2005 年至 2020 年的实际违约率均值。该实际违约率均值的计算方式与第 4 章的做法相同，即我们考察了年初各等级的公司在年内发生违约的比率，随后计算了这 16 年间各等级实际违约率的均值。由于隐含评级的构建是基于广义违约事件，我们在计算实际违约率时是按广义违约进行计算，在 2005—2020 年间 A 股非金融类上市公司共发生 745 次广义违约事件，历年的违约事件数见表 7.3。

可以看到，我们的隐含评级在这 16 年间的实际违约率均值与标准普尔的实际违约率均值非常相似，这表明按我们处理方式所构建的隐含评级能够反映与国际标准相一致的违约情况。为了全面评价隐含评级与标准普尔实际违约率的接近程度，我们借鉴 R-squared 概念，在式（9-1）中定义了一个 Quasi R-sq：

$$\text{Quasi R-sq} = 1 - \frac{\sum_{r=1}^{17}(\text{标准普尔ADR}_r - \text{隐含评级ADR}_r)^2}{\sum_{r=1}^{17}(\text{标准普尔ADR}_r - \overline{\text{标准普尔ADR}_r})^2} \quad (9-1)$$

R-squared 通常被用于度量拟合得到的结果与实际观测结果之间的近似程度。拟合程度越高，R-squared 越接近于 1；拟合程度越低，R-squared 越小。与之类似，本文定义的 Quasi R-sq 用于刻画隐含评级实际违约率（actual default rate，ADR）与标准普尔实际违约率的接近程度。标准普尔评级将 CCC 至 C 的 5 个等级聚集在一块，因此，我们也参照标普，计算了从 AAA 到 CCC/C 一共 17 个等级违约率与标普实际违约率之间的接近程度。我们得到的隐含评级的 Quasi R-sq 数值为 0.97，表明其与标准普尔的实际违约率非常接近。

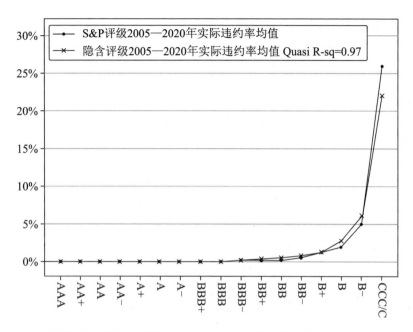

图 9.1 违约概率隐含评级实际违约率与标准普尔实际违约率均值（2005—2020 年）

9.2 国内机构评级与违约概率隐含评级

上文介绍了隐含评级的构建方式，我们在本节探讨隐含评级与国内机构评级的匹配关系，随后给出隐含评级的分布特征及其与违约事件的关系。

9.2.1 匹配情况

由于 π_{THU} 是针对上市公司按月进行估计，其隐含评级的更新频率为月。为了和国内机构评级形成对比（我们主要对比发行人付费评级），我们将所有国内公司的评级记录转换为月度观测值，也即对于每一家公司，我们仅保留距离当前月份最近且最低的一次评级记录。如第 4 章所述，无论是监管要求还是评级实践，评级机构发布跟踪评级的频率应该至少一年一次，因此，如果上一个评级日期距离当前月份超过 12 个月，我们则将该评级记录记为缺失，以保证评级信息的时效性。此外，由于我国评级机构存在违约当天将评级调降的行为，我们仅保留公司债券违约发生前的评级记录。我们最终匹配上 1 383 家上市公司 86 641 个公司—月度观测值，本章基于这一匹配之后的数据来进行分析。

表9.2中给出了各国内机构评级所对应的隐含评级分布情况，为便于展示，我们将隐含评级按AAA，AA+，…，CC，C的顺序转换为1，2，…，20，21。匹配结果表明，国内发行人付费信用评级远高于隐含评级。国内AAA、AA+、AA、AA-、A+和A对应的隐含评级均值分别为11.85（接近标普的BB）、12.13（标普的BB）、12.49（标普的BB和BB-之间）、12.97（标普的BB-）、13.40（标普的BB-和B+之间）和13.80（接近标普的B+）。从国内AAA级至A级的公司来看，国内机构评级对应的隐含评级均值呈现单调增长的趋势。由于小于等于A评级的企业观测值较少，我们将小于A级的观测值集中在了"<A"这一个等级之中，但我们也在表9.2中给出了A级以下的细分情况。这些结果整体表明，如果按国际标准来度量信用风险，国内评级机构给出的信用评级平均而言比按标准普尔评级标准构建的隐含评级高出10级左右。

表9.2 国内机构评级与隐含评级的匹配关系

国内评级	观测值	均值	标准差	最小值	P5	P25	P50	P75	P95	最大值
AAA	13 664	11.85	2.42	1	8	11	12	13	15	21
AA+	15 898	12.13	2.47	1	8	11	12	14	16	21
AA	34 097	12.49	2.68	1	8	11	13	14	16	21
AA-	15 334	12.97	2.54	1	9	12	13	15	17	21
A+	5 692	13.40	2.53	3	9	12	13	15	17	21
A	1 090	13.80	3.25	1	8	12	14	16	20	21
<A	807	15.05	5.40	1	5	11	15	21	21	21
A-	255	12.16	4.54	1	4	10	12	15	21	21
BBB+	163	12.40	4.08	1	5	11	13	14	18	21
BBB	144	16.40	4.27	9	10	12	17	21	21	21
BBB-	15	6.73	7.47	1	1	1	1	15	18	19
BB+	38	20.47	1.33	14	19	21	21	21	21	21
BB	56	19.14	5.26	1	1	21	21	21	21	21
BB-	4	18.50	1.00	17	17	19	19	19	19	19
B	66	19.71	2.80	1	17	20	20	21	21	21
B-	5	20.20	0.45	20	20	20	20	20	21	21
CCC	29	20.31	1.63	13	18	20	21	21	21	21
CC	31	20.13	1.93	11	18	20	21	21	21	21
C	1	18.00	—	18	18	18	18	18	18	18

除了均值，我们还进一步从分位数来考察这一对应关系。以国内机构评级 AAA 的观测值为例，从分位数的角度来看，5 分位数对应的隐含评级为 8（标普的 BBB+ 级）；中位数对应的隐含评级为 12（标普的 BB 级），这表明超过 50% 以上的国内 AAA 级评级实则属于国际标准下的投机级；而从 95 分位数来看，国内 AAA 评级对应的隐含评级为 15（标普的 B 级）。从 5 分位数和 95 分位数的分布来看，国内 AAA 级观测值共横跨了标准普尔评级 BBB+ ~ B 共 8 个等级，这表明国内机构评级的颗粒非常粗糙，且包含了许多信用风险较高的公司。实际上，国内 AAA 级观测中不到 1% 的观测值能够获得隐含标普 AAA 评级；不到 25% 的国内 AAA 级企业对应的隐含标准普尔评级在 BBB-（投资级）以上。

9.2.2 分布特征

图 9.2 给出了国内机构评级与隐含评级的整体分布情况。

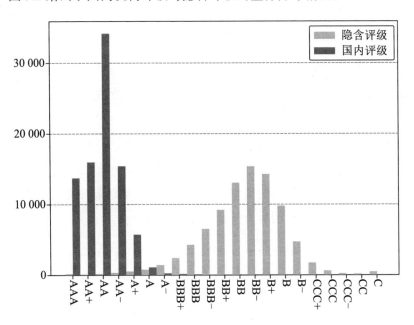

图 9.2 违约概率隐含评级和国内机构评级分布

与国内机构评级偏高的特征不同，隐含标准普尔评级呈现一个正态分布的态势，大部分公司一月份观测值的隐含评级在 BB、BB- 和 B+。这一特点与图 4.1 中标准普尔评级在 B+ 存在一个峰值有一定相似性。作为对比，图 9.2 也给出了国内机构评级的分布，不难发现国内机构评级主要集中在 AAA 和 AA（包含 AA±）两个大类，这与之前章节的观察是一致的。通过对比国内机构评级和隐含评级的分布，也可以明显看出国内机构评级实际上低估了企业的信用风险，因为国内评级机构把具有不同违约风险的企业聚集在了较少的几个等级之内。

我们在图 9.3 中从时间序列的角度比较了国内机构评级和隐含评级的分布特征。图 9.3（a）按月展示了从 2007 年至 2020 年末国内信用评级的分布情况，随着时间推移，高评级的占比逐渐上升。不过与第 4 章中全样本的评级分布不同的是，上市公司中 AAA 级和 AA 类（包含 AA± 级）公司占比从 2018 年起有一定的下降，A 类（包含 A± 级）的公司占比有一定比例的上升，不过整体而言，上市公司的评级也偏高。截至 2020 年年末，AAA 级和 AA 类公司的占比仍然为 90%。

图 9.3（b）则按月展示了 2007—2020 年末隐含评级的分布情况。隐含评级由于是按月进行计算，存在一定的波动性，其分布随时间推移呈现出一些起伏，但整体而言，在这 13 年内的分布是相对稳定的，例如在 2007 年，AAA、AA、A、BBB、BB、B 和 CCC/C 所占比例分别为 0.38%、0.77%、3.86%、12.15%、40.77%、38.96% 和 3.11%。而在 2020 年，它们的比例分别为 0.35%、0.61%、3.34%、14.67%、38.99%、34.94% 和 7.10%。[①] 各评级类别在历年的占比相对稳定，分布也比较合理，并在一定程度上反映了经济周期的变化。例如，在 2020 年新冠肺炎疫情暴发后，低等级隐含评级的占比明显上升。

---

① 此处汇报的比例是全年各月比例的均值。

第9章 改进信用评级：基于违约概率的隐含评级

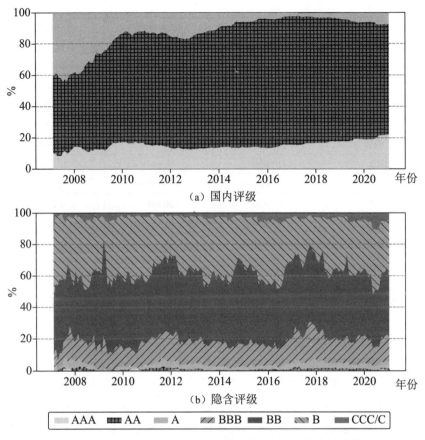

图 9.3 违约概率隐含评级和国内机构评级的时间序列变化

9.2.3 实际违约率

我们也从实际违约率角度考察了国内机构评级和隐含评级的表现。由于国内机构评级在 2005 年观测值较少，我们考察了从 2006 年至 2020 年两类评级的情况。表 9.3 报告了历年年初为各等级的公司在年内发生违约的比率。

表 9.3 国内机构评级与隐含评级 2006—2020 年实际违约率均值　　单位：%

	标准普尔	国内评级	隐含评级
AAA	0.0000	0.3927	0.0000
AA+	0.0000	0.4195	0.0000
AA	0.0293	0.7104	0.0000

续表

	标准普尔	国内评级	隐含评级
AA-	0.0273	1.4053	1.2500
A+	0.0413	2.6798	0.0000
A	0.0407	10.2381	0.0000
A-	0.0400	5.0000	0.0000
BBB+	0.0407	11.1111	0.1984
BBB	0.0633	33.3333	0.0000
BBB-	0.1620	—	0.2134
BB+	0.2167	100.0000	0.3613
BB	0.1920	100.0000	0.2519
BB-	0.4880	—	0.3610
B+	1.2047	—	0.7214
B	1.8940	0.0000	1.3596
B-	5.0887	—	2.4595
CCC/C	27.0047	100.0000	17.7127

2006—2020年期间，在同时拥有国内机构评级和隐含评级的样本中，共发生了93次广义违约事件。按评级来看，国内机构评级的实际违约率较高，AAA级和AA+级的实际违约率分别为0.39%和0.42%，而相同期间内的标准普尔评级与隐含评级的实际违约率均为0%。在AA-评级上，国内机构评级和隐含评级的表现较为接近，表现为两者的实际违约率都达到了1%以上，而同期的标准普尔AA-评级的实际违约率仅为0.0273%。不过整体而言，隐含评级的实际违约率与标准普尔的实际违约率较为接近，而国内机构评级基本在各等级都存在大幅偏离标准普尔评级实际违约率的情况。这也说明国内机构评级标准与标准普尔评级标准截然不同。

隐含评级在投资级中整体表现较好，但在AA-级的实际违约率达到1.25%，这是由于隐含评级在保千里（退市保千，股票代码600074）上的表现所致。该公司的基本面数据在违约之前实际较好（2014—2016年年报显示，公司的归母净利润分别为0.26亿元、3.73亿元和7.99亿元），但该公司因虚假协议于2017年8月受到证监会处分，公司资金和资产于同年9月被银行冻结，公司私募债在当年12月1日违约。我们在图9.4中给出了保千里在违约前的国内机构评级和隐含评级，来说明这一违约事件的特殊性。

第9章 改进信用评级：基于违约概率的隐含评级

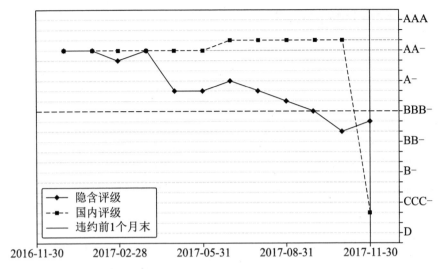

图 9.4 保千里私募债违约前机构评级和隐含评级的变化（违约时间 2017/12/01）

在违约前 1 年，国内评级机构给出的最低评级为 AA-，而隐含评级也为 AA-；2017 年 4 月，随着公司 2016 年报披露，隐含评级开始出现明显下调，如前所述，保千里的基本面数据在 2015 年、2016 年和 2017 年整体呈现向好趋势，这使得公司的隐含评级仍然属于投资级。不难发现，国内评级机构在同年 6 月还一度上调了公司的评级。而随着保千里受证监会处分并停牌，隐含评级开始一路下调，并在违约前 3 个月触及 BBB-，违约前 2 个月下调至投机级。由于隐含评级在高信用等级的观测值本身较少，这一非典型案例使得隐含评级在 AA- 的实际违约率发生了大幅上升。但通过对该公司的违约经历进行剖析，以及结合图 9.4 中的评级迁移情况，相信读者不难发现隐含评级在违约预警上好的表现。如果我们考虑隐含评级的变化幅度，其可以起到早期违约预警作用。

因此，从实际违约率来看，隐含评级相较于国内机构评级能够更好地识别信用风险；通过对个例的分析，相信读者也会意识到，隐含评级可以被用于早期违约预警。为了进一步地说明隐含评级的应用价值并非偶然，我们在接下来的小节中更为详细地探讨隐含评级的应用。

9.3 隐含评级的应用

本节从两个角度探讨隐含评级的应用价值：①隐含评级对于违约的预测能力；②隐含评级与公司债券价格之间的关系。

9.3.1 违约预测——整体表现

延续第 7 章和第 8 章的做法，我们使用 ROC 曲线和隐含评级在实际违约前的变动情况来综合评估隐含评级的违约预测能力。

1. ROC曲线

我们在图 9.5 中给出了隐含评级的 ROC 曲线和 AR 数值（关于 ROC 和 AR 的定义和估计方法，见第 7.3.3 节）。

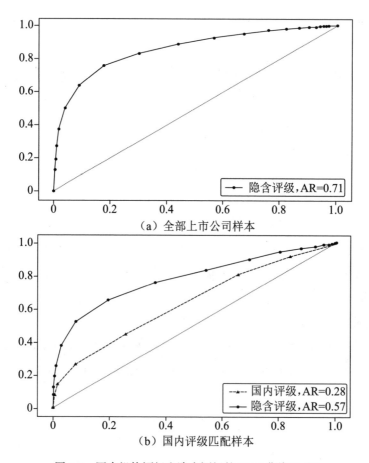

图 9.5 国内机构评级和隐含评级的 ROC 曲线及 AR

可以看到隐含评级的违约区分能力较强，在图 9.5（a）中，我们基于全部上市公司和广义违约事件考察了隐含评级的表现，不难发现隐含评级继承了违约概率的能力，在全部上市公司的样本中，其 AR 数值为 0.71，表明其有很强的违约区分能力。在图 9.5（b）中，我们使用同时拥有国内机构评级的匹配公司，对比考察了隐含评级和国内机构评级在广义违约事件的表现力。在拥有国内机构评级的样本上，隐含评级的违约区分能力较全部上市公司样本有所下降；不过，在这一匹配样本中，隐含评级的表现仍然远优于国内机构评级，其 AR 数值为国内机构评级的 2 倍。

2. 隐含评级在违约前的变化

我们进一步考察隐含评级在实际违约前的变动情况。图 9.6 给出了隐含评级在 2005—2020 年间，在 745 次广义违约事件触发前 60 个月的变动情况。我们用实线标注了各时间节点的中位数，从中位数来看，这 745 次广义违约事件触发前 60 个月，这些公司的隐含评级中位数就为 BB-，在事件触发前 55 个月下调至 B+，并在违约前 2 年下调至 B，随后在违约前 1 年内逐步下调至 CCC+。我们也用阴影区域标注了各时间节点隐含评级的 25 分位数到 75 分位数区间。以 75 分位数（阴影区域上沿）来看，这些问题公司的隐含评级也有较好的表现，均在违约前 2 年就开始出现明显的下调，能够及时地为市场起到预警作用。

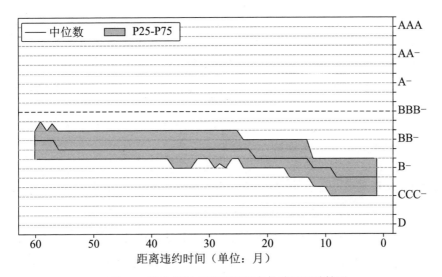

图 9.6　隐含评级在广义违约事件前的迁移情况

读者可能会好奇在具体的债券违约事件爆发前,隐含评级是否仍然具有较好的表现,因此我们在图 9.7 中进一步对债券违约事件做了分析。我们考察了 40 家发生于退市和 ST 事件之前的债券违约公司(见表 7.3)。由于债券违约样本数量较少,隐含评级的波动性相对较大,但在违约前 18 个月,隐含评级的中位数也开始呈现出逐步下调的趋势;在违约前 1 个月,隐含评级的中位数已经被下调至 B-。在 75 分位数(阴影区域上沿)来看,至少 30 家公司在违约前 18 个月评级就已经被连续地下调至投机级(BBB- 级以下),表明隐含评级对大部分债券违约公司有较好的预警作用。

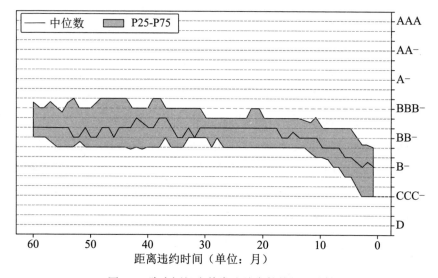

图 9.7 隐含评级在债券违约事件前的迁移情况

上述结果表明,隐含评级在违约前的整体表现是较好的,那么具体到违约个案,隐含评级又表现如何?接下来我们用两个具体的违约案例来做说明。

9.3.2 违约预测——具体案例

案例 1:上海超日

我们选取上海超日太阳能科技股份有限公司 11 超日债违约事件来展示隐含评级与国内机构评级的迁移情况。11 超日债违约是国内首个公开发行债券违约事件,具有标志性意义;此外,上海超日公司在违约前也有较为丰富的观测数据,可以更好地对比两类评级的变动情况。

我们在图 9.8 中绘制了上海超日在违约前的隐含评级与国内机构评级。在 2012 年 12 月之前上海超日的国内机构评级均维持在 AA，然后在 2012 年 12 月首次被下调至 AA-，随后在 2013 年 4 月被连降 4 级至 BBB+，最后在 2013 年 5 月被调降 9 级（跨越 BB 和 B）至 CCC，并一直维持至 2014 年 3 月超日债违约。而从隐含评级来看，上海超日在违约前 3 年（36 个月）的初始评级为 AAA 级，但在违约前 27 个月就被降级至投机级（BBB-级以下）；在随后的时段，上海超日的隐含评级呈现一路下调趋势，在上海超日被 ST 前，隐含评级就已经为 B-级；而随着上海超日于 2013 年 4 月 27 日披露年报，其隐含评级下调至 C 级并一直维持至其违约。从这一具体案例来看，隐含评级对于违约的预测能力得到了较好的体现，其预警不仅较早，而且也给出了违约概率持续上升的强烈风险警示信号。

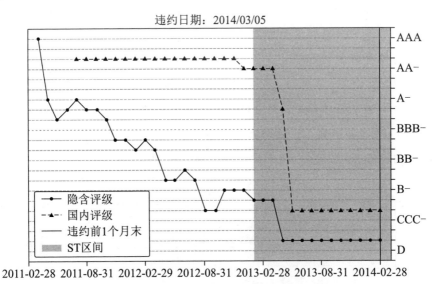

图 9.8　隐含评级和国内机构评级在上海超日违约前的变动情况

案例 2：二重重装

选择二重重装（以下简称二重）是因为其中央国企属性。尽管二重不是首家债券违约的国有企业（首家为保定天威，于 2015 年 4 月违约），但二重却是首家违约的上市国企。

二重于 1958 年建厂，于 2010 年年初发行上市，但由于国内钢铁行业产能过剩、冶金行业投资增速放缓，公司一度转型新能源业务，但在新老业务都无法打开局面的情况下，公司在 2011—2013 年连续三年亏损，并于 2013 年 4 月成为 ST 公司。为了打破僵局，二重的控股股东中国第二重型机械集团公司于 2013 年 5 月宣布其正与中国机械工业集团有限公司（下称国机集团）筹划联合重组事宜。然而，在公司重组后，*ST 二重在 2014 年度继续亏损 78 亿元，退市不可避免。根据证监会 2014 年 10 月份发布的《关于改革完善并严格实施上市公司退市制度的若干意见》，如果上市公司选择主动退市则可以随时选择重新上市，而二重选择主动退市，成为证监会退市新规后首家主动退市的上市公司。

我们在图 9.9 中给出了二重在其"08 二重债"违约前的评级变动情况。由于二重于 2015 年 5 月 21 日退市，而其"08 二重债"于当年 10 月 14 日违约，在违约概率的估计过程中，因财务因素退市也是广义违约中的一种，而在退市后由于数据可得性的因素，我们不再估计违约概率，因此隐含评级的数据仅更新至 2015 年 5 月。不难发现，在二重发生债券违约前其隐含评级就已经处在低位，在步入 *ST 之前，二重的隐含评级已然在 B- 和 CCC+ 级波动，而彼时的国内机构评级仍然维持在 AA 级。在 2013 年二重中报披露后，隐含评级就下调至了 CCC- 级，随后一路走低，在 2013 年年报披露后，被调至 C 级并一直维持至退市。而与此同时，国内机构评级直到 2014 年 7 月才将二重评级从 A+ 下调至 BB 级。

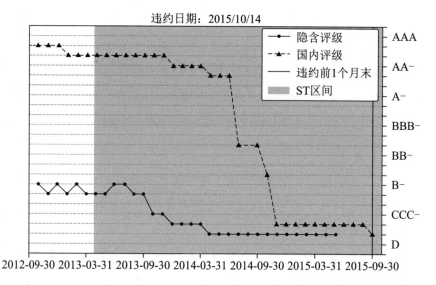

图 9.9　隐含评级和国内机构评级在二重重装违约前的变动情况

综上所述，隐含评级在违约区分能力和违约预警能力上都有较好的表现，这表明隐含评级可以有效地为资本市场起到预警作用。

9.3.3 债券定价

我们在本节进一步探讨隐含评级与债券定价之间的关系。已有研究表明国内信用评级和公司债信用利差显著相关（何平和金梦，2011；Livingston 等，2018）。本文从 RESSET 数据库提取了从 2005 年 1 月至 2020 年 12 月在交易所上市的企业债、公司债的交易数据。对于每一只债券，本文都选取该债券每月最后一次交易的价格用于计算其到期收益率（YTM），并通过三次样条法插值的方式为其匹配相应期限的国债到期收益率用于计算信用利差。如果一个公司有多只债券在交易所市场上有交易记录，本文则选取其发行规模最大的一只债券用于计算信用利差，选取规模大的债券是因为其流动性更好，价格能更好地体现其内在价值。

本节利用式（9-2）来考察债券信用利差和隐含评级之间的关系：

$$\text{Spread}_{i,t+1} = \theta_1 \times \text{Implied Rating}_{i,t} + \sum_{j=2}^{J} \theta_j \times \text{Control}_{i,t}^{j} + \varepsilon_{i,t} \quad (9\text{-}2)$$

其中，$\text{Spread}_{i,t+1}$ 表示公司 i 在月份 $t+1$ 的债券信用利差；$\text{Implied Rating}_{i,t}$ 表示其在月份 t 的隐含评级；$\text{Control}_{i,t}$ 表示一系列公司或是公司债券层面在月份 t 的控制变量。

除国内机构评级外，本节参考 Collin-Dufrene 等（2001）、Chen 等（2007）考虑了如下其他控制变量：（1）Log(Issue Size)，债券发行规模（以百万元人民币为单位）的对数值；（2）Year to Mat，债券距离到期时间的对数值；（3）TrdVol，债券总交易量（以百万元人民币为单位）的对数值；（4）Coupon，债券的票面利率；（5）Stock Vol，公司过去 12 个月股票回报率的波动率；（6）Leverage，杠杆率，也即公司的总负债比总资产。由于隐含评级是基于公司基本面信息进行构建的，出于共线性因素的考虑，本节不再控制其他基本面变量。为进一步剔除不随公司和时间变化的其他因素对信用利差的影响，我们也控制了公司固定效应和时间（年-月）固定效应。本节将标准误差聚类在公司层面。

本节的样本最终包含 552 家上市公司发行的 948 只债券的 22 198 个

月度交易记录，本节将相应变量的描述性统计及相关系数汇报于表9.4中。Panel A 给出了变量的描述性统计。这些债券的信用利差均值（中位数）为254（214）基点，标准差为204基点，表明样本中债券的信用利差分布较广，能够覆盖不同信用水平的债券。本节参照文献做法将字母评级转换为数值评级，AAA 为1，AA+ 为2，…，C 为21，也即信用风险随数值评级的上升而增大。样本中隐含数值评级的均值为12.62，接近 BB- 级；样本中仅10%的观测值隐含评级在 BBB-（投资级）及以上；而国内数值评级（Rating）的均值为2.58，接近 AA 级，其90分位数表明，大部分观测值的国内机构评级均在 AA- 级及以上。

表9.4 变量描述统计及相关系数

Panel A：变量描述性统计							
变量	中文释义	观测值	均值	标准差	P10	P50	P90
Spread (bp)	信用利差（bp）	22 198	253.91	204.79	85.16	214.35	436.17
Implied Rating	隐含评级	22 198	12.62	2.51	9.00	13.00	15.00
Rating	国内机构评级	22 198	2.58	1.12	1.00	3.00	4.00
Log (Issue Size)	Log（债券规模）	22 198	6.95	0.80	5.99	6.91	8.10
Years to Mat	剩余期限（年）	22 198	2.97	1.88	0.63	2.79	5.28
Coupon (%)	票面利率（%）	22 198	5.88	1.17	4.50	5.80	7.38
Log (TrdVol)	Log（交易量）	22 198	0.31	0.38	0.00	0.17	0.85
Stock Vol	股票波动率	22 164	0.42	0.16	0.25	0.39	0.68
Leverage (%)	公司杠杆率	22 198	57.58	15.54	36.12	58.46	77.68

Panel B：变量相关系数									
		(1)	(2)	(3)	(4)	(5)	(6)	(7)	(8)	(9)
Spread	(1)	1.00								
Implied Rating	(2)	0.24	1.00							
Rating	(3)	0.45	0.25	1.00						
Log (Issue Size)	(4)	-0.26	-0.01	-0.58	1.00					
Years to Mat	(5)	-0.04	0.03	-0.03	0.10	1.00				
Coupon	(6)	0.44	0.15	0.55	-0.41	-0.01	1.00			
Log (TrdVol)	(7)	0.10	0.08	0.10	0.14	-0.07	0.17	1.00		
Stock Vol	(8)	0.07	0.11	0.25	-0.20	-0.01	0.19	0.09	1.00	
Leverage	(9)	0.07	0.47	0.00	0.32	0.06	0.01	0.10	0.02	1.00

Panel B 汇报了变量的相关系数。从信用利差与两类评级的相关系数来看，隐含评级与信用利差的相关系数为0.24，而国内机构评级与信用利差

的相关系数为 0.45，表明隐含评级也包含一些其他层面的信息。实际上，隐含评级与国内机构评级的相关系数也仅为 0.25，表明两者尽管存在一定相关性，但侧重并不相同。例如，从隐含评级与债券层面变量的相关系数来看，隐含评级与债券票面利率的相关系数为 0.15，而国内机构评级与票面利率的相关系数为 0.55，表明国内机构评级与票面利率的相关性更高。从基本面变量来看，隐含评级与公司杠杆率相关系数为 0.47，表明公司杠杆越高信用风险越大；而国内机构评级与公司杠杆率的相关系数基本为 0，表明国内机构评级与杠杆率的相关性极低。这些相关系数的差异也能表明隐含评级与国内信用评级所反映的信息是有差异的。

表 9.5 给出了式（9-2）的回归结果。列（1）表明公司未来 1 个月的信用利差与隐含评级是显著正相关的，其相关系数为 16.39，表明隐含评级每变差 1 级，公司债未来一个月的信用利差会上升 16.39 基点。列（2）显示控制国内机构评级之后，隐含评级每变差一级，信用利差会上升 14.18 基点，这一结果表明国内机构评级与隐含评级确实都包含了一些相同信息，这使得隐含评级与信用利差的关系有所减弱；但即使如此，14.18 基点的结果无论是在统计上还是在经济意义上都非常显著：这些债券的平均发行规模为 15 亿元，而信用利差变动 10 个基点则意味着债券每年支付的利息变动 150 万元。而从国内机构评级的系数来看，评级变动一级信用利差则会上升 57.64 基点，与此前的一些研究发现较为一致。列（3）和列（4）进一步控制了债券层面的变量和公司层面的变量，隐含评级的系数基本在 12～14 基点变动，表明隐含评级与债券价格之间的关系较为稳定。上述结果也表明，即使在考虑国内机构评级以及一系列控制变量下，隐含评级仍然能为债券交易价格的变化提供额外的预测信息。

表 9.5 全样本回归结果

被解释变量：$Spread_{i,t+1}$	(1)	(2)	(3)	(4)
$Implied\ Rating_{i,t}$	16.39***	14.18***	14.42***	12.79***
	(7.22)	(6.91)	(7.18)	(6.03)
$Rating_{i,t}$		57.64***	51.89***	50.59***
		(9.29)	(8.69)	(8.52)
$Log(Issue\ Size)_{i,t}$			−38.23**	−40.56***
			(−2.47)	(−2.65)

续表

被解释变量：$\text{Spread}_{i,t+1}$	(1)	(2)	(3)	(4)
$\text{Years to Mat}_{i,t}$			6.21	6.05
			(1.57)	(1.54)
$\text{Coupon}_{i,t}$			52.03***	52.47***
			(7.11)	(7.24)
$\text{Log(TrdVol)}_{i,t}$			2.75*	2.62*
			(1.95)	(1.86)
$\text{Stock Vol}_{i,t}$				4.56
				(0.13)
$\text{Leverage}_{i,t}$				1.26**
				(2.50)
Firm FE	√	√	√	√
Year–Month FE	√	√	√	√
Observations	22 198	22 198	22 198	22 164
Adj. R^2	0.515	0.540	0.553	0.555

由于国内机构评级颗粒较为粗糙，相同评级内公司的信用质量差异较大，因此，表9.6进一步考察了在不同国内机构评级子样本下，隐含评级与债券价格之间的关系。表9.6的列（1）至列（4）分别对应了国内机构评级为AAA，AA+，AA和AA-的公司债券信用利差与隐含评级之间的关系（低于AA-的观测值不到400个，因此没有汇报）。隐含评级的系数分别为7.90、14.53、14.03和12.84，均在5%及更高水平上显著。在国内机构评级为AAA的公司债券中，隐含评级变动一级带来的信用利差变化仅为7.90基点，表明在国内信用质量相对较高的公司中，隐含评级仍然能够很好地进一步区分不同公司信用质量的优劣。而在更低等级的公司中，隐含评级的区分能力得到进一步的放大。此结果也表明隐含评级能够在信用质量较差的主体中更明显地区分债券的信用质量，并反映在价格中。

表9.6 不同国内机构评级样本回归结果

被解释变量：$\text{Spread}_{i,t+1}$	AAA	AA+	AA	AA-
	(1)	(2)	(3)	(4)
$\text{Implied Rating}_{i,t}$	7.90**	14.53***	14.03***	12.84***
	(2.04)	(3.20)	(4.10)	(2.65)
$\text{Log(Issue Size)}_{i,t}$	-39.23*	-52.15	-9.51	107.52
	(-1.81)	(-1.47)	(-0.28)	(1.26)

续表

被解释变量：Spread$_{i,t+1}$	AAA	AA+	AA	AA-
	(1)	(2)	(3)	(4)
Years to Mat$_{i,t}$	4.34	22.95***	8.03	-7.53
	(1.55)	(2.79)	(0.57)	(-0.64)
Coupon$_{i,t}$	33.82***	68.72***	58.05***	47.43**
	(4.99)	(4.18)	(3.83)	(2.29)
Log(TrdVol)$_{i,t}$	2.79	3.39	3.56**	3.88
	(1.29)	(1.17)	(2.13)	(1.17)
Stock Vol$_{i,t}$	96.89**	26.53	-41.66	-67.36
	(2.07)	(0.41)	(-0.66)	(-0.73)
Leverage$_{i,t}$	-0.26	0.75	1.05	0.78
	(-0.27)	(0.65)	(1.33)	(0.61)
Firm FE	√	√	√	√
Year-Month FE	√	√	√	√
Observations	4 343	4 519	10 102	2 807
Adj. R^2	0.371	0.444	0.536	0.675

综上所述，隐含评级在区分违约事件、预测违约以及债券定价等方面都有非常好的应用价值，其可以为现有的机构评级起到重要的补充作用，并发挥监督机构评级的作用。

9.4 本章小结

本章提供了一种改进我国信用评级的思路，我们利用标准普尔所提供的实际违约率数据来构建了中国市场上的违约概率隐含评级，并证明按我们做法所构建的隐含评级能够更加敏锐地捕捉到违约风险。从这个意义上讲，我们为我国债券发行人提供了一个与国际评级标准接轨的隐含标准普尔评级。

我们对比了国内机构评级与隐含评级。由于我们的隐含评级是根据标准普尔评级的实际违约率进行构建的，读者可以将这一对比关系理解为将国内机构评级标准与标准普尔国际评级标准进行对比。对于相同的违约风险，国内机构评级平均比隐含标准普尔评级高出了 10 级左右；此外国内每一等级的评级都存在将违约风险截然不同的企业混于一体的情况。这些问题极大地削弱了国内机构评级的信息发现能力和在风险预警上的作用，也解释了为什么国内AAA评级的企业会突然违约，以及评级机构在违约当日断崖式下调评级的情况。

我们也探讨了隐含评级在违约预测的表现。与国内机构评级相比较而言，隐含评级不仅在识别违约能力上更强，基于ROC曲线的结果表明，隐含评级的准确率是国内机构评级准确率的两倍。另一方面，隐含评级在违约事件触发前更早给出了较低评级，并且评级下调更为及时。低的起始隐含评级结合持续下调的趋势能够为投资者提出明确的违约预警。我们不仅给出了隐含评级在所有广义和狭义违约事件的表现，也通过上海超日和二重重装的具体违约案例展示了隐含评级的优异表现。

最后，我们探讨了隐含评级在信用债定价上的表现。在控制国内机构评级及其他影响债券信用利差的变量后，隐含评级仍然能够显著地预测各公司在下个月的信用债利差。这也表明隐含评级对于我国信用债定价的独特意义。

参考文献

[1] 何平，金梦. 2010. 信用评级在中国债券市场的影响力 [J]. 金融研究，4: 15-28.

[2] Collin-Dufresne, Pierre, Robert S Goldstein, J Spencer Martin. 2001. The determinants of credit spread changes. *The Journal of Finance*, 56: 2177-2207.

[3] Chen, Long, David A Lesmond, Jason Wei. 2007. Corporate yield spreads and bond liquidity, *The Journal of Finance*, 62: 119-149.

[4] Livingston, Miles, Winnie P H Poon, Lei Zhou. 2018. Are Chinese Credit Ratings Relevant? A study of the Chinese Bond Market and Credit Rating Industry. *Journal of Banking and Finance*, 87: 216-232.

[5] Moody's KMV. 2007. EDF™ 8.0 Model Enhancements.

[6] Saunders, Allen.2010.*Credit Risk Measurement: In and Out of the Financial Crisis*, New York: John Wiley&Sons.

[7] S&P Global Ratings. 2021. Default, Transition, and Recovery: 2020 Annual Global Corporate Default and Rating Transition Study.

后　　记

　　《信用评级的中国实践——历史、现在与未来》可以说是我们这些年对信用风险和信用评级研究的一个回顾、梳理和展望。我们希望为读者全面地介绍信用评级基础知识、展示我国信用评级现状、探讨未来信用风险评估框架。我们更希望这本书能够引发读者对我国信用评级发展和改革的思考。

　　信用评级作为金融市场的基础产品，其重要性不容忽视。近年来，防范化解金融风险已成为三大攻坚战中的核心内容，信用债券违约已然成为重大金融风险之一。2020年末，AAA级国企永城煤电和紫光集团的突发债务违约对金融市场产生了巨大冲击。2021年下半年，以恒大集团为代表的房地产企业接连违约，部分地产企业面临严重的债务展期困境，信用风险至今居高不下。这些情况凸显了信用评级对于违约风险防范和预警的重要作用。尽管信用评级度量的是个体风险，但当这些风险汇总后，可能会引发系统性风险，对经济良好运行产生负面冲击，造成社会民生福祉的巨大损失。

　　信用评级具有独特的信息发现和金融监管功能。在资本市场层面，其影响资产价格及市场流动性，进而影响资本配置，再而影响社会融资分配。在实体经济层面，信用评级影响企业投融资决策，进而影响实体经济效率。我国的信用评级是存在客观扭曲的，我们在书中实证分析了一些原因，尤其是发行人付费模式下的利益冲突、监管对评级的依赖以及信息披露质量等。尽管这些情况也或多或少地存在于其他国家的信用评级中，但是如何发挥我国的政治、经济制度优越性，在信用评级体系改革方面开创先河、引领世界是值得思考的问题。

　　如何改进我国信用评级？除了针对上述原因进行改革，我们认为丰富信用评估体系，百家争鸣，通过市场渠道形成对传统信用评级的交叉检验和监督是非常必要的。我们提出了以实际违约概率为基础的隐含信用评级框架。该框架可以使用更为广泛的信息和灵活的机器学习方法。结果表明，通过违约概率衍生的隐含信用评级，在违约预警方面的表现要远远优于传统评级，并且包含独特的信用风险定价信息。整合市场信息、数据和丰富公共信用风险产品将是我国信用市场建设未来努力的方向。

如何接轨我国与国际信用评级标准在资本全球化的今天尤为重要。证据表明，我国的信用评级标准与国际标准存在重大差异，不同市场使用不同惯例无可厚非，但如果金融市场国际化是我国未来金融改革的目标和方向，信用评级作为金融基础产品与国际接轨就不可避免。我国在过去40年改革开放中取得的成绩与积极融入国际贸易和货币体系密不可分，深化金融发展的思路应该与之同理。

这本书的理念是尽量地给读者展示客观事实，留出独立思考和判断的空间。所以我们把一些粗浅的看法写在后记里。这些都是作者的个人观点，不代表供职单位。对于我国信用评级，乃至更加广泛的经济和金融问题的研究，不应该是一家之言。希望本书能够起到抛砖引玉的作用，鼓励更多更好的研究，这也是我们写作本书的初衷之一。

在研究和本书的写作过程中，我们得到了许多宝贵的帮助。我们感谢新加坡国立大学商学院的段锦泉（Duan Jin-Chuan）教授。他在两个作者的事业初期和博士训练期间给予了无私的帮助。我们深刻认同他关于提供第三方信用评级作为金融公共产品的理念。

我们感谢加拿大麦吉尔大学的 Jan Ericsson 教授、美国达特茅斯学院的 Gordon Phillips 教授和以色列希伯来大学的 Doron Avramov 教授对我们研究的启发和指引；感谢清华大学金融学院的周皓教授、廖理教授，经济管理学院的杨之曙教授、张丽宏教授、李旻文教授、王天宇教授，全国社保基金的张少青主任、刘钟欣处长对本书的支持与鼓励；感谢李向真同学在校稿过程中对本书的认真阅读及提出的建议。

我们感谢清华大学经济管理学院和科研办公室的袁增梅老师，清华大学出版社和梁云慈老师，清华大学文科建设处在本书写作和出版过程中给予的帮助，也感谢清华大学文科出版基金的支持。

再次感谢您的阅读。